내가 만난 선지식

활안 한정섭 지음

머리말

화엄경에 "선지식은 나의 스승이요, 눈이요, 나루요, 지혜다" 하였다. 선지식을 의지하여 어두운 세상을 밝히고 생사의 바다를 건너가며 보지 못한 것을 보고 무지의 세계를 깨달을 수 있기 때문이다.

현대불교신문사의 요청을 받고 망설이다가 50년간 내가 만났던 선지식들을 연재하기로 하여 장장 2년 동안 신문의 한 페지를 메워가고 있었다.

때 맞추어 삼각산 문수원에서는 천일기도를 시작하여 회향일이 임박하게 되었다. 무엇으로 동참회원 여러분들에게 보답할까 생각하다가 급기야 「내가 만난 선지식」이 좋겠다 하여 여러 사람의 추천으로 이 책을 출판하게 되었다.

불교에 들어온지 50년이 넘었기 때문에 어떤 분은 아직도 기억에 생생이 남아 있는 분도 있고 또 기억이 잘 되지 않는 분도 있으나 대강 찾아 글을 쓰다 보니 그 분들의 인격에 손상이나 되지 아니 할까 걱정되기도 하였다. 그러나 2년여 성상에 연재를 잘 마치고 책으로 출판하게 되었으니 이 또한 다행이라 생각된다.

때로는 내용도 잘 모르고 만난 인연만을 배경으로 썼기 때문에 경우에 따라서는 실례가 된 경우도 있겠으나 이 또한 불교역사 가운데 한 토막이라 생각하고 감히 필을 들었던 것이니 혹 부족한 점이 있더라도 이해해 주시기 바란다.

사진을 구하다가 못찾은 분도 있고 하여 있는 그대로 표지에 장식하였으니 사진이 빠진 분에 대하여서는 섭섭하게 생각하지 말고 널리 이해해 주시기 바란다.

출판을 해 주신 문수원 법왕궁 천일기도 가족들에게 감사드린다.

불기 2556년 부처님 성도재일 필자 활안 합장

목 차

1. 송광사 추강대화상(秋江大和尙)

추강스님은 1949년부터 50년까지, 1955년부터 56년까지 송광사 주지를 두 번이나 지내신 분으로, 성은 조씨이고 이름은 봉우(鳳羽)이다.

1956년 6월 10일 나는 신들린 사람처럼 낙수행 버스에 몸을 실었다. 순천역에서 16국사가 난 송광사가 있다는 광고를 보고 길을 물으니, 한 노인이,

"16국사만 나요. 앞으로 도인이 두 분이 더 난다고 합니다."

하였다. 호기심 아닌 호기심 때문에 낙수행 버스를 타고 전남 승주군 송광면 신평리 조계산 송광사에 이르니, 15·6세 되는 동자가 다가와서 물었다.

"누구를 찾아오십니까?"

"지나가다 절 구경 왔습니다."

"주지 스님께서 아침부터 기다리고 계시는데요!"

하고 길을 안내한다. 상사당(上舍堂) 밑 하사당(下舍堂)으로 가니 훤칠한 키에 불그스레한 얼굴을 가지신 자비스런 스님이 미소를 지으며 맞아 주셨다.

"먼 길을 오느라 고생 많았네. 우선 후원에 가서 저녁공양을 하고 오게."

말씀대로 후원에 갔으나 목기에 칠 냄새가 가득 배어 울컥 비위를 거슬려 입맛만 다시고 그냥 돌아왔다.

"오늘 저녁은 늦었으니 그냥 자고 내일 이야기 하세."

하고 윗방에 자리를 깔아 주셨다.

새벽 3시 목탁소리가 나더니 종소리가 요란스럽게 울려 퍼졌다. 놀라 깨보니 아랫방에 호롱불이 켜져 있고 노스님은 무엇인가를 생각하면서 점잖게 앉아 계시다가 나갔다. 장지문을 열고 들어가 보니 보조국사의 정혜결사문(定慧結社文)이 놓여져 있었다.

"땅을 인해서 넘어진 사람은 땅을 인해 일어나야 하고,
마음을 잘못 써 타락한 사람은 마음을 고쳐 깨달음을 얻어야 한다."

나는 당시 오순절 교회를 다니던 하나님의 신자였으므로 이 세상 모든 것

이 원죄의 대가로서 받는다 생각하였는데, 바로 이 말은 나를 위해 써진 것 같아 큰 충격을 받았다. 이튿날 아침 공양이 끝난 뒤 상좌 인암(忍庵)스님을 불러 사찰구경을 시키라 하신다.

중국의 왕세자가 와서 3일 만에 도를 깨쳤다는 삼일암(三日庵)을 중심으로, 나한전, 국사전, 화엄전, 해청당, 법성료, 4천왕전을 지나 6감정에 이르러 말씀하셨다.

"같은 물도 보는 사람의 견해에 따라 달리 보이므로 6감정이라 한다"

말하자면 하늘이 물을 보면 유리로 보이고, 고기가 보면 집으로 보이며, 귀신이 보면 불로 보이고, 사람이 보면 물로 보이며, 축생이 보면 먹이로 보이고, 수라가 보면 전쟁의 도구로 보인다는 말이다. 그래서 안경을 벗고 본 세상도 안경을 쓰고 보면 달리 나타난다는 것이다.

"이 절은 고려 때 보조국사가 국가와 사회에 필요한 최첨단의 인재들을 양성하기 위해 지었는데, 6.25 사변으로 불타 없어지고, 지금 남은 것은 겨우 64동, 그나마 쓸데 없는 창고와 숙소만 남아 복구사업에 여념이 없다"

하신다. 이튿날 추강스님은 노랑 봉투에 두 장의 편지를 넣어 주시면서 말씀하셨다.

"통영 미래사에 가서 하나는 효봉스님께 드리고, 다른 하나는 취봉스님께 드리면 알바가 있을 것이다."

그러나 그 일은 종단의 긴급한 상황 때문에 효봉스님이 송광사에 오시지 못하게 됨으로 추강스님은 이듬해 주지 임기를 마치고 오대산 선방으로 들어가시게 되었다. 그래서 나도 따라 갔다가 스님은 상원사에 계시고 나는 월정사 수도원에 들어가게 되었다. 나중에 상원사 선방에 들어가니 우리 노스님은 조실스님으로 계시고, 현 부산 태종대 조실스님으로 계신 도성스님은 입승을 보고 있으면서 나에게 미감(米鑑)일을 맡겼다.

하루는 서울에서 군인 한분이 와서 아버님 49재를 지내달라고 돈을 내어 놓았다. 빨간 지패 백장을 받은 희섭(喜燮)스님은 놀라면서 추강스님께 물었다.

"어떻게 할까요?"

“한 상만 차리십시오.”

“나머지 돈은요?”

“잿상에 놓아 주십시오.”

정한 날짜에 재를 지내러 온 군인이 영전에 차려진 상을 보고 노발대발 야단이 났다.

“어떻게 남의 재를 이렇게 망쳐 놓을 수 있다는 말인가. 떼어먹어도 분수가 있지!”

“조실스님의 명령에 따라 이렇게 차렸습니다.”

문수전에 모여 앉은 재주들은 별로 즐거운 기색이 없고, 오직 노스님 혼자 요령을 들고 20분 정도 선법문을 하였다.

> “생종하처래(生從何處來)
> 사향하처거(死向何處去)
> 생야일편부운기(生也一片浮雲起)
> 사야일편부운멸(死也一片浮雲滅)”

“이것도 재라고 지내십니까?”

“그야 영가의 마음을 따라 재를 지내야지요.”

“우리 아버지를 너무 박대하신 것 아닙니까?”

“그런 말씀 하지 마십시오. 당신 아버지는 일찍이 마누라를 잃고 당신 하나를 기르기 위해 동부서주하다가 급기야 장교가 된 아들 승진을 위해 돈 마련하느라고 제대로 먹지도 못하고 입지도 못했지만 아들이 대장이 되는 것을 보고 그 보람으로 세상을 살았으니 그에게 필요한 것은 음식이 아니라 돈입니다. 그래서 당신이 준 돈은 5만원만 가지고 재를 차리고 그 나머지는 고스란히 상에 놓았으니 필요하면 가져가십시오.”

하고 그 봉투를 돌려주었다. 비로소 재주는 눈물을 흘리며 참회하였다. 이 일로 인해 그는 큰스님을 부처님처럼 받들고 모시다가 장차 서울 봉익동 대각사에서 노스님께서 열반하시자 자신의 아버님 초상처럼 그 뒷바라지를 치루워서 모든 사람들을 감동케 하였다.

　스님의 제자 가운데는 글 잘하기로 유명한 인암스님이 있고, 벌교상업고등
학교 교장을 지낸 조용순 선생님이 계신다.

　　길 잃은 나그네에게
　　길을 안내한 스승이시여,

　　구름 바람 몰아칠 땐
　　해도 달도 보이지 않더니

　　맑은 바람 솔솔 부니
　　가을 못에 달이 떴습니다.

2. 쌍계사 효봉대선사

　이튿날 나는 편지 두 장을 가지고 주암에서 차를 탔다. 추강스님께서 순천 포교당에 가서 하룻밤을 자고, 여수 흥국사, 통영포교당, 그리고 미래사에 가서 각각 하룻밤씩을 자고, 올 때에도 그렇게 하여 8일 만에 오라고 하셨지만 차를 타고 보니 그 차가 바로 여수까지 가는 차였음으로 바로 여수로 갔다. 그런데 여수에 가서 보니 또 통영으로 가는 배가 있어 무조건 배를 타고 통영으로 갔다.

　오후 8시, 통영에 내려 포교당을 물어 겨우 한 시간 반 만에 찾았으나, 젊은 낭자 한사람만이 절을 지키고 있고, 스님들은 없었다. 하는 수 없이 해저 터널을 거쳐 용화사에 이르니 시간이 11시 반이 넘었다. 문밖에서 큰 소리로 외쳐도 사람 기척이 없더니 겨우 한식경을 지나서야 한 스님이 나왔다.

　"이 밤중에 웬 객승이요?"

　하고 길을 안내하더니 깜짝 놀라며,

　"네가 웬 일이냐?"

　물었다. 사실대로 이야기하니,

　"너나 나나 도깨비 들린 놈들이구나. 나는 고시공부 하다가 효봉스님을 만나 출가하였는데, 사중일을 보다보니 매일 이렇게 장보러 다니고 있다."

　갑자기 학교선배를 만나니 잠잘 생각이 없어졌다.

　"효봉스님은 어떤 분이세요?"

　"구한말 평양에서 태어나 일본 와세다대학을 나와 판사로 일하다 무고한 사람에게 사형선고를 하고 죄책감 때문에 전국을 유람하시다가 금강산 신계사 석두(石頭)스님께 출가하였다는 말을 들었다"

　하시고 계속 효봉스님 이야기를 들려주셨다.

　"판사까지 하신분이니 38세 만학으로 용맹정진하였으나 별 소득이 없어 국내외를 돌아다니다가, 금강산 법기암에 이르러 1일 1식으로 재차 용맹정진하여 한 소식을 얻으셨다. 그 후 유점사, 마하연, 송광사 3일암을 거쳐 해인사에 이르러 종합수도원을 만들었고, 부산 금정선원에 있다가 51년 통영 용화사 도솔암으로 옮기셨는데, 어떤 분이 미래사를 지어주어 거기서 살고 계셨다. 그런데, 3일전 갑자기 쌍계사로 떠나셨어.”

“어찌하여 지이산으로 가셨습니까? 나는 이 스님을 꼭 만나 뵈어야 하는데…”

“나도 그 이유야 잘 알 수 없지만, 네가 꼭 그분을 뵈어야 한다면 새벽 6시에 남해가는 배가 있으니 노량에서 내려 하동으로 가면 당일에 들어갈 수 있지”

하고, 스님은 아침 일찍 배를 태워주셨다. 생각해 보니 어제 점심도 굶고, 역시 저녁도 굶었으며, 그런 몸으로 새벽 배를 타니 천지가 빙빙 돌았다. 노량에서 내려 국수 한 그릇으로 배를 채우고 하동가는 버스에 올랐다.

하동 뻐스정류장에 내리니 경찰이 잡는다.

“어디가는 사람인가?”

“쌍계사에 계신 효봉스님을 만나러 가는 길입니다.”

“이것이 무엇인가!”

하고 들고 있는 편지 두 장을 가로챈다. 그리고 편지들을 살펴보더니,

“웬 돈이 이리 많지! 너는 필시 간첩아닌가?”

하고 나를 경찰서로 데려갔다. 그때 당시는 빨강 만원짜리와 오천원 지폐는 일반사람들은 거의 만져보기도 힘들었는데, 효봉스님 편지에는 50만원이 들어있고, 취봉스님 편지에는 30만원이 들어있었기 때문이다.

“봉투 속에는 편지만 들어 있는 줄 알았지 돈이 들어 있는 것은 미쳐 생각하지 못했습니다.”

“거짓말 하지마라! 편지가 효봉스님과 취봉스님 두분 앞으로 되어 있으니, 확인하지 않고는 나가지 못한다”

하며 수화기를 들었다. 화계파출소에 있는 순경 보고 쌍계사에 올라가 확인하고 내려오라 했는데, 자그만치 그 시간이 4시간이나 걸려 밤 9시에야 확

인이 되었다.

"지이산 토벌작전으로 검문을 하다 보니 이렇게 되었으니 이해하고 하동 포교당에 가서 자고 가라."

경찰관의 안내를 받아 들어갔으나 어느 큰 절에서 왔다는 수좌 한분이 좌복을 깔고 누워있다 새벽녘에 일어나 말했다.

"이 절에는 예불도 하지 않는구나. 이런 곳에 부처님이 계시면 무얼 하나."

하고 법당 안에 모셔진 백옥 관세음보살상을 바랑에 넣고 나갔다. 그대로 앉아 있다가는 도둑의 누를 쓸 것 같아 나도 뛰어나가 무조건 지이산을 향해 걸었다. 얼마쯤 걷다 보니 첫 버스가 왔다.

화계에서 내렸으나 절까지는 6km나 되었다. 세·네 번 검문을 당하면서 겨우 쌍계사 탑전에 이르니 얼굴에서 밝은 빛이 환히 나는 한 노스님이 안경을 끼고 양발을 깁고 있었다.

"효봉 큰스님을 뵈러 왔습니다."

"음, 조금 전 하동경찰서에서 전화가 왔는데, 너였구나"

하고 자리를 권했다. 편지를 내 드리니 행자더러 우선 밥을 주라 하였다. 부엌에 들어가 김치와 간장 두가지에 불기밥 한 덩어리를 있는 그대로 주었다. 아침 겸 점심을 먹고 나니 목욕을 가신다고 같이 가자 하였다. 뒷 개울에 올라가니 맑은 냇물이 그림처럼 흘러간다. 노스님은 스스럼없이 물속에 들어가 한참 앉았다가 등어리를 밀라 하였다.

등어리를 밀면서 밖으로 들어난 궁둥이를 보니 주먹만큼씩 한 홈이 파여 있었다.

"어찌 하여 이렇게 되었습니까?"

"미련하게 공부하다 살점이 떨어졌지."

나중에 들은 이야기지만 석달 동안 아랫목에 앉아 일어나지 않고 정진하다보니 궁둥이 살이 썩어 문드러졌다고 한다. 저녁 예불은 탑전에서 죽비로 삼배만 하고 한참 앉아 좌선하다가 나오면서 물으셨다.

"너 저 탑 앞에 있는 육조대사의 돌베개를 들 수 있겠느냐?"

"한 번 들어보겠습니다"
하고 가서 들으니 깔깔 웃으시면서
"그만 두어라. 참으로 미련한 놈이구나"
하셨다. 육조대사의 정신을 이해할 수 있겠느냐 물으신 것인데 이를 알아
듣지 못하고 돌베개를 들었으니 말이다.

이튿날 스님은 시자와 함께 단 둘이서 발우공양을 하시고, 나는 작은 상에
따로 밥을 차려주었다.
"취봉스님은 그제 떠났으니 다시 이 편지는 취봉스님께 갔다 주고 너는
절에 가서 추강스님께서 시키는 대로 하라. 열심히 하면 좋은 일이 생길 것
이다."
알고 보니 이번 심부름은 첫째로 송광사 복구를 위해 효봉스님을 송광사
로 모시려 했던 것이고, 둘째로 내가 중노릇 잘 할 수 있을 것인지 속마음을
헤아려 보아 달라 부탁한 것이었다. 후에 서울에 와서야 당시 효봉스님이 대
한불교 조계종 종정스님인 것을 알았다.

해맑은 안경 넘어로
양발을 깁고 있는 노스님이시여,

천 땀 만 땀이 모두 한 길
옛 사람들의 발자취인걸

행자는 미련하여
돌배개를 들었습니다.

3. 오대산 탄허 대종사

탄허스님은 김제 만경출신이었다. 여섯 살부터 16세까지 아버지 홍규씨와 할아버지 병일씨로부터 유학(儒學)을 공부하고, 17세에 충남 보령 기호학파 이극종선생으로부터 예기(禮記)와 춘추좌전을 공부하였다. 20세가 되자 도덕경과 남화 장자경을 공부하다가, '도(道)'라는 말에 걸려 오대산 방한암스님께 서신으로 문답, 3년 동안 20여 차례 서신을 주고받다가 22세에 출가, 3년 묵언 후 24세부터 중강을 시작 금강·기신·범망경을 강의하였다. 그리고 27세가 되던 해부터 한암스님의 증명하에 대교과 강주가 되어 《신화엄경합론》 47권과 <사집> <사교> <사미> 등 불교 내전 총 14종 70여권을 현토번역하신 분이다.

필자는 1958년 스님 나이 46세 되던 해 오대산 수도원에 사미로서 입원(入院)하였는데, 겨우 한 달도 못되어 상원사 선방으로 이전하였다. 57년 11월부터 대처·비구 분쟁으로 교육불사를 계속할 수 없었기 때문이다. 조그마한 키에 둥글둥글한 모습은 마치 탱화속의 아난존자를 연상케 하였다. 강단에 서시면 큰 칠판에 유·불·선 3교의 글을 물 흘러가듯 써내려 가는데, 폭포수처럼 읽어가다가 장강수처럼 해설하셨다.

"천하에 틸끝보다 더 큰 것이 없고, 태산보다 작은 것이 없다. 옛(古)이 옛이 아니고, 지금(今)이 지금이 아니다. 천지와 만물이 일체가 되면 시간도 공간도 인간도 그 시종(始終)을 말할 수 없고, 그 광협(廣狹)을 헤아릴 수 없다."

이것은 장자의 한 구절이지만 불교의 공적영지(空寂靈智)의 사상과 일치하므로, 스님께서는 항상 말과 글을 통해서 언어 이전, 생각 이전의 "도"를 연상할 수 있게 가르쳤다.

1960년 해동불교역경원에서 육조단경을 간행하고, 1963년 보조법어를 내었을 때 동국대학교 불교대학생들과 함께 동참하고 구하기 힘든 불서를 얻어 환희했던 생각이 아직도 잊혀 지지 않고 있다. 또 개운사, 청룡사에 가서 화엄신장에 대하여 물으니,

"자네가 19신장의 옹호를 받으면 대통령이 될 수 있고, 8부신장의 보호를 받으면 전륜성왕이 될 수 있으며, 12천신들의 공경을 받을 수 있으면 3계의 도사가 될 수 있지"

하셨다. 그 뒤에도 이러한 일 들이 한 두가지가 아니지만 잘 잊혀지지 않는 것은 1950년대 월정사에서의 만두와 국수공양이다.

원주에 살고 있던 한 거사가 매년 막내아들 생일불공을 드리느라 쌀 한가마니에 본인 월급 한 달 치를 쓰는 부인이 미워 욕을 하였는데, 마지막 불공을 드린 보살님께 도리어 스님께서 야단을 치셨다고 한다.

"그렇게 하려면 다시는 절에 오지 말라. 남편부처님도 제대로 섬기지 못하는 사람이 부처님께 마지를 올려서 무슨 덕을 보겠느냐?"

이 말을 들은 막내 아이가 어머니께 사루었다.

"어머님께서는 8년 동안 저를 위해 불공을 드려 주셨는데, 저는 오늘 아버지를 위해 불공을 드리겠습니다"

하고 집에 돌아가 두꺼비 저금통을 털어 아비지가 좋아하는 음식을 차려 놓고 대문 밖에서 기다리고 섰다가 퇴근하고 돌아오시는 아버지를 맞아 아래 목에 앉게하고 큰 상을 바쳐 삼배를 드리니 아버지가 깜짝 놀라면서,

"이게 무슨 짓이냐?"

영문을 몰라 안절부절 하였다. 사실대로 이야기 하니 아버지께서는 매우 겸연쩍어 하시며,

"너희들에게 불교를 그렇게 가르치는 스님이 계신다면 나도 한번 가서 뵈이리라. 나는 네 엄마가 스님 애인이 생겨가지고 매년 불공을 핑계하고 그분을 뵈러 절에 가는 줄 알았는데. 그렇다면 나도 한번 가서 꼭 뵙고 싶구나. 그분이 좋아하는 음식이 무엇이라 하드냐? 내 다음 달 월급타서 대중공양을

한번 크게 하리라."

"만두와 국수라 하였습니다."

얼마 후 만두와 국수를 얼마나 많이 가지고 왔는지 그 국수 공양을 마치고 자리에서 일어나려 하던 스님이 왈칵 게워 내 온 방안이 국수 천지가 된 일이 있었다고 한다. 한편 거사는 크게 참회하였다.

"큰스님, 큰 스님을 몰라 뵙고 구업 지은 것을 참회합니다."

"그래 아내부처, 자식부처 잘 섬기고 살게."

이렇게 스님은 자상하시면서도 호탕하여 각성, 무비, 통광, 성일 등 눈 푸른 납자들과 동건, 문환, 찬우 등 기라성 같은 대학자들을 배출하여 한국불교문화에 큰 빛이 되었다.

탄허스님은 이와 같이 선·교에 능통한 대불교학자일뿐 아니라 유교와 도교에 까지 그 깊이를 헤아릴 수 없어 일본, 대만에 까지 출강하시여 동양문화의 일대 보물로 알려져 있다. 동국대학교 양주동박사는 그의 제자 몇 사람과 함께 1주일 동안 <장자>를 듣고,

"만약 장자가 다시 태어나서 자기 강의를 한다하더라도 스님을 능가하지는 못할 것이다"

하였다. 80년대 초 하와이 가서 스님의 친필을 신처럼 모셔 놓고 부처님 받들 듯 하는 것을 보았다. 과연 이 시대의 일과 이치에 능통하고, 종통·설통한 사람이 탄허스님을 빼고 또 있을까 생각되었다.

　　글도 잘 하시고, 글씨도 잘 쓰시고
　　말도 잘 하시고, 행도 원만하여
　　만인의 사랑을 받던 스님이여,
　　오늘은 또 구루매 안경을 끼시고
　　어디를 가셔서서 누구를 교화하고 계십니까.

4. 상원사 원주 희섭대선사

희섭(喜燮)스님은 한암스님의 손자 상좌로 법명은 혜원(慧圓)이고, 은사스님은 현로 보문(玄路 普門)이다. 필자가 처음 상원사 선방에 들어갔을 때는 원주로서 지객 별좌일까지 겸하고 있었다. 필자에게 미감을 맡기며 이렇게 말했다.

"상원사는 1947년 화재로 소실된 것을 한암스님이 중건한 것이다. 여기에 들어온 사람은 누구를 막론하고 ① 선, ② 염불, ③ 간경, ④ 의식, ⑤ 가람 수호 등 다섯 가지를 의무적으로 실천해야 한다. 선원 규례는 각기 소임대로 실천하게 되어있지만 금년에는 모인 대중이 모두 18명 밖에 되지 않으니, 주실 밑에 있는 제1좌와 제2좌가 없고, 열중, 병법, 헌식, 지전, 소지, 지객, 서기, 원주, 다감, 별좌, 시자, 공사, 미감, 마호, 정통, 종두, 간병, 화호만이 짜여져 있다. 그 가운데서도 소지, 서기, 미호, 정통, 화호를 거사와 처사들이 맡고 있으니, 1인 2역을 할 때도 있고, 1인 3역을 할 때도 있다. 상당 설법은 매달 초하루와 보름에 하고, 운력은 밭일, 집안일 할 때만 동원된다."

스님은 평균 5·6일에 한번 씩 강릉 포교당에 가셔서 시주를 하여 장을 봐 왔는데 짐이 많을 때는 어쩌다가 거사 처사들이 마중 나가는 경우가 있으나 대부분 일백근이 넘는 무거운 짐을 지고 천천히 발끝만 보고 걸어오신다. 온 몸이 땀에 젖어 물이 줄줄 흐르는데도 무겁다는 말씀 한 마디 하지 않고,

"가련 하구나 우리 인생. 허망하기 그지 없네"

하고는 그대로 개울에 들어가 몸을 씻으신 뒤 바로 선방으로 들어가신다. 석달 동안 누워 주무시는 것을 보지 못했는데, 어떤 때는 고사리 버섯을 다듬다가도 그대로 삼매에 들었다.

산에 오를 때는 으레 한암스님 참선곡을 읊었는데, 하도 여러 번 들어 잊혀 지지 않는 곳이 있다.

“어제 같이 청춘시절 어언간 백발실세.
백옥같이 곱던 얼굴 검버섯이 웬일인가.
예전 사람 공부할 때 하로 해가 가게 되면
다리 뻗고 울었거늘
오늘이 몇 일인가.
임술년 정월 십오일이 올시다.”

한번은 서울에서 손님이 오셨는데, 시간이 늦어 오후 2시에 쌀만 내어 밥을 지었다. 급히 지은 밥에 돌이 섞여 뱉아 놓으니 그것을 다시 조리로 일어 홀딱 입에 넣어 버렸다. 우리는 그것을 보고 다시는 밥 한 톨도 버릴 수 없었다. 그뿐 만이 아니다. 감자밥이나 옥수수 밥이 쉬면,

“대중스님들께 아뢰옵니다. 한 숟갈씩이면 천도되오니 찬물에 말아 드십시오.”

공양주, 채공, 미감이 쩔쩔매고 있을 때면 이따금씩 이런 말씀을 하여 남은 밥을 처리했지만 그 다음부터는 어떻게 하면 남지도 않고 부족하지도 않게 쌀을 낼까 그것이 그대로 공부였다.

한암스님께서 콩나물 하나를 줍기 위해 오리 길을 걸으셨다더니, 이 산중의 가풍이 얼마나 무서운가를 알았다.

“스님은 왜 그리 눕지 않고 앉아 계십니까?”

하고 누가 물으면,

“노는 입에 염불이요”

하고 다시 두 마디도 않는다. 초하루 보름 법문도 따로 하지 않고 한암스님 선문답 21조를 있는 그대로 읽었다.

“선이란 무엇인가. 마음이 곧 부처요. 부처가 곧 도요. 도가 곧 선이다. 그러므로 선을 하고자 하는 사람은 먼저 제 마음을 믿고 화두를 가지고 철저히 정진하여야 한다.

옛 사람이 말하기를 힘 아니 드는 곳이 곧 힘을 얻는 곳이다 하였으니 여실히 깨달을지언정 경계를 쫓아가지 마라.

관문을 지낸 자는 나루터를 물을 필요가 없다. 잣나무도 성불한다 하였는데 옛 스님들이 어찌 우리를 속이었겠느냐. 단지 큰 코끼리와 작은 토끼가 물을 건너는 방법이 다르지. 코끼리는 서서 걸어가는데 토끼는 물에 떠내려가며 건너가니까.”

또 어쩌다가 사람들이 공부에 대하여 물으면,

“성색(聲色)을 초월하여 무엇 하려 하는가. 초월한다는 그 생각이 병통이니 공부가 익는 것은 밥 익는 것 하고는 다르다. 환화공신이 즉 법신이요. 무명실성이 곧 불성이라 하였지 않는가. 단지 공부한다는 생각만 버리면 해도 부처고 달도 부처가 된다.”

이렇게 답하되, 이를 들어내고 웃는 법이 없다.

오대산 도량에 무뱀이 많아 솥뚜껑 위에도 올라앉고 밥통 주위에도 도사리고 있다. 무심코 부엌에 불을 지피다 보면 두 마리, 세 마리가 쏜살같이 달려 나온다. 사람들이 놀라 질겁을 하면,

“나무 불”

하고 고개를 떨군다. 세조대왕이 기도 왔다가 대중 스님들께 은전 금전을 많이 주어 공부 못한 수좌들이 죽어 도량지킴이가 되었다는 것이다. 그런데 같은 도반끼리 그렇게 무서워하면 어떻게 하겠느냐는 것이었다. 특히 나한전 법당에 들어가면 한 여름에도 냉장고처럼 시원했는데, 수백마리의 뱀들이 모여 참회법회를 하기 때문이라 하였다. 죽은 뒤 무뱀이 되는 것이 무서운 것이 아니라 참회하는 뱀이 되지 못할까 걱정하는 것이 스님의 생각이었다.

> 청정하고 엄한 계율 눈서리와 같고
> 중생을 섬기는 마음 수미산 같아라.
> 앉아서 자고 서서 공부하는 희섭스님이여,
> 지금은 어느 곳에서 무슨 일을 하고 계십니까.

(08. 8. 29)

5. 금오 대선사

　1959년 8월로 생각된다. 오대산 선원을 나와 강릉포교당에서 법회를 보고, 주문진 일대를 돌면서 탁발, 양양 낙산사로 갔다. 낙산사에는 몇 일전 총무원장을 그만두고 잠간 들으셨다는 금오대화상이 회주처럼 앉아 계셨다.

　"어디서 왔느냐?"

　"상원사에서 왔습니다."

　"한 소식 얻었겠구나!"

　"천산은 반야봉이고, 만강은 보리로입니다."

　"누가 가르쳐 주더냐?"

　"비로자나 부처님은 처소가 없으나, 관세음보살이 자비를 일으킵니다."

　"장하다. 나이 어린 사람이 선을 하다니. 나는 선(禪)자가 든 말만 하는 사람을 보아도 할아버지처럼 받든다"

　하시고, 원주를 불러 따로 방 하나를 주라 하셨다. 당시 낙산사는 미군부대 사람들과 고아원을 운영하고 있어서 전쟁고아들이 많았는데, 법당일 보는 주지스님 외 한 사람밖에 없었다.

　새벽예불부터 도량석을 한 후 종성을 하고 예불을 하니 모든 사람들이 옛 가람의 풍습이 되 돌아온 것 같다고 좋아 하였다. 이튿날 홍연암에서 기도하기를 청하니 홍연암 주지는 영혈사주지가 겸하고 있으니, 거기 가서 의논하라 하였다. 3·7일 동안 기도하고 오니 설악산 신흥사에 들렸다 다시 오셨다는 스님께서 물었다.

　"관세음보살이 무엇이라고 하던가?"

　"능엄경 25원통이 어떻게 이루어 졌는가를 깨닫게 되었습니다."

　"그래. 능엄경이야 말로 차돌능엄이지. 이리 씹어도 않되고, 저리 씹어도 않되고, 늙은 이빨이 다 빠진 뒤에야 비로서 그 돌 맛을 알게되지."

　"묘한 마음은 애초부터 움직이지 아니 했는데, 아난존자가 억겁의 전도상 때문에 마등가의 사랑에 걸려 하마터면 생사에 빠질번 한 것을 부처님께서 7처징심으로 건져 주시니 억겁의 전도상이 일시에 무너졌습니다.”

“허허 참으로 장하구먼. 자네 다른데 가지 말고 여기 있으면서 저 불상한 애들을 보살펴주게. 나는 내일 아침 서울로 갔다가 수원 용주사로 떠나게 되니, 혹 기회가 되면 만나도록 하세”

하고 이별하였다. 그 뒤로 1962년에 안국동 선학원에서 두어 차례 뵙고는 다시 뵙지 못했다.

큰 부자집 장자처럼 풍채가 든든하고 솔직 담박하게 보여 행정승 같지는 않았다. 들건데 스님은 전남 강진 출신으로, 성은 동래 정씨이고, 이름은 태선이었다. 어머니 조씨가 꿈에 학을 보고 낳았다는데, 아버지 용보씨는 서숙에서 공부를 시키면서도, “아무래도 저놈은 내 자식 같지가 않아”하고 함부로 대하지 못했는데, 16세 때 마하연 도암선사에게 출가하여 범어사에서 계를 받고, 월정사, 통도사 보광선원을 거쳐 예산 보덕사 보월스님에게 인가를 받았다고 한다. 그러나 건당식도 하기 전에 법사스님께서 입적하자 노스님이신 만공대선사께서 대신 건당식을 해 주었다.

“덕숭산 아래 무늬 없는 도장을
그대에게 전하노니
보월은 계수나무에서 내리고
금오는 하늘 끝까지 날아간다.”

이것이 만공스님의 전법게(傳法偈)이다. 그 뒤 태안 안면도 백사장에서 몇 명의 스님들과 함께 결사생활을 하여 유명해 졌으며, 중국에 계신 수월스님을 찾아 1년 동안 시봉하기도 하였다 한다.

1935년 김천 직지사 조실을 시작으로 안변 석왕사, 도봉산 망월사, 지리산 칠불선원, 서울 선학원 조실·회주를 지내면서 후배 양성에 심혈을 기우려 월산, 범행, 월남, 판성, 혜정, 월탄 등 눈푸른 납자 50여명을 배출시키고 조계종 부종정, 봉은사 주지, 구례 화엄사, 속리산 법주사 주지 등을 역임하고, 대한불교조계종 총무원장으로 추대되기도 하였다.

1961년에는 캄보디아에서 열린 세계불교도대회에 한국대표로 참석하여 한국불교 위상을 세계만방에 떨쳤으며, 1968년 10월 8일 72세(법랍 57세)로 입적하실 때까지 한국불교 수좌정신을 그대로 지켰다. 언제나 무명 장삼에 밤색 낙자를 걸치시고 특별법회 때만 큰가사를 입으셨다.

1954년 불교정화운동 때에는 전국비구승대회추진위원장으로 활약하였으나 일이 성사만 되면 곧 바로 뒷자리로 물러나 화두 들고 정진하는 것이 본분사였다. 1928년 보월스님께 바친

투출시방계(透出十方界)　무무무역무(無無無亦無)
개개지차이(個個只此爾)　멱본역무무(覓本亦無無)

는 스님의 오도송으로 널리 읽혀지고 있다. 그물을 벗어난 고기가 그물에 걸리지만 않는다면 태평양 대서양 그 어느 곳에 가도 걸리지 않으리라.

다박솔 눈썹에
천년가도 깜박이지 않는
눈을 가지신 어른이시여,

선풍도골(仙風道骨)에
백학의 기상이 그립습니다.

큰밭(太田)에 솟은 달이
만강에 비치고 있는데……

오늘도 스님께서는
안면도 백사장에서
걸사생활 하시나이까.

(08. 9. 3.)

6. 기산 대종사(綺山大宗師)

기산스님은 송광사 출신이시다. 전남 승주 송광면 장안리에서 태어나 14세에 인봉스님께 출가하여 인봉스님께 계를 받고 지이산 화엄사 진진응스님께서 이력을 보았다. 서울 중앙학림을 나와 1919년부터 현 동국대학교 전신 중앙학림을 졸업하고, 지방학림 교사와 강사, 주지를 거쳐 1940년 조선불교총본산 태고사(현 조계사) 대웅전 건축 상임위원으로 부임 종무원 교육부장을 역임하였다.

1961년 8월 신촌 봉원사 이만봉(인간문화재 49)스님 댁에서 처음 뵈었을 때는 광주 포교당 포교사, 전남종무원장, 정광학교 교장, 총무원 원장을 거쳐 동국대학교 이사장으로 계셨다.

낙산사에서 춘곡 큰스님 편지를 받고 서울에 가니 아직 학교에서 퇴근하지 아니하였다. 만봉스님께서 여섯시까지 "기다려 보라" 하여 기다리니 해가 뉘엿뉘엿 넘어갈 지음 찝차 한 대가 도착하였다.
"어디서 왔느냐?"
"송광사에서 왔습니다."
"들어가자."
방으로 들어가니 밥상이 두 개 놓아져 있었다.
"이리 가져오너라. 같이 먹자."
상하의 구별이 엄격한 절간에서 큰스님과 마주 앉아 공양을 한다는 것이 어색하여 사양하였으나, 극구 가져오라하여 친 아버지 모시고 밥 먹는 식으로 다정하게 밥을 먹다보니 이런 말 저런 말이 나왔다.
"저녁에 자고 가거라"
하고 스님 자리 옆에다 자리 하나를 더 깔고 누우라 하고 물었다.
"너는 어찌하여 중이 되었느냐?"

“중이 된 줄도 모르고 이렇게 돌아다니고 있습니다.”

“무슨 공부를 하였지?”

“송광사 추강 학담스님께 사미과를 배우고, 취봉스님께 사미계를 받은 뒤 수심결을 익혔고, 추강스님을 따라 월정사로 갔으나 종단분규 때문에 수도원이 폐지되어 상원사 선방에서 한 철을 났습니다.”

“이력도 마치지 못하고 선방에 먼저 들어가 스승을 잘 못 만나면 증상만인(增上慢人)이 되기 쉽다.”

“그렇지 않아도 능엄경에 홀연연기(忽然緣起)라는 말이 있어 몇 군데 물었으나 결론을 얻지 못했습니다. 이 세상 모든 것이 인연에 의해서 생긴다 하는 것이 불교로 아는데, 홀연연기라 하면 인연 없이 만 가지가 한 생각 속에서 난다는 말 아닙니까?”

“허허. 네가 언제부터 그런 생각을 하였느냐? 나는 내 나이 50이 다 되어서야 그런 생각을 하게 되었는데”

하고 벌떡 일어나 손목을 잡으시면서,

“너는 학교에 갈 사람이다”

하시었다.

“수심결을 보니 도만 통하면 무불통지라. 모르는 것이 없이 안다고 하였는데 학교는 무엇 하러 갑니까?”

“지금은 선지식을 찾아 자기 점검도 할 수 없는 시대가 되었다. 그러니 학교에 가서 나의 공부를 점검하고 부처님과 역대 조사들이 어떻게 포교하였는가를 배워야 한다.”

그리하여 스님과 나는 하루 저녁사이에 스승과 제자가 되고, 이듬해 동국대학교에 들어가서는 틈만 있으면 사서실 일을 보게 되었다. 동국대학교 총장 백성욱박사님께서는 출근시간에 맞추어 꼭꼭 나오셔서 문안을 드리셨는데, 특별히 드릴 말씀이 없을 때는 이사장실에 직접 납시여 인사를 드렸다.

“총장님께서 이러하시면 진짜 이사장 면목이 없어집니다.”

“그런 말씀 마십시오. 학교는 이사장님이 주인입니다. 금강경 도인을 잘못 모시면 금강신장에게서 벌을 받게 됩니다”

하고 깍듯이 대접하였다. 그동안 많은 사람들을 모셔 왔지만 기산스님처럼 깨끗하고 청렴결백한 스님은 보지 못했다는 것이다. 실로 스님은 77세를 일기로 성북동 청룡암에서 입적하실 때까지 가진 것이라고는 가사, 장삼, 발우와 평생 동안 쓰신 원고 밖에 없었다. 책도 동국대학교 도서관에서 빌려다 보셨기 때문이다. 돌아가시기 5일전에 가니,

"죽고 난 뒤에 주면 죽은 사람 물건이라 쓰지 않을 것이니 이것 받아라"

하고 친히 덮으시던 이불 한 채를 주셨다. 당시는 경제가 어려워 불도 제대로 때지 못하고 난로도 피지 못하고 살았기 때문이다.

미아리에서 고등공민학교를 할 때 이른 봄에 오셨다가 벽에 성에가 낀 것을 보고 매우 안타깝게 생각하셨던 모양이다. 당시 7천2백원 월급을 타면 3천원은 하숙비 내고 2천원은 운전수 주고, 2천원 가지고 용돈을 쓰시는데, 그 가운데 반을 잘라 학생들 노트와 연필을 사 주셨다.

"다른 사람들은 불교해가지고도 호구지책만을 생각하는데, 너는 네 장가갈 돈까지 갔다가 자선사업을 하고 있으니 고맙게 생각한다."

그런데 그날 학교 방문을 하고 내려가시다가 인수동 3거리에서 건립패들을 만났다. 징, 꽹과리를 울리고, 나무아미타불을 부르면서 길거리에서 불공시식을 하는 사람들을 보고는,

"저자가 누구 상좌인지 알아보고 오너라."

하여 가서 물으니,

"동국대학교 이사장 임석진스님 상좌입니다."

하고 명함을 주어 보니 실제 그렇게 써져있었다. 불쌍한 건립패들을 살피며,

"나 같이 못난 사람의 이름을 팔아서라도 호구지책을 면하고 있으니 다행이다. 나에게는 린곡, 문곡, 두성, 대천 등 상좌가 몇 사람 아니 되어 쓸쓸하였는데 저런 사람들이라도 있으니 내 마음이 든든하구나"

그리고,

"나쁜 짓만 하지 말고 잘 살게"

하고는 내려 오시면서,

"소도 언덕이 있어야 비빈다고 하더니…"
혀를 톡톡 차셨다.

평생을 강의하고, 절 살림 하시고, 저녁에는 글을 써 <송광사 사지>4권과 별책 1권, <전남도지>1권은 세상에 널리 알려진 역사서이고, <금강반야바라밀경>1권과 <불교금언성전>1권, <윤회의 도와 성불의 도>는 단행본으로 불교를 지도하는 사람들에게 좋은 자료가 되는 책이다. 특히 <금강반야바라밀경>은 <오가해>를 중심으로 무착·천친의 계위와 역대조사들의 소초를 필요한 대로 전취(全取)·반취(半取)·절취(切取)하여 온갖 단어, 숙어들을 체계 있게 정리하였으므로 이 글로 인해 <금강경 도인>이란 별명이 생기게 되었다.

14세에 출가하여 77세로 입적하실 때까지 여자 손목 한번 잡아보지 않으셨다는 청정한 수행승이었으나, <비구>란 말을 한 번도 사용하지 아니한 것은 이 나라의 풍토지리가 걸사생활을 할 수 있는 여건이 되어 있지 않기 때문이었다.
"대승불교국가이면서도 남방불교처럼 청정범행을 닦게 되고, 출가수행자들이 세속욕심만 버릴 수 있다면 대한민국이야 말로 세계불교의 뿐이 될 수 있다"
강조하셨다. 스님은 늘,
"앞으로 기계문명이 발달하면 실업자 천국이 될 것이다. 학교, 병원, 관광 복지 사업을 통해 유휴 실업자들에게 일거리를 제공하고, 특수 기술을 가리켜 뛰어난 인재들을 불교 일선에 배치해야 한다. 그렇지 아니하면 장차 불교는 외래종교에게 큰 타격을 받을 것이다. 부처님은 발우 하나로 1250명을 먹여 살려서 일발천발(一鉢千鉢)이라는 말이 생겼다 그러니 부처님 제자들이 일발만발의 정신으로 포교에 앞장서서 자기청정을 보이면 인류의 복지가 그 가운데서 이루어 질 것이다."
그리고 저희들에게 특별히 부탁하셨다.

"너희들은 가능하면 명예와 학문을 팔아먹는 학자가 되지 말고 권력의 자리에 나아가 매불자생하는 불자가 되지 말라."

이것은 스님께서 일생동안 체험하신 경험의 소산이라 생각한다. 그래서 나 또한 대학원에 입학했다가 등록하지 않고 상락향에 내려와 농사짓고 포교일 념으로 살게되었다.

끝으로 스님의 열반송을 외워본다.

　　몸은 마음의 그림자
　　마음은 몸의 그림자
　　두 그림자 모두 빈 곳에
　　뜻 떠나 자유를 누린다.

　　스님의 임종게(臨終偈)다.

7. 동국대학교 총장 백성욱박사

백성욱박사님은 키가 9척 장신에 몸이 비대하고 머리가 둥글고 큰데다가 미간에 붉은 점이 있어 보는 사람은 누구나 부처님 화신으로 인식하였다. 서울 연지동 백윤기씨의 장남으로 태어나 1901년 교동학교에 입학, 서숙에서 한문을 수학한 뒤 1910년 봉국사 최하응스님의 제자가 되었다. 1919년에는 경성불교중앙학림을 나와 3·1 운동 때 상해 임시정부에 들어가 독립운동을 하였다. 1920년 프랑스 보배학교에서 독일어를 공부하고, 22년 독일 밸쓰브룩대학에 들어가 고대희랍어와 독일 신화사 및 문명사를 공부하고 천주교 의식을 연구하여 25년 10월 철학박사 학위를 받았다.

28년 9월 귀국하여서 중앙학림교수로 취임하였으나 시의에 맞지 않은 것을 알고 단신으로 금강산 안양암에 들어가 <대방광불화엄경>을 제창하며 천일기도를 하였다. 다시 지장암으로 옮겨 8년 동안 기도하다가 일본 경찰들의 압력으로 39년 돈암동 자택으로 돌아와 좌선수행하였다.

이때 유명한 일화가 있다. 한번은 눈이 오는 날 기도하다가 옆에서 정진하는 두 행자들에게 말했다.

"지금 당장 지게지고 3거리로 나가봐라."

"눈이 펄펄 내리는데 누가 온다고 나갑니까?"

"잔소리 말고 나가 봐. 나가 보면 알 수 있을 거야."

그래서 지개를 짊어지고 3거리로 나가니 서울서 손보살님이라는 분이 석작 두 개를 머리에 이고 몸부림치며 걸어왔다. 두 심부름꾼이 그것을 받아 가지고 오는 사이 공양주에게 말했다.

"오늘은 마지를 짓지 말고 솥에 물만 붓고 끓여라."

"마지 시간이 다 되었는데요?"

"그러니까 물을 끓이라 하는 것이다."

그래서 물을 끓이는 사이 짐꾼들이 도착하였다. 백박사님이 보자마자 명령하였다.

"어서 그 석작을 풀어 공양주에게 갖다 주라."

가지고 가서 열어보니 석작 속에 들은 것은 곱게 빚은 국수였다. 80여명의 대중이 국수공양을 하고나자 이 소문이 서울 장안에까지 울려 퍼졌다. 그때 백박사님은 애국단체인 중앙공작대를 맡아 민중계몽운동을 하고 있었는데, 이 대통령께서 그 소문을 듣고 손보살에게 물었다.

"진짜 그분이 도통한거요?"

"알 수 없습니다만 모든 사람들이 그렇게 생각하고 있습니다."

"그렇다면 한 번 데리고 와 보십시오."

그리하여 1950년 1월 뵙고, 2월에 내무부장관에 임명하였다. 물론 1946년부터 군정을 종식시키는 건국운동에 참여한 것이 참고가 되었다. 그러나 이 또한 성격에 맞지 않았다. 부정부패가 만연한 상태에서 혼자만 청백을 지키고 있다는 것이 걸맞지 않았기 때문이다. 그래서 정치보다는 교육이 맞겠다고 생각하여 말씀드리니 51년 한국광업진흥회사 사장으로 임명하였다가 52년 부통령에 출마하라 하였다. 그래서 어명을 받들어 2·3년 동안 일을 보다가 53년 8월 동국대학교 총장으로 취임하여 일생을 불교학자로 후회 없는 인생을 살았다. 한편 학교에선 <금강삼매경론>, <보성론>, <화엄경>등을 강의하였는데, 1962년 우리들이 동국대학교에 입학하였을 때는 <금강경>특강을 직접 해 주셨다.

"대학 총장이 새로 들어온 신입생들에게 금강경 강의를 한다는 것은 일찍이 없었던 일이다. 그러나 너희들은 금년부터 동국대학교에서 불교인재를 양성코자 43명을 뽑은 장학생 가운데 27명을 불교과에 넣었으니 나 또한 관심을 가지지 않을 수 없다"

하시고 가지고 온 대야에 물을 붓고 두 손으로 물을 앞으로 밀어냈다.

"봐라. 저쪽으로 준 물이 거기서 그치지 않고 다시 내 앞으로 돌아오지 않느냐. 이것이 보시야. 물질이 되었든지 정신이 되었든지 이렇게 보시하면 세상의 두려움이 없어진다."

강의가 끝나고 나갈 때 혹 눈에 뜨이면 명령하였다.

"자네 이름이 우경이라 하였지. 법륜사 가게 되면 나에게 들려. 내 법연화에게 보낼 것이 있으니"

법연화는 이대통령 양딸로서 외국사절단을 접대하는 국기(國妓)이었으므로, 백박사와는 막연한 사이였던 것 같다.

백박사의 신앙은 처음에는 <대방광불화엄경>염송으로 인격을 완성하는데 몰두하였는데, 이것은 원효대사의 <화엄경소>를 보고 영향 받은바 크다 하였다.

<대>는 크고 넓어 끝이 없는 것이고,

<방>은 바르고 발라 바르지 않음이 없는 것이며,

<광>은 그 몸이 온 세계에 두루 하여 꽉 차 있지 않은 곳이 없는 것이고,

<불>은 이 대·방·광의 진리를 확실히 깨달아 의심이 없는 것이다. 그리고

<화>는 아름다운 보·화신으로 세상을 부자 되게 하는 것이고,

<엄>은 보·화의 몸으로 법신을 장엄하여 인격을 완성하는 것이다.

그래서 <경>은 끝없는 진리의 물을 샘 솟게 하여 목마른 중생들을 축여 준다 하는 것이다.

이 나라의 백성들을 다 같이 대방광불로 만들면 3천리 금수강산은 저절로 화엄세계가 된다. 이것이 백박사님의 이상이다.

그리고 다음으로 미륵존여래를 부르며 금강경을 외웠는데 이것은 정법구현의 한 방편이 되었다.

우리나라 사람들이 아상·인상·중생상·수자상에 빠져 당파 싸움을 하고 자기출세를 위해서는 골육상쟁을 마다하지 않기 때문에 미륵성존의 10선운동을 배워야 한다고 생각했던 것이다. 미륵부처님이 56억 7천만년 뒤에 탄생한다고 믿고 있는 사람들에게는 전5식을 뒤집어 성소작지를 이루고, 제6식을 뒤집어 묘관찰지를 이루며, 제7식을 뒤집어 평등성지를 이루면 56억 7천만년

이 당장에 그 몸속에서 이루어져 제8아뢰야식에서 나타난 대원경지가 이 세상을 둥근 거울처럼 비치게 될 것이다. 그러니 시간만 기다리면서 미륵존여래를 부르면 안된다. 어떤 사람들은 이것을 잘못 이해하여 본인이 새로 태어난 미륵불이라 하였다 하는데 그것은 내용을 잘못 안 것이다.

백박사님께서는 한국이 평화스럽게 잘 살려면 금강경을 읽어야 한다고 주장하셨는데, 한국사람들은 상(相)때문에 망해가고 있기 때문이다. 지금도 <금강경 독송회>는 백박사님의 이 같은 정신을 실현코자 온갖 정성과 지혜를 다 쏟고 있다.

8. 참사람의 주인공 서옹대선사

만암스님은 서옹대선사에게 법을 전하면서,

> "백양산의 사나운 범이
> 한 밤중에 돌아다니며
> 사람들을 다 물어 죽이니
> 가을 하늘에 밝은 달빛이
> 서릿발처럼 차갑다"

하시고, 종성스님은 스님의 진영에 이런 글을 바쳤다.

> "늠름한 눈 빛 신검처럼 휘두르니
> 부처도 맘대로 죽이는 무위진인이로다.
> 한 번 노할 때 사마외도가 소탕되니
> 천년고목에 백화가 새롭도다."

참으로 서옹대선사에 꼭 알맞은 글인가 생각한다. 필자가 처음 스님을 뵈온 것은 1962년 동국대학교 선원장으로 취임하시기 전 돈암동 신지정 정광중고등학교 교장선생님 집에서였다. 큰스님께서 장이 파열되어 홍내과에서 수술했는데, 몽혼주사를 맞지 않고 그냥 생살을 찢었다고 하였다. 싹둑 싹둑 가위소리가 들리는데도 눈 한번 깜박하지 않고 삼매속에서 수술을 받아 병원장님이 도리어 땀을 뻘뻘 흘리며 놀랐다고 하였다.

진실행 보살님은 자손이 없는 외로운 불자였지만 시봉 하나를 데리고 동·서·남·북에서 오는 스님들을 인연에 따라 시봉하였다. 그 분은 언제나 홀로 있을 때는 참선과 염불을 주로 하고, 오는 스님들께서 법문을 많이 들어 이 세상에 모르는 것이 거의 없었다. 우리는 그 보살님으로부터 스님에 대한 말씀을 종종 듣고, 친히 뵙기를 원했으나 좀처럼 기회가 닿지 않았다. 그런데 뜻밖에 수술하는 것을 보고 이듬해 동국대학교 선원장이 되시면서 자주 뵙게 되었다.

사회자가 말했다.

"스님께서는 1912년 충남 논산에서 태어나 7세에 부친을 잃고, 17세에 조부와 모친이 벌세한 뒤 세상 무상을 느끼고 불서를 탐독하다가 김대은스님의 소개로 백양사 송만암스님을 친견, 출가하였습니다.

속명은 상순이고, 속성은 이씨인데 10세에 연산보통학교에서 서울 죽첨학교로 전학, 양정고등학교를 졸업하고, 중앙불교전문학교를 거쳐 오대산 방한암스님 문하에 들어가 2년 동안 참선하였습니다.

1939년 일본 임제대학에 들어가 세계적인 선지도자 히사마쓰 신이지방사와 교유하고, 일본 불교학자 니시타 가파로와 다나베 하지메의 선설을 파하여 큰 화제를 일으켰으며, 임제종 총본사 묘심사에서 3년을 안거하여 타의 추종을 불허하였습니다."

듣기만 해도 가슴이 뭉클하였다. 일제 36년 동안 일본사람들에게 얼마나 압박을 받고 살아왔는데도 아직 정신 차리지 못하고 "일본"하면 사죽을 못 쓰는 판국에 일본 유학을 가서까지 학문적으로나 수행적으로 그들을 능가했다는 것은 한국 불교의 자랑이요, 민족의 긍지를 일깨워준 일대쾌사라 해도 과언이 아니다.

사회자의 소개가 끝나자 주장자 소리가 세 번 나고 <활>하는 소리가 크게 들려 장내가 매우 엄숙하였다.

"선은 직절근원에 의한 절대주체의 자각입니다. 그러므로 물질이나 마음, 신이나 부처에 얽매이면 그 자리서 죽고 맙니다. 그런데 현대인들은 과학을 핑계 삼아 물질과 정신, 선과 부처의 노예가 되어가고 있습니다. 일찍이 서양 철학자 데카르트는 모든 것을 의심하다가 그 의심하는 놈은 의심할 수 없다는 것을 알았습니다. 그래서 '나는 사유한다. 그러므로 나는 존재 한다'

란 오성철학을 내 놓았습니다.

르네상스 이후 기독교신학이 극복되고 인문주의가 싹 트면서 대자연을 목적론적 면에서 해석하지 않고, 기계론적으로 설명하면서 인류의 문화는 자연정복주의적인 사고방식으로 흘러 자연을 황패 시키는 욕망사회가 꽃을 피게 되었습니다. 현대의 욕망주의는 배금주의요, 식욕주의요, 성욕주의가 주종을 이루고 있습니다. 과학적 이론과 집단적 조직, 그리고 갖가지 정보에 의하여 인간을 2중 3중으로 구금하고 있습니다. 이것에서 벗어나는 것은 오직 <선>밖에 없습니다. 그래서 내가 동국대학교 선원장에 취임하는 것도 목적이 여기에 있습니다. 그러니 바쁘신 가운데서도 참사람의 구원을 위하여 함께 동참해 주시기 바랍니다.

입소개진(立所皆眞)하고
수처현청(隨處顯淸)하면
오역문뇌(五逆聞雷)라도
수처작주(隨處作主)하리라.

그 후 상도동 백운사에 가서도 그와 비슷한 법문을 듣고 장성 백양사 가서도 그와 같은 법문을 들었다. 스님께서 쓰신 <임제록>은 우리 불교계에 던진 최초의 종문서이고, 다음 "참사람의 결사"를 하시며 제창하신 <벽암록>은 선을 공부하는 사람이면 반드시 한번은 참고하여야 할 기본 자료이다.

끝으로 스님의 오도송을 한번 읊으면서 진인의 참 면목을 다시한번 색여 본다.

상왕빈신사자후(象王嚬呻獅子吼)　섬전광중변사정(閃電光中辨邪正)
청풍늠늠불건곤(淸風凜凜拂乾坤)　도기백악출중관(倒騎白岳出重關)

9. 사간동 법륜사 대륜대종사

대륜 큰스님은 각황사(현 조계사) 최초 원주 겸 포교사로 대중불교와 도시불교를 제창하셨던 선구자다.

조선불교 500년 억불정책에 한이 맺혔다가 도성 안에 절을 짓고 스님들이 자유자재로 출입하게 되니, 스님은 각황사 원주로 있으면서도 평양에 유점사 포교당을 만들어 보륜스님을 포교사로 파견하셨다.

스님은 원래 강원도 간성 출신이다. 1884년 농부의 아들로 태어나 서당에서 한문 공부를 하다가 16세에 유점사 곽운스님께 득도하고 반야암 대원스님께 사미·사집과를 배우고, 내원암선방에서 한 철을 난 뒤 만일회 별좌로서 2년 동안 봉사하였다.

한일합병 후 잠시 일본에 다녀 온 뒤 조영하대감의 후의로 금강경독송회를 만들어 이끌어 왔고, 1919년에는 만공스님을 만나 대덕법계를 받았다. 그후 오대산 훈련원에 가서 방한암스님을 만난 뒤 도심포교에 대한 방향을 설정하고 서울 종로 사간동에 석왕사 포교당(불이성 법륜사)를 개설하고 도제양성에 몰두하였다.

1924년에는 불교부인회(자은방생회)를 조직하고, 해인사 보담스님을 모셔 화엄산림을 하고, 포명·고경스님께는 금강경·법화경을 강의하게 한 뒤, 황해도 패엽사 구봉스님을 모셔 비유경과 관음경·고왕경 등을 번역 간행하고, 옥천사 서응스님, 통도사 고경, 해인사 설호스님 등을 초청하여 강원을 개설하였다.

1941년에는 여기서 배출된 덕암·남해·용봉 상좌들에게 포교를 맡기시고,

스님께서는 유점사 주지가 되었으나 해방과 더불어 다시 돌아오시게 되었다. 스님은 불교 일용집, 미타경, 금강경탑다라니, 수구정광다라니, 안락국태자전, 몽수경 등을 번역하고, 광주 윤주일 선생을 모셔 옥야경과 유마경, 천수천안을 배경으로 심전개발에 앞장섰다.

1959년에는 33조사상을 영인하여 전국 사찰에 배포하고, 6·25동란 때는 부산 금정사·선암사·통도사보광선원에서 안거를 거친 뒤 이북5도 불교연합회 교육원장이 되어 서울로 올라 오셨다.

1955년 법륜사에서 첫 번째 일요법회를 시작하고, 동국대학교 이사, 조계종 총무원장이 되었을 때 필자가 기산스님 심부름으로 법륜사에 들려 뵙게 되었으니, 때는 1959년 10월이 아닌가 생각된다. 보름달 같은 용안에 수미산 같은 몸체, 그러면서도 부드럽고 순박하게 보여 부자집 맡 며느리처럼 풍성함을 느꼈다.

"이사장님 (기산) 심부름 왔습니다."

"어. 네가 새로 들어온 시봉이냐. 그런데 어찌하여 행건을 쳤느냐?"

"산중에서 살다보니 습관이 된 것 같습니다."

"여기는 산중이 아니니 누구 흉내 내지 말고 그 행건 풀고, 큰스님께 인사 드려라. 저분이 법륜사 강사스님이시다."

인사드리고 나서 알고 보니 해인사 주지를 지낸 변설호스님 이었다. 이로 인해 법륜사에 입방하여 두 달 동안 이조불교사를 공부하였는데, 하루도 예불을 빠지 않았다. 스님께서는 새벽예불에 참석하지 아니한 사람들에게는 아침밥을 주지 않았기 때문이다.

당시 법륜사 대중은 18명이었고, 절 안에서 살고 있는 사람들은 40여명이 넘었으며, 통학학인까지 합하면 60명이 넘었다. 학생들은 대부분 중·고등학교, 대학교 다니는 학생들이었다. 이미 그 과정을 거쳐 일선직장에 배치된 선생님들도 계셨으며, 시인 묵객도 몇 사람이 끼워있었다. 고 김어수법사님,

김달진 선생도 거기서 뵈온 일이 있다.

　그런데 그때 뜻밖에 사건이 생겼다. 동국대학교 이종익박사님 논문이 나오면서 한국불교의 종조가 보조국사라고 우기자 태고보우국사를 중심으로 태고종을 만들어 종정직에 앉게 되었으니 전통적인 한국불교가 조계·태고 양종으로 갈라지게 되었다. 스님께서는 이 사연을 역사적으로 규명하기 위하여 반야회를 조직하고, 권상로·김동화·김포광박사님 등을 초빙하여 "신편불교성전"을 편찬하게 하는 한편, 건국대학교 이영무 교수에게 "태고 보우국사문집"을 번역하게 하였다.

　이렇게 스님은 97세를 사시는 동안 거의 80년 이상을 불교계에 몸담고 도제양성과 도심포교에 심혈을 기우렸다. 매년 정월달이면 3일 동안 단식철야 정진법회를 가졌고, 각황사 시절에는 1년 365일을 파고다 공원에 참배하며 종로1가에서 제일가는 불교회관을 건립하기 서원하였다.

　1978년 고암종정스님께서 문병 차 오셔다가,
　"한국분교 괘불이 무너지게 되었다"
　걱정하셨고, 불교진흥원 서돈각 박사님께서는
　"이 시대의 대보살이 떠나게 되었다"
　눈물을 흘리셨다. 평생 180여명의 대학생들에게 장학금을 주어 초·중·고등학교 교장선생만도 20여명 배출하고, 대학교수도 10여명이 넘는다. 법은상좌가 60여명, 손상좌·증손좌를 합하면 700여명이 넘는다. 서울 3사를 중심으로 하여 전국사찰 2500여개에서 인연을 맺지 않은 곳이 없으므로 열반당시에는 3만여명의 불제자들이 모여 연도를 배우고 호곡하였다.

　　　무저발격선열미(無底鉢擊禪悅味)
　　　천심완저조주다(穿心梡貯趙州茶)
　　　은근봉권선태객(慇懃奉勸禪陀客)
　　　천취남전완월화(薦取南泉玩月華)

10. 원효종 종정 법흥대종사

법흥대종사는 한일불교문화교류에 지대한 영향을 끼친 분이다. 1915년 강원도 고성에서 태어나 10세에 조모를 따라 서울에 왔다가 박한영 큰스님에게 한문을 배우고 14세에 유점사 운악스님에게 득도하였다. 17세에 건봉사, 법주사 강원에서 일우스님 강의를 듣고 유점사 금강계단에서 구족계를 받았다. 24세에 일본에 들어가 정토종 영안사, 천태종 불학원에서 공부하고, 입정대학, 연력불교전문학교에서 율학을 전공, 천태종 권율사가 된 뒤 자하연 존승암 주지가 되었다.

8 · 15 해방과 함께 조국에 돌아와 만해스님과 불교호국단을 조직하고, 광주 봉은사 총무, 해인사 원주로 있으면서 효봉 · 청담스님과 함께 묵언수행을 천일동안하고, 6 · 25때는 8만 대장경을 수호하는데 큰 공을 세워 장차 대한민국문화훈장을 받는다.

통영 용화사 도솔암 선방에서 하안거를 마치고, 서울 선학원에서 불교 부흥운동을 전개하였는데, 구례 화엄사 석봉스님의 소개로 부산 금수사 주지가 되었다. 경내지 산림을 확보하고 본전 · 신도회관, 종각 · 루각을 짓고 조사들의 위업을 기리기 위해 민영환 · 이준 · 안중근 열사를 봉안하고 봉은재를 올린 것이 남북통일 · 세계평화기원도량으로 지정되어 호국사찰로 성장시켰다.

1963년 정법의 흥륭을 위해 대한불교원효종을 창설하고, 원효성전을 편찬 일본불교와 밀접한 관계를 맺게 되었다. 일본에서는 가마쿠라시대부터 원효스님과 의상스님을 고산사에 모시고 명신(明神)으로 추앙하고 있었기 때문이다. 특히 원효대사의 십문화쟁론은 세계불교를 하나로 묶을 수 있을 뿐 아니라 세계인류의 평화를 형성할 수 있는 초석이 되므로 일본 동대사 화엄연구소와 중국북경대 연구소, 뉴욕주립대학이 중심이 되어 국제원효학회를 결성하자는 제의가 들어왔기 때문이다.

필자가 일본에 가서보니 1968년 스님 나이 52세 때 100일 회봉에 도전하여 외국 사람으로서는 최초로 가장 나이 많아 수행을 하였기 때문에 가는 곳 마다 국보대접을 받고 있었다. 우리는 스님께서 100일 회봉을 시작한 동사로부터 1km 간격으로 떨어진 변천당, 명왕당, 호마당, 대승원 등 252군데를 들렸는데, 차로 다니는 시간만도 4시간이 걸렸다. 매일 새벽 2시에 일어나 저녁 10시까지 32km의 머나먼 산곡을 100일 동안 돌고 마지막에는 3일 동안 단식하고 부좌(不坐)·불와(不臥)하는 고행을 했다고 하니 참으로 놀랄만한 일이다.

스님은 1971년 한국의 묵담대율사에게서 율맥의 전승을 받았는데, 종도들이 알면 문제가 될까봐 5조스님께서 6조스님께 전법하듯 몇몇 사람들만 알고 가만히 전법하였다가 묵담스님 49제 때 비로써 발표하게 되었다.
"교주 석가세존의 계법전통연원에서 제9세손 묵담빈도의 후계자를 혜은 법홍율사에게 전수하고 금란가사와 비로자나불 인장을 표식으로 기증한다."

스님은 부지런하시고, 또 기억력이 좋아 국내 큰스님들의 제사나 생일을 잊지 않고 직접 찾아 공양하였고, 무슨 일이든지 불교계에 큰 일이 있으면 빠지지 않고 참석하였다. 특히 덕암·석주스님을 존경하고 사랑하였으며, 서울에 오시면 으레 모시고 공양하였다.
또한 스님은 정통 밀교의식에 범패까지 겸하여 대·소 의식에 모르는 것이 없었으므로 모든 의식사들이 증명법사로 모시고 자문하였고, 사람이 없을 때는 직접 의식에 동참하여 모여 있는 신도들에게 환희심을 일으켰다.

상락향수도원에서 세 번 국제수계법회를 하실 때는 증계·설계아사리가 되어 수천 수만의 불자들의 귀의처가 되었다. 스님께서 제안하여 9박 10일동안 인도성지를 갔을 때는 스님께서 일생에 지낸 일들을 상세히 들려주시고,

또 버스 안에서 일본말과 한국말로 된 불교의식을 빠짐없이 육성으로 들려주어 오늘 이 글을 쓰는데도 큰 도움이 되었다. 스님께서 마지막 여행시에 제안하셨다.

"한 법을 가지고 100구의 시를 짓는데, 이 차가 스톱하기 전까지 결판을 내기로 하자" 하시며

"삼계는 오직 한 마음이라."

하셨다. 그래서 내가

"마음은 모든 법의 근본이 됩니다"

하여 백구시를 한 시간 동안에 다 지으니 박수갈채가 쏟아졌다.

스님은 항상 원효대사의 십문화쟁론으로 우리 불교를 화합시키고, 세계평화를 이룩하여야 한다고 강조하였으므로 끝으로 십문화쟁론을 간추려 적어본다.

   1. 삼승일승화쟁문(三乘一乘和諍門)

   2. 공유이집화쟁문(空有異執和諍門)

   3. 불성유무화쟁문(佛性有無和諍門)

   4. 인법이집화쟁문(人法異執和諍門)

   5. 삼성이의화쟁문(三性異義和諍門)

   6. 오성성불화쟁문(五性成佛和諍門)

   7. 이장이의화쟁문(二障異義和諍門)

   8. 열반이의화쟁문(涅槃異義和諍門)

   9. 불신이의화쟁문(佛身異義和諍門)

  10. 불성이의화쟁문(佛性異義和諍門)

사실 이 세상 모든 분별과 시비는 진(眞)과 망(妄), 염(染)과 정(淨), 공(空)과 유(有), 인(人)과 법(法) 속에서 일어난 파도요 거품이다. 깨닫고 보면 모두가 일심(一心)·일법(一法)·일리(一理)가 동전의 양 면처럼 나타난 것인데, 어리석은 사람들이 이것을 깨닫지 못하고 시비하므로 원효대사께서 피차의 모순과 대립·쟁론을 지양시키기 위해 이 같은 글을 쓰신 것이다.

11. 덕암당 흥덕대종사

덕암스님의 오도송이다. 스님은 이처럼 큰 것 속에서 작은 것을 보고, 작은 것 속에서 큰 것을 보아 크고 작은 것에 걸림이 없었다.

1914년 경북 문경에서 태어나 유학을 습득하다가 27년 해주 보통학교를 졸업하고 30년 4월 8일 금강산 유점사 벽산스님께 득도하고, 운암스님께 계를 받았다. 35년 일본 동경 대성중학교를 졸업하고, 42년 철원 보계산 심원사 불교강원을 나와 선암사 달마전, 송광사 삼일암에서 각각 1 안거를 마치고 서울 법륜사 포교사로 취임하였다. 49년 불교신문사 총무국장, 대교사 법계품수, 50년 동국학원 감사, 51년 조계종 재무국장, 54년 교무부장을 거쳐 59년 월간 현대불교 편집위원이 되었다.

스님은 인물이 특출하게 잘 생기고, 위엄이 덕스럽게 태어나, 황금 가사장삼에 비로관을 쓰고 법상에 오르면 경천동지, 세상이 숨죽인 듯 고요해진다. 불자를 한 번 흔들어 눈을 연 뒤,
"축하합니다. 사랑합니다."
하면 우레와 같은 박수가 쏟아진다.

일찍이 법륜사에서 뵈온 적은 있지만 81년 인도성지를 모시고 간 것이 큰 인연이 되어 불교통신대학장, 금강선원 총재까지 겸하게 되었다. 스님의 불교관은 근본불교 경전에 6바라밀을 실천하는 대승사상에 있었다. 누구를 보

든지 밥 먹일 줄 알고, 옷 입힐 줄 알며, 잠재워 편안하게 해 주셨으며, 멀고 가깝고 간에 교통비 주는 것을 잊지 않았다. 그래서 스님의 주위에는 언제나 사람이 떨어지지 않았다.

늘 시장처럼 법석이는 가운데서도 불법중흥에 대한 논의가 빈번하였다. 부처님 성도지에 가서는 70노구를 이끌고 철야정진 하셨고, 쿠시나가라 열반지에 가서는 통곡하였다.

"어찌 일미 수유(水乳)의 불교가 상좌·대중부로 갈라지고, 마침내 여러 파가 되었다가 중국, 한국, 일본에 까지 이르러 화합을 하지 못함으로써 부처님 얼굴에 분(糞)칠을 하고 있는지 알 수 없습니다. 참으로 부끄러운 일입니다. 부처님, 용서하세요."

한식경을 울고 나니 따라간 사람들도 눈물을 그치지 못했다. 크리스마스를 맞이하여 홍콩에서 아침밥도 제대로 먹지 못하고 태국에 이르러 왕궁사찰을 방문하고 환희 용약하시던 모습, 네팔에 이르러 히말라야의 장관을 보고 탄성을 올리시던 모습, 룸비니를 거쳐 녹야원에 이르러서는 티베트 난민들을 위로하며 하루 빨리 조국에 돌아가기를 기원해 주시던 모습은 영원히 잊혀지지 않는다.

몇 해 있다가 태고 보우국사 설법지인 중국 영녕사를 찾아 북경 8대처에 이르러 방황하다가 다시 비행기를 타고 하무산 석옥 청공사에 이르러 긴 한숨을 내려 쉬시던 모습도 잊혀지지 않는다. 또 한국에 와서는 태고 보우국사의 출생지인 양평 옥천리를 거쳐 보우국사탑이 있는 사나사와 국사께서 친히 어머니를 모시고 살다가 열반하신 가평 설악면, 출가지 회암사, 백운암가를 지어 부르셨던 동두천 백운암, 비석이 있는 태고사에 가서는 옛 주석지 중흥사지까지 발견하였다.

스님께서는 이렇게 친히 현장을 답사하여 역사적 기록물을 낱낱이 확인하시고,

"보소. 이태조도 태고국사 제자로 되어있지 않나. 중간에 사람들이 비석을 절단 내어 그렇지!"

하셨다. 과연 비석에는 이성계의 이름도 태고 문도의 한 사람으로 기록되어 있었다.

두 차례 태고종 총무원장과 종정을 역임하고, 종회위원, 교육원장, 태고총림방장을 지내시면서도 종도들에게 중의 위신을 잃지 않도록 당부하시고, 스승을 잘 모시고 제자들을 잘 거느릴 것을 당부하셨다. 대륜화상 문도회, 법륜사 조실을 맡으시면서 스승의 일을 계승하는데 최선을 다 쏟고, 화양사 창건, 태고종 중앙회관, 태고사 건립을 위해 온갖 성의와 정성을 다 하였다.

장장 20년간 먹을 것만 있어도 부르고, 볼 것만 있어도 부르시던 그 잔잔한 음성, 아직도 귀에 쟁쟁하다. 스님의 열반송을 다시 한번 읊어본다.

　　　내 법계를 보니 본래 성품 없으며
　　　생사열반이 도시 무상이네.
　　　만일 내게 오고 감 묻는다면
　　　구름 걷인 곳에 붉은 해가
　　　서쪽 하늘을 비친다하리.

태고문집을 마무리하고 특별공양을 하는 자리에서

"우경, 자네는 알 것이야. 옛날 태고국사께서 공민왕께 하신 말씀을. '세상에는 9산 선문이 있어 각기 자기 종문이 옳다'하니 유생들이 듣고, '자기 것만 옳고 남의 것은 그르다하는 불교는 화합을 무시하고 정도를 반역하는 종교이므로 둘 다 없애버리는 것이 좋겠습니다'하여 장차 5교 9선이 선교 양종으로 되었다가 체면상 조계종 하나로 통합시키고, 모든 재산을 국고로 환속시켰던 사실을. 석가 부처님의 평등불법이 못난 종도들에 의해 파벌이 형성되고 화합을 이루지 못하니 장차는 정치 뿐 아니라 외래 종교에 밀려서 갖은 핍박을 당할 것이니 정신 차려 교육해 주게. 한국불교는 원효대사의 화쟁 사상과 태고국사의 원융불교가 아니면 살 길이 없어. 큰 절은 관광유원지가 될 것이고, 작은 절에는 무당 점쟁이가 판을 칠 것이야. 그러나 실망하지 말고 진묵스님 같은 도력을 기르고, 만해스님의 유신정신을 살려 한국불교를 중흥해주기 바라네.”

이것이 마지막 부탁이요. 유언이었다.

12. 퇴경 권상로박사님

퇴경박사님은 별명이 "걸어 다니는 불교사전"이요, "살아계신 한국의 역사"였다. 하루는 어머니 꿈에 잘 아는 스님이 와서, "제가 댁의 자손이 되어 그 동안의 은혜를 갚고자 하니 보살펴 주십시요" 하였는데, 그 꿈을 꾸던 날 그 스님은 죽었다 한다. 그래서 그런지 스님은 어려서부터 총명하여 한번 들으면 잊어버리지 않고, 하루 300줄의 글을 외우고, 한번 보고 읽고 쓰면 아무리 어려운 글도 모두 익혀 통달하였다 한다.

1960년 봄 안국동 네거리를 서성거리다가 통문관 고서점에 들르니 베잠방이에 광목두루마기를 입으신 늙은 할아버지가 서가를 살피고 있었다. 말 없는 인사로 고개를 기우렸다. 그런데 얼마 후 있다가 기산 큰스님의 심부름으로 홍릉 자택을 찾아가니 역시 그 때 본 모습으로 서재에 앉아 계셨다. 인사하고 문안드리니 잠시 손을 들어 두 눈을 비비신 뒤 스님(기산)의 안부를 물었다. 뜰에는 두 송이의 장미가 불타고 있었는데 방안에는 온통 고서적으로 꽉 차 있었다. 한서(漢書)·일서(日書)는 방 한쪽을 차지하고 있는데, 나머지 3면은 손수 쓰신 원고로 꽉 차 있었다.

"이것이 다 선생님께서 손수 쓰신 원고입니까?"

"먹고 할 일 없으니 읽고 쓰는 것이 일이지. 나는 담배도 피울 줄 모르고, 술도 마실 줄 모르고, 화투, 장기, 바둑, 골패도 할 줄 모르니 불어나는 것은 원고뿐이야."

"언제부터 쓰셨습니까?"

"내 나이 16·17세 때 양친을 다 잃고 의탁할 곳이 없어 4해로 방황하다가 어떤 분의 소개로 문경 금룡사 월명스님에게 귀의하여 만 10년 동안 이력을 보고, 영안스님께 건당을 하였어. 그랫더니 금룡사에서 세운 경흥학교, 성의학교 강사를 하라고 하더군. 그래서 열심히 가르쳤더니 중앙종무원(당시는 圓宗) 편집부장을 하라고 해서 2년 동안 하고, 또 대승사주지를 하라고 해서 38세까지 하였지. 그런데 조선불교 월보사 사장, 상주 보광학교 강사를 맡기고, 나중에는 월간 불교사 사장, 불교 전문학교, 동국대학교 교수, 학장, 총장을 하라하니 시키는 대로 듣다보니 학자아닌 학자가 되었지. 그 외에 하는 일이 뭐 있겠는가. 글 쓰고 강의하고 그것이 전부이지.”

“아. 그렇게 하다 보니 이렇게 원고가 많아지셨군요. 언제 이 책을 출판할 생각이십니까?”

“자네들이 열심히 돈 벌어 내주어야지. 낸들 무슨 힘이 있는가. 학교도 마찬가지이고”

하고 빙긋이 웃으셨다. 어쩌면 이것이 인연이 되어 1998년 불교통신교육원에서 퇴경전집 전10권 1만2천8백 페이지나 되는 장문을 냈는지도 모른다.

스님은 1965년 87세로 열반 하실 때까지 한국박사학위논문심사위원, 국어국사편찬위원, 불교포교사, 법계고시위원, 문교부국정교과서 사정위원, 대한고서간행위원, 대한종교연맹고문, 신라가야문화연구위원, 8만대장경편수위원, 중앙불교연구원장, 동국역경위원, 조계종원로원장, 현대불교사장, 불교사상연구회 명예회장 등 수를 헤아릴 수 없는 많은 직책을 가지고 수많은 일을 해오셨으므로 동국대학교에서는 명예철학박사학위를 드리고 나라에서는 대통령이 문화훈장을 드렸다.

1965년 4월 10일 토요일은 우리들이 선생님에게서 마지막 강의를 받은 날이다. 여섯 명의 대학원 학생들이 청량리 자택을 찾아가서 두 시간 동안 열심히 강의를 들었는데, 선생님께서는 건강하신 몸으로 강의를 해 주셨다.

“세상은 많이 변해가고 있지만, 사람은 언제나 그 사람이야. 옛날 어떤 사람이 황하에 나갔다가 산 게(生蟹)를 사다 먹고 껍질을 문 앞에 걸어 놓았더니 그 해 유행성 감기에 걸리지 않했어. 이웃집 사람들이 이상히 여겨 그 이유를 물으니,“이것 때문이 아닌가” 하였다. 유행성 병균이 이 말을 듣고, “별것도 아닌 것에 속았구나” 하고 병균을 퍼트려 그 집안 식구들도 예외 없이 고생하였다는 말이 있어. 별 것 아닌 것도 너무 자랑하면 이렇게 귀신에게까지도 홀리는 법이 있으니 조심들 하게.”

이것이 선생님의 마지막 삼국유사 강의였다.

이조실록불교목록, 고려사불교목록, 한국사찰전서, 한국지명연역고 등 수백권의 저서를 집필하였다. 지금까지 이 책들을 응용하여 박사학위를 받은 사람만도 여덟명이나 된다. 문학, 철학, 과학에 이르기까지 인류문화에 필요한 광범위한 자료들이 다 포섭되어 있고, 서·예·문·인·화를 다 갖추었다. 그림에 대해서도 불화·단청·산수·4군자에 능하고, 글씨에 대해서도 해서·행서·초서·예서·전서 등 8분체를 다 쓰셨다. 그래서 대은 김태흡스님은 스님을 다음과 같이 평하였다.

> "글은 배운데 없는데 문장이요(不學書而文章)
> 글씨도 공부한적 없는데 명필이네(不工書而名筆)
> 시인도 아닌데 시에 능하고(不作詩而能詩)
> 그림도 익힐 새 없는데 명화다(不習畵而名畵)"

그런데 저희들이 옆에서 보기에는 이렇게 여러 가지 달통한 가운데서도 전공은 역시 사학(史學)이고, 사업은 교육과 포교가 중심이었던 것 같다. 집안 사람들에게 들으면 이렇게 남의 공부를 많이 하시면서도 자신의 신앙으로 매일 금강경·보문품·원각경을 읽고, 대비주·관음예문을 독송하였다 한다.

재주가 있는 사람은 덕이 박하다고 하는데, 스님은 재주와 덕을 겸비하셨으면서도 항상 겸손하고 소탈하셨다. 을지로 5가 통일예식장에서 매달 한 번씩 토요강좌를 하실 때는 학생, 교수, 승려, 신도가 그야말로 인산인해를 이루었다.

끝으로 스님께서 번역하신 애송시 추강별(秋江別) 한편을 외워본다.

> 타향에서 초가을 강·정·명월(江·亭·明月) 흐르는데
> 앞서서 가는 물이 이별 슬퍼하누나.
> 다시 또 강나루에 떠나는 배 숨었어라.

13. 무형문화재 제9호 해강대선사

　1984년 7월 필자는 부산 대승사 영산재에 초청되어 저녁법문을 하러 갔다. 저녁 8시부터 시작된 의식은 새벽 4시가 되어도 끝날 기미가 없었다.

　　　자재치성여단엄(自在熾盛與端嚴)
　　　명칭길상급존귀(名稱吉祥及尊貴)
　　　여시육덕개원만(如是六德皆圓滿)
　　　응당총호바가범(應當總號薄伽梵)

　<궁>·<상>·<각>·<치>·<우>도 아니고, <도>·<레>·<미>·<파>·<솔>·<라>·<시>·<도> 아니고, 하늘 끝까지 올라갔다가 땅 끝 물속에까지 들어가 그 시말(始末)을 잡을 수 없는 범패소리…….

　그런데 그 소리는 일찍이 전라도에서 들었던 소리도 아니고, 서울에서 들은 소리도 아니었다. 나는 밤새도록 눈을 붙이지 못하고 옆방에 앉아 듣고 있다가 급기야 재장(齋場)으로 뛰어 들어 갔다.
.

　훤칠한 키에 쟁반만한 얼굴을 가지신 어른이 하얀 장삼에 청·황·홍 3색 가사를 입고, 탑 모자를 쓰고, 연꽃 두 송이를 들고 춤을 추는데 백 평이 넘는 법당이 꽉 찼다.
　"향공양 연향공양 불사자비 수차공양"
　이렇게 등공양·향공양·꽃공양·과일공양·다공양·쌀공양을 순서적으로 외우면서 육법공양을 올리는데, 천명이 넘은 재자들이 마당 가운데 앉아 쥐 죽은 듯 소리가 없었다.

　나는 거기에서 5분 법신을 상징하는 향공양, 반야지혜를 상징하는 등공양,

목마른 자에게 감로의 법문을 들려주는 다공양, 보리의 깨달음을 얻게 하는 과일공양, 인과의 결실을 상징한 쌀공양, 그리고 처염상정의 불성에 복덕을 나누어 줜 꽃공양에 대하여 설명하니, 스님은

청정명다약(淸淨茗茶藥)
능제병혼침(能除病昏沈)
유기옹호중(唯冀擁護衆)
원수애납수(願垂哀納受)

하고 하늘 끝까지 올라가는 소리를 또 하였다. 아침 6시, 날이 훤히 밝아지면서 재는 끝났다. 밤새도록 잠 한숨 자지 않고 불전 놓고 절하고, 불전 놓고 절하던 신도들이 마지막 반야선을 타고 저 언덕에 이르러 가듯 훨훨 나는 기분으로 모두가 헤어졌다.

큰 스님께 예배드리고 물었다.
"힘들지 않으십니까?"
"무슨 소리요. 일음연창(一音演唱)인데. 내 이름은 해강이요. 1919년 고성 원평리에서 태어나 열세살에 안정사 등불켜러 갔다가 월암스님에게 중이 되어 지금 내 나이 80이 되도록 하루도 빼지 않고 부처님을 찬탄하는 노래를 부르고 춤을 춥니다."
"소리는 누구에게서 배우셨습니까?"
"22세 때 경명스님께 배웠습니다. 범무·범패·작법 일시불로 배워 통영 용화사에 있다가 경주 기림사, 울릉도 대원사에서 목을 단련하고, 거제 장수암에서 처음으로 범패교육을 실시한 바 있습니다.
"부산에는 언제 내려 오셨습니까?"
"1960년 범천동에 본원사를 창건하고, 부산 영산재 나비춤 보유자로 인정받아 무형문화재 제9호로 활동하면서부터입니다."

"나비춤이야 말로 애벌레가 나비가 되는 과정을 추는 춤이므로 중생이 부처가 되는 과정을 비유한 것입니다. 불교의 목적이 성불작조(成佛作祖)에 있지 않습니까. 그런데 이 나비춤은 성불작조해 가지고 무엇을 하느냐 하는 과정을 춤으로 엮어 삭막한 세상에 아름다운 꽃을 피우는 불국정토의 개념을 가지고 있으니 진실로 거룩한 춤입니다. 어찌 일인일기에서 만족할 수 있겠습니까? 내 자식에 송택·송정·인택 등 삼형제가 있는데, 불법을 가르치고 싶습니다."

그리하여 세 아들이 동방불교대학에 입학하고, 이어서 아버지의 기능을 전수받아 무형문화제 후계자가 되었다. 언젠가 이들 4부자는 부산 구덕체육관에서 북치고 징치고 피리 불며 불무(佛舞)와 법음(法音)을 울려 온 세계가 부처님세상으로 변하는 것을 만인에게 보여주었다.

옹호성중만허공(擁護聖衆滿虛空)
도재호광일도중(都在毫光一道中)
신수불어상옹호(信受佛語常擁護)
봉행경전영유통(奉行經典永流通)

14. 설호(雪湖) 대강사

　설호스님은 1936년부터 44년까지 해인사 주지를 두 차례나 지내신 분이다. 오랫동안 법륜사 강사로 계시면서 학승들을 지도하였는데, 서울 장안에서 모여온 여러 학인들에게 사미·사집·사교·대교를 차례로 가르치되, 아홉시에 출근하시면 저녁 5시 공양이 끝날 때 까지 점심시간을 빼고는 거의 쉴 틈이 없이 가르치셨다.

　일요일이 되면 신도들을 위해서 금강경·미타경·법화경 등 신심을 북돋을 수 있는 경전들을 프린트하여 가르쳤고, 필자가 특강을 들을 때는 '이조불교사'를 가르치셨는데, 한 번도 손에 책을 들고 가르치는 법이 없었다.

　"조선 태조가 고려 공양왕으로부터 선위를 받아 국호를 '조선'이라 한 때는 1392년이다. 3년 뒤 한양으로 도읍을 옮기고 태조 6년에는 고려 왕씨들을 위해서 밭 150결을 개암사에 내놓고 수육재를 베풀었지. "

　위화도 회군을 배경으로 조선왕조를 세운 이성계는 무자비한 폭군으로 왕씨 일족을 씨도 남기지 않고 죽였기 때문에 안 죽기 위해 멀리 도망가 전(田)·전(全)씨 등으로 성을 바꾼 사람도 많았다 한다. 그런데 스님의 말씀을 듣고 보니 그도 불성이 있어서 그랬던지 죽은 왕씨를 위해 봉성재를 지내주었다 하니 새삼스럽게 성군임을 깨닫게 하였다.

　"내가 국가를 세운 것은 조종께서 경사를 쌓으신 복덕에 힘입은 것이다. 선조의 덕에 보답코자 나라를 위해 희생한 신민들을 위해서 혹은 자손이 없어 제사를 받아먹지 못한 외로운 혼들을 위해서 그들의 명복을 빌어 주고자 하니 그대들은 서둘러 자리를 물색하도록 하라."

　내신 이득분과 사문 도선이 이 일을 받들어 세운 것이 삼각산 진관사이다.

태조 6년 정월 초2일의 일인데, 27일부터 시작해서 9월에 역사를 마쳤다. 태조께서 친히 세 번이나 납시어 99간의 단(壇)과 랑(廊), 문(門)과 고(庫)를 점검하였다 하니 관심이 컸던 것만은 사실이다.

그해 태조는 스님 각추(覺錐)를 일본에 보내 우호를 닦으니 일본서도 스님 의만(義滿)을 통해 답서를 보내왔다고 하고, 태조 7년에 대장경판을 지금 독립문 근처 지천사로 옮겨 보관했다는 말씀을 하셨다.

이렇게 스님은 두 달 동안 이조불교를 말씀하시면서 종이 한 장 없이 앉은 그 자리에서 눈앞에서 보는 것처럼 말씀하셨는데, 돌아와서 이조실록을 찾아보면 그 말씀이 실오리기도 틀리지 아니하였다.

키가 훤칠하게 크고 몸이 6척 장구로 생겼으며, 코끝이 약간 얽음 얽음 하였다. 평상시 크게 웃는 모습은 보지 못했으며 무슨 일이든지 근거가 없는 말씀은 하시지 않았다.
"근자에 유식한척 하는 사람들이 책도 보지 않고 도도 닦지 않으며, 남이 한 말을 듣고 제 말처럼 지저기는 것을 보면 참으로 불상하다. 그러니 그대들은 보고 듣고 깨달아 확인한 말이 아니면 함부로 이야기해서는 않된다."

가야산 이야기가 나오면 가관이었다.
"자비 지혜가 꽉 차있고, 신비 웅장하여 봄에는 꽃, 여름에는 녹음, 가을에는 단풍, 겨울에는 눈 소나무가 가관이지. 특히 잣나무가 많은데, 여름철에도 모기가 없는데, 희귀한 나무들이 많고 공기가 맑고 깨끗한데 원인이 있겠지. 산에 가면 산과일, 들에 가면 들 나물이 많아 오래 살아도 실증이 나지 않고 국보 보물이 많아 구경꾼 또한 적지 않거든. 가만히 앉아 있으면 해인삼매속에서 삼라만상이 다 들여다 보이므로 희귀한 새, 달리는 짐승들 모습이 극락세계의 찬불가처럼 들리거든. 의상대사가 지엄법사에게 인증을 받은 해인도를 본 따서 절을 지었기 때문에 7언 30구210자를 염하면 3천 대천세계가 소반위에 반찬처럼 들어나거든.그러나 자네들은 의상대사 법성게만 알았지 명백대사 해인삼매론은 듣지 못했을 것이야. 어디 내 한번 읊어 봄세”
　하고 다음과 같이 읊었다.

　　‘생사열반비이처(生死涅槃非異處)
　　번뇌보리체무이(煩惱菩提體無二)
　　왕석정진사생사(往昔精進捨生死)
　　부지생사즉열반(不知生死卽涅槃)’

　7언 28구 196자는 의상대사 법성게에 지지 않는 명문이지. 그렇기 때문에 일본사람들이 신수대장경을 편집할 때 그 글을 장경 47권 779페이지에 편입하였거든…”

　둥글둥글한 머리 속에 아는 것이 꽉 차 있어 서로 나오려고 하여 말씀은 잘 하시지 못했으나, 종일토록 설법하면서도 조금도 지친 모습을 보이지 않은 것을 보면 타고난 재질이었다고 할 수 있다. 임진왜란 때 서산스님이 무고를 당해 감옥에 감금되었다가 선조대왕을 뵙게 된 경위, 8도 도총섭이 되어 5천 승군을 거느리고 전장 터에 나아갔던 일, 유정이 처용과 함께 일선에 나아가 통쾌하게 싸운 일, 영규대사 외 4명이 일본에 들어가 강화한 일을 말씀하실 때는 거의 한 나절을 물도 마시지 않고 열변을 토했다.

　　공공적절어의천(空空跡絶於義天)
　　초명안첩기황주(蟭螟眼睫起皇州)
　　옥백제후차제투(玉帛諸候次第投)
　　천자임헌논토광(天子臨軒論土廣)

15. 대은 김태흡대선사

　대은스님은 우리나라 최고 최강의 일등 포교사다. 조계사에서 북장구를 치고 파고다 공원까지 오면 무슨 큰 구경거리나 생긴 줄 알고 많은 사람들이 따라 온다. 그러면 스님께서는 그 자리에서 일장 연설을 하고, 마음을 개발해야 복이 생긴다고 강조하셨다. 1940년대 조계사에서 전국 포교사 경연대회를 하였는데, 전국에서 모인 80명 명사 가운데서 일등을 하여 일본 총독부에서도 함부로 대하지 못한 인물이다.

　1889년 강화도에서 태어나 1905년 철원 보계산 심원사에서 득도하고, 법주사 강원에서 이력을 마친 뒤 일본에 들어가 사범대학과 종교학과를 겸하여 졸업하고 문경 대승사 강사와 법주사 조실을 지냈다. 스님은 얼굴이 검은 우유 빛에 푸르스름한 입술을 가져 마치 화교처럼 보였다. 귀가 크고 눈이 어글어글하고 혀가 콧등까지 올라와 말을 하면 마치 마이크를 사용한 것처럼 멀리까지 울려 퍼졌다.

　스님의 일본 유학시절 이야기를 들으면 시간 가는 줄 모른다.
　"한번은 고학 길에 너무 살기가 힘들어 인력거를 끌었지. 그런데 하루는 관세음보살 수원즉득 다라니를 외우면서, '오늘은 좀 귀하고 복 있는 사람을 만나 내 소원　성취하게 되나' 하고 있는데 한 시간도 되지 않아 온 손님이 잘 생긴 귀부인이었어. 편지봉투를 내 밀며 '이 주소까지 데려다 달라' 하여 내가 신이나 인력거를 힘껏 저었으나 산 고개를 넘으려 할 때는 숨이 차 제대로 가지 못했다. 대개 일본사람들은 가파른 고갯길을 올라 갈 때는 자신도 내려 짐을 밀어주곤 하는데, 이분은 꼼짝 달싹 않고 있어서 욕을 했지 뭐야.
　'이 빌어먹을 년이 이면도 체면도 없구나.'
　하고 말이야. 그랬더니 이 소리를 듣고 벌떡 일어나 사과를 했어.
　'선생님 죄송합니다. 제가 일본 에치켓을 몰라 실수를 했습니다. 저는 한국

사람인데 남편 이광수씨를 찾아가는 허영숙입니다’

하더라는 것이다.”

어떻든 이렇게 하여 대은스님은 만나 뵙기 어려운 이광수씨를 만나 공부하는데 크게 도움이 되었다고 하였다.

필자가 스님을 처음 뵙게 된 것은 대학 시절이다. 이규범(현 태고종 총무원장) 선배와 함께 사찰 순회강연을 가다가 용인 화운사에 들리니, 당시 스님은 화운사 강사로서 60여명의 비구니스님들을 가르치고 있었다. 순회강연에 대한 이야기를 하니 쌍수로 환영하면서 학인들을 모아 강연을 하게 하였다. 운산 총무원장이 먼저 하고 나중에 내가 하였는데 매우 반응이 좋아,

“하룻밤 자고 한 번 더 하고 가라”

고 하여 앙코르 법문을 하게 되었다. 스님께서는 장차 들려야 할 곳을 적어 주었는데, 그 때는 남자강원이 별로 없어 서산 개심사, 계룡산 동학사, 군산 동국사, 전주 정혜사, 대전 보문학교 등 여러 곳을 적어주고, 또 그쪽에 전화까지 해주어 가는 곳마다 환영을 받았다.

얼마 뒤 서울에 올라오시면 미아리 영미암(당시 필자의 거처)에 오셔서 주무시고, 우리들이 운영하던 정혜고등공민학교에서 법문도 해 주셨다. 그리고,

“오늘은 김포광박사님 집에 갈 것이니 같이 가세.”

또 어떤 때는

“권상로박사님 집에 가니 같이 가세”

하여 따라가면 한 나절씩 문답을 하시고, 또 그 분들을 모시고 나와 선생님들께서 좋아하는 음식을 사 들였다. 스님의 나이 60이 다 되고 여러 절 강사와 대학 교수, 신문사 대표를 지내면서 그 인격이 최절정에 달해 있는데도 옛 스승을 찾아 친히 뵙고 공양하고 법문을 듣는 것을 보고, 이거이야 말로 화엄경의 선재구법이 아닌가 생각되었다. 학생들을 만나면 학생들과 어울리고, 청년들을 만나면 청년들과 어울려 화광동진(和光同塵), 털끝 하나도 구김이 없이 지냈다. 어떤 절 스님이 병이 나 고생한다고 하면 양약, 한약은

말할 것 없지만 영양 보충할 것 까지 잔득 사가지고 갔다 핀잔을 맞은 일도 있다.

"무엇이 맞을 런지 몰라 골고루 사 왔으니 골고루 먹고 빨리 회복하시오"
누구나 보면 스승이요, 부모요, 형제요, 도반이요, 제자다. 껄껄껄 웃으시면서 무엇이고 주는 대로 거리낌 없이 잡수셨다. 동에 번쩍, 서에 번쩍, 부르는 곳 마다 빠짐없이 달려가시니 온 세상이 명자 그대로 한 집안 식구였다.

"신앙의 등불", "관음경 강화", "석가여래 일대기", "피안의 메아리" 등은 스님의 대표적인 작품이고, 불교지, 현대불교, 불교신문, 법시 등 각 불교신문 잡지에 실린 글을 모은다면 아마 수 천만 페이지에 달하는 큰 작품이 될 것이다. 언제 어디에서나 원고 청탁이 오면 그 자리에서 일필위지로 써 보내는데, 거의 정리하는 일이 없다. 마치 거미줄 풀려나듯 펜 끝에서 안개와 구름이 일어났다.

해상증영내외가(海上曾營內外家)
왕래상속기수파(往來相續幾隨波)
일조고로수평탄(一條古路雖平坦)
구습의연주양차(舊習依然走兩叉)

16. 포광 김영수박사

1900년대 우리 불교계에서, '불교교리를 가장 깊이 있게 잘 아는 분이 누구냐?'하면 "김포광박사"를 들었다.

필자가 김박사님을 뵙게 된 것은 대은스님 덕분이다. 대은스님이 전주 정혜사에 계실 때나 용인 화운사에 계실 때나, 서울에 올라오시면 성북동 아니면 청량리를 꼭 들려 가시는데, 청량리에는 권상로박사님이 계셨고 성북동에는 김포광박사님이 계셨기 때문이다.

"교리에는 김포광, 역사에는 권상로박사님이니 무엇이든 궁금한 것이 있으면 가서 물으라."

하도 여러 번 들어 잊지 않고 있다. 대은스님은 언제나 박사님께서 좋아하시는 눈깔사탕을 사들고 가서,

"오늘은 근본불교에 대해서 듣고 싶습니다"

하면 물 흘러가듯,

"거금 3천년 인도 가비라에서 대성인이 출세하시니, 그 호가 석가모니불 아닌가. 4문 유관하고 노·병·사를 비감하여 설산에 들어가 도를 닦아 보리를 이루시니 그것이 무슨 경계인가. 부사의 해탈경계다. 하느님이 어찌 만물을 만들 수 있겠는가. 4성은 평등하여 고하가 없다네."

쏟아 버린다. 한번은 가니 원불교의 조전권여사가 와 계셨다.

"어떻게 여기까지 오셨습니까?"

"원불교의 교리조직을 우리 박사님께서 해 주셨습니다. 법신불의 상징인 일원(〇)을 금강경오가해에서 찾아 주시고, '부처님 당시에는 불상이 없었으니 이 일원상을 신앙의 표본으로 하라' 하고, 대종경 이외의 조사의 글을 금강경·반야심경·42장경·현자오복덕경·업보차별경·수심결·목우십도송·휴휴암 권선문 등을 가르쳐 주셨습니다. 그리고 정각정행 4은4요의 지은보은 사상도 불교의 심지관경을 배경으로 하여 조직해 주셨기 때문에 불교의 생

활화 대중화를 하고 있는 것입니다.”

처음 듣는 소리는 아니지만 참으로 놀랄만한 일이다. 종단에서는 대처승이라 하여 중으로 인정하지 않고 있는데 원불교에서는 원불교 창시에 조언을 해주신 공로자라 하여 매년 특강을 초청하고 보은의 행사를 하고 있으니 말이다.

“사실 원불교는 김포광박사님과 김태흡스님이 아니면 지금쯤은 지구상에서 이미 없어졌을지도 모릅니다. 일본사람들이 괴롭히며 모두 그 간부들을 잡아 가두었기 때문입니다. 그런데 김태흡스님이 ‘불법연구회는 사교가 아니다. 점차 불교의 일원으로 시대에 맞는 불교를 하기 위해서 일본의 일연정종처럼 새롭게 창시한 종교다.’ 증명해 주어서 총독부에서 풀어 주었습니다.”

나는 그날 대은스님과 함께 김박사님을 모시고 오장동까지 걸어갔다. 좋아하시는 냉면을 사드리기 위해서다. 혜화동 고개를 넘으면서 말씀하셨다.

“이것이 한규설대감의 집이다. 평양여자와 결혼하여 아이를 낳지 못하자 새 여자를 얻으려 하니 큰 부인이 ‘이왕이면 내 친동생을 데리고 사세요.’ 하여 한 사람이 친형제를 데리고 산 사람은 한 대감뿐이다.”

그리고 오른 쪽 성균관대 쪽을 바라보면서 말씀하셨다.

“저기가 흥륜사 절터지. 옛날 서울에 2궁 3대 사찰이 있었는데, 덕수궁·창경궁과 정동의 흥천사·묘동의 원각사·혜화동의 흥륜사, 이 2궁 3사의 울타리를 타고 지나오면 비 한 방울을 맞지 않고 10리 길을 걸을 수 있었어…”

처음 듣는 이야기다. 성균관대학이 원래 절터였다는 사실을 언젠가 유림회관에 주례를 서러 갔다가 그 말씀을 하였더니 유림회 회장께서 사실이 그렇다고 고백하였다.

“원래 이곳이 엄청나게 큰 절터인데 유림회에서 인수해 학자들을 양성하는 학교로 사용하게 되었습니다. 그 뒤 대원위대감 때는 윤경열씨께서 신세진 무당에게 당집을 하나 지어주어 지금 은석초등학교 자리가 바로 그 자리입니다.”

듣고 보니 아리랑고개를 중심으로 돈암동 미아리 일대에 무속 점치는 사람들 집이 즐비한 이유가 있었다. 원래 정법이 뒤집어 지면 사법이 되고, 사

법이 성하다보면 미신화 되기 때문이다. 박사님은 냉면을 잡수시면서 말씀하
셨다.

"나는 재·불공으로 연명하고 싶은 생각은 없어. 차라리 학명스님같은 생
활이 훨씬 좋거든. 이대로 가다가는 조선의 이름난 중들은 큰 절을 지키는
당직이가 되고 말것이여!"

그래서 그런지 박사님 집에 가면 찬바람이 솔솔 불어왔다. 먹을 것도 그렇
지만 입을 것도 없었다. 여름이면 언제나 허름한 마포바지에 노타이 하나.
한번은 정각사 마당에서 큰 재를 지내게 되었다. 동국대학교 조명기 총장님
을 비롯하여 기라성 같은 학자 스님들이 수십 명 모였다. 그런데 한 스님께
서

"오늘 법문은 박사님께서 해주셔야 하겠습니다."

하니 한 교수가 넥타이를 풀어 매어 주셨다. 보다 못한 스님이 가사 장삼
을 벗어 입혀드리니 넥타이 매고 구두신고 가사 장삼입고 법상에 올라 앉아
말씀하셨다.

"영가시여, 나는 당신 덕분에 넥타이도 생기고 가사장삼도 생겨 호강을 하
고 있습니다. 그런데 영가께서는 이런 옷도 신도 신을 수 있는 몸까지 없이
되었으니 얼마나 홀가분하십니까?"

하여 박장대소를 하였다.

신지광명(身智光明)
보주법계(普周法界)
청정무애(淸淨無礙)
비지원만(悲智圓滿)

17. 담양 용화사 묵담대율사

이 글은 오대산 한암스님께서 묵담스님 진영에 부친 게송이다.

묵담스님은 백양사 출신이다. 1896년 3월 8일 담양 수북면 남산리에서 태어나 고려 충열 호부상서 복애공 24세 손으로 세 살에 아버지를 잃고, 여덟 살에 어머니까지 잃어 11세에 백양사 운호선사의 제자가 되었다. 이듬 해 종산대화상에게 사미계를 받고 8년 후 내장사 금강계단에서 금해스님에게 비구·보살계를 받았는데, 금해스님께서 말씀하셨다.

"달마대사께서 위음왕불 이후에 스승 없이 혼자 깨달은 사람은 천연외도라 하였으니 자수로 머리 깎고 홀로 도인 행세를 하는 사람을 지극히 경계하는 것이 불법문중의 가풍이다. 은·법사의 두 맥과 강맥과 율맥을 생명으로 지켜나가야 할 것이다."

그래서 스님은 1912년 해인사 명진학교를 졸업하고, 백양사·내장사·곡성 관음사·부안 내소사에서 이력과정을 마치고 대선·중선·대덕·종사·대종사의 법계를 밟아 32세에 건당하여 묵담이란 법호를 받을 때까지 말 한마디 없이 행동으로서 뿐을 보였다. 또 백양사 청류암 관음선원에서 두 차례 10하를 보내고, 백양사·망월사·우송선원에서 각각 1안거를 치르고, 백양사 법무·조계종 중앙 감사원장, 5·6·7대 종정을 15년 동안 하시는 동안 금해스님의 말씀을 잊어본 일이 없다고 하였다.

또 법은사 봉성노사와 청경선사께서 노환으로 고생하실 때 장장 3개월 동안을 옆에서 눕지 않고 약사발을 받들고 시중한 내력이며, 왜정시대 수계사 금해스님을 모시고 해인사까지 가서 시봉하던 일, 그 뒤 돌아가신 법은사스님들을 위해서 백양사 진영암에 4대영정을 모시고 제위답 8두락을 사들인 뒤 비석까지 세운 사실은 백양사의 사기에 구체적으로 기록되어 있다.

필자가 스님을 처음 뵈온 것은 1979년 10월 서울신문사 대강당에서였다. 보자마자,

"자네가 전국 신도회 법사로 있으면서 포교일선에서 많은 노력을 하고 있다는 말은 들었는데, 우리 태고종에도 포교원을 하나 만들어 포교사를 양성해 주었으면 좋겠네."

이것이 인연이 되어 80년초 한국불교 태고종 중앙총무원에 포교원이란 간판이 붙게 되었고, 81년에는 중곡동 불교정신문화원이 만들어져 포교사 전문대학(뒤에 동방불교대학)이 만들어지고, 한방병원, 유치원 등이 개설되어 지도자 양성, 의료포교, 영아포교의 기틀이 마련되었던 것이다.

스님께서 서울에 오셔서 법문을 하실 때면 으레 불러 설법하게 하고 법회가 끝나면 언제나 녹임환 열 봉지와 염주 한 묶음씩을 주시면서,

"나는 스물일곱 살부터 장성 백양사·광주·정읍·곡성·대전·보은·서울·제주·목포·함평·영광·순창·부안·전주·김제·이리·부산 등 여러 곳을 다니면서 법회·증사·수계 등을 보아 거의 1년 365일 쉬는 날 없이 포교하였으나, 자네처럼 외국에 까지 가서 마음대로 포교해 보지는 못했어…."

그래서 그런지는 몰라도 백양사·용화사·전주 관음선원·제주 성관사·성림사·금부사 등 수십 군데에 스님의 사리탑비가 있고, 백양사 입구의 귀목나무 두 그루와 세심정, 석교, 우송사 우물 등은 모두 스님의 보시정신에 의하여 만들어 진 것을 알 수 있었다.

1921년에는 백양사 청류암을 중건하고 59년에는 용천사 대웅전을 조성하고, 56년에는 용화사를 정립하고, 전주에 관음선원을 만들어 수행도량을 이룬 뒤 수십명의 아동들을 길러 출가도 시키고, 결혼을 시켰는데, 덕산·동산·지산·춘파·운암·송산·운산·덕봉·화산 등 비구 비구니가 500여명이나 되었다.

스님은 한국불교 율맥을 정통으로 이은 호은·금해·만암스님의 계승자며, 복장점안의식, 기도재공의식에도 남다른 견해를 가지고 있어 그의 후계자 도월스님이 문화재 후견인으로 지정되었다.

'불사문 중에는 한 법도 버리지 않으나 실제 이치에는 티끌 하나도 받지 않는다.' 한 말이 있는데, 우리 불가에 인과 이치를 겸하고 내외불사에 통철하신 분은 묵담 큰스님이 아닌가 생각된다. 그러므로 만공스님이 스님의 영전에, '진(眞)이라 해도 30방맹이요. 망(妄)이라 해도 30방맹이. 그러면 다시 이 무슨 물건인고. 이야말로 참으로 묵담스님이로다' 하는 글을 내리셨던 것이다.

상주법계(常住法界)
진언궁중(眞言宮中)
반야해회(般若海會)
청정향엄(淸淨香嚴)

18. 서래선림 해안대선사

1962년 3월 어느 신문에,

"붉은 꽃에 붉은 마음, 파란 꽃에 파란 마음"

이라는 글을 실었는데, 다음 달 28일에 "시심시불" 이라는 책자가 날아왔다. 주소를 보니 "서래선림"으로 되어 있었다. 내용을 살펴보니 "시심시색"이라는 제목의 시 가운데 거의 똑 같은 시가 실려 있었다. 서문을 보니,

"백천만겁 무량억겁에 바른 길을 찾지 못하여 고생하고 돌아다니다가 비로소 불법을 만나 은산철벽을 뚫고 바른 길을 발견하였다."

하고 살아서 장사지내는 장면이 나와 있었다. 일찍이 서양 기독교인들이 마인드콘트롤을 할 때 신도들의 교육을 위해 살아 장사지내는 법을 실현한 말을 들은 일이 있지만 우리나라에서 산사람을 상여에 놓고 장사지낸 일은 처음 듣는 일이라 충격적이었다.

그런데 그 뒤 얼마 있다가 대은스님이 오셔서 '마노라존자의 게송이 잘 번역되지 않는다.' 하였더니 '한국에 제1가는 도인이 번역한 것이 있으니 한번 들어보라' 하시면서 게송으로 읊어주셨다.

"마음은 경계 따라 흘러가건만(心隨萬境轉)
흘러가는 곳은 나도 잘 알지 못하나니(轉處悉能幽)
천만번 흘러가도 하나인줄만 알면(隨流認得性)
기쁨과 슬픔에 속지 않으리라(無喜亦無憂).

"전처실능유"와 "수유인득성"을 이렇게 번역하시는 분은 처음 보았다. 그래서 서래선림을 찾아가니 베잠방이에 옷고름 없는 옷을 입고 댓님도 치지 않으신 채 밭을 매고 있었다.

"큰스님 어디 계십니까?"

하니,

“여기는 큰스님은 없고 작은 스님들만 사는 곳입니다.”

하고 선방으로 안내했는데, 선방에는 아무 것도 없고 관음예문과 금강경 두 가지만 있었다.

“지금은 해제기간이라 모두 제 집에 들 가고 우리식구 끼리만 살고 있습니다.”

하고 된장국에 손수 기른 채소들을 소담스럽게 올려놓고 권하였다.

“스님은 어떻게 하여 이런 선방을 차리셨습니까?”

“나는 여기 산내면 격포 출신인데, 근동에서 한학공부를 하다가 14세에 내소사에 고찬이라는 학자가 맹자 천독을 했다는 소문을 듣고 찾아 갔다가 새벽종소리와 목탁소리에 반하여 출가 장성 백양사 송만암스님께 계를 받고 바로 한 소식을 하여 이런 선방을 차렸습니다.”

“스님께서 주신 시집을 읽고 느낀바 큽니다.”

“공부란 깨친 뒤에 보림을 잘 해야 하는 것이니 포교하는 가운데서도 관심법문을 소홀히 하지 마십시오.”

하고 금강경 한 권을 주셨다. 이 세상 어느 곳에 도인이 없으랴만 내·외, 표·이가 없는 분은 바로 해안스님인가 느껴졌다. 농사짓고, 참선하고, 염불하고, 가람수호하는 일은 출가인의 본분사다. 그런데 대부분의 출가인들이 진·속 이중의 장벽에 걸려 이러지도 저러지도 못하고 방황하는 경우가 많은데 스님은 그런 것과는 전혀 관계없이 화광동진(和光同塵), 선농일치의 생활을 하고 있었다.

“제 마음도 제 마음대로 붙잡지 못한 범부가 어떻게 감히 3계를 벗어나고 윤회를 면하여 고통을 벗어날 수 있겠습니까? 이 몸으로 이 생에 이 몸을 제도하지 못하다면 어느 때를 기다려 제도 하겠습니까?”

스님은 정진할 때 마다 사무치는 하소연으로 대중들의 마음을 채찍질 하고 있었다. 이것은 스님께서 수천 수 만겁을 윤회하며 고생했던 결과를 고백한 것이고, 호랑이, 여우굴속에서 미쳐 날뛰는 마군들을 저격한 승이의 울음소리였다. 그래서 나는 지금도 상락향 수도원 조사단에 스님의 영정을 모셔

놓고 아침저녁으로 예배드리고 있다.

밥 한 그릇도 제대로 얻어먹기 힘든 4·50년대의 불법 속에서 대처·비구의 치열한 싸움 속에서 절의 이권을 가지고 다투고 있을 때 스님은 중생들의 마음을 개간하고 있었으니, 그 정신이야 말로 본받아야 할 일이다. 4주관상에 풍수지리학이 아니면 호구지책도 면치 못하고, 성명·철학·재·불공·부적의 방편이 아니면 살아갈 수 없다고 하던 그 시절에 전등록·관심론·혈맥론·신심명·수심결·십현담·금강경·원각경을 가지고 정통불교를 실천할 수 있었다는 것은 참으로 놀랄만한 일이다.

끝으로 스님의 일진게(一眞偈)를 읽어 본다.

"고요히 빛나는 한 물건 온 누리에 가득 차
간디스강의 모래수와 같은 공덕을 갖추었네.
죽이고 살리는 권한 내게 있으니 천상천하의 일진상이로다."

19. 숭산스님의 법은사 고봉대선사

고봉스님은 숭산스님의 은사이다. 1960년 탑골승방에서 처음 뵙고 16년 만에 스님의 전기를 쓰다 보니 그의 역사가 더욱 소상하게 들어나게 되었다.

스님의 모습은 만해 한용운스님과 비슷하게 생겼으나 이마가 더 넓고 머리가 많이 벗어졌으며, 이목구비가 또렷하게 생긴 미남 장부였다. 평상시 거의 말이 없고 글 한 쪽을 남기지 않아 스님의 역사를 찾는데 많은 시간이 걸렸다.

스님은 1890년 대구에서 태어나 15세에 유교를 공부하고, 파계사 성전에 가서 도를 깨닫고 22년 정혜사 만공스님께 가니 물었다.

"뭘 하러 왔느냐?"

"보여 드릴게 있어서 왔습니다."

"뭐냐?"

"이것입니다"

하고 밤새도록 도반 금봉과 함께 그린 묵화를 내 놓았다.

"이것이 무엇이냐?"

"사내대장부입니다."

"어허, 꼭지가 잘 익은 복숭아로구나. 네 이놈들, 어른을 놀려도 분수가 있지. 이런 것을 가지고 작란을 쳐!"

"작란이 아니라 법담입니다."

"종아리 걷어라"

하고 한참을 치다가 물었다.

"아프지 않느냐?"

"시원합니다. 무심으로 맞으니 맺혔던 어혈이 풀려간 것 같습니다."

"그래. 법은 꾸밈이 없는 것이다. 여기서 한철 나려면 식량을 구해 와야 하니 가서 탁발을 해 오너라”

그래서 나가 보름동안 놀다가 남의 당나귀를 빌려 타고 와서는 당나귀 값을 내 놓으라 하였다.

“이놈, 탁발은 해 오지 않고 왠 당나귀 값이냐?”

“제가 여기 있었으면 보름동안 당나귀 값만 먹었겠습니까? 쌀도 먹지 않고 용돈도 쓰지 않았으니 어서 값이나 내 놓으세요”

하여 당나귀 값을 주었다 한다.

1939년 대구 청수장에 나와 김법린선생과 같이 항일운동을 하다가 잡혀 심한 고문을 당하였으므로 말년에는 중풍이 들어 거동을 제대로 하지 못했다. 양산 내원사 선방에 있을 때는 혜월스님이 논밭을 개간한다고 학승들을 제대로 먹이지 못해 모두 바싹 말라 있었다. 혜월스님이 부산에 가고 없는 틈을 타 큰 소 한 마리를 몰고 가 팔아가지고 실컷 먹고 남은 돈을 원주에게 맡겼다. 혜월스님이 돌아와,

“누가 이런 짓을 했느냐?”

야단치자 옷을 홀랑 벗어버리고 조실방을 기어 다니면서, ‘음매 음매’하니,

“내 소는 어미 소지, 새끼소가 아니다”

하고 궁둥이를 쳤다. 스님께서,

“새끼가 어미 되고, 어미가 새끼 됩니다”

하니 그 이후로 강제노동을 시키지 않았다고 한다.

그 후 금강산에 갔다가 탄옹스님을 만났는데 긴 장마에 식량이 떨어져 겨우 한 되 밖에 남지 않은 식량을 보고 탄옹스님이 말했다.

“우리 참고 있다가 비가 그치면 죽이나 한 그릇 쑤어먹고 내려가세.”

그리하여 서로 기다리다가 1주일이 지났는데도 죽 쑤을 생각을 하지 않으니 탄옹스님이,

“비가 그쳤네.”

하고 죽을 쑤어 먹은 뒤 말했다.

"자네 기다리다 꼭 죽을 번 하였네."
"한번 죽으면 그만인데 죽는 것이 그렇게 무서운가!"
하여 두 사람이 한 바탕 웃었다.

이렇게 한 세상을 지낸 고봉스님은 탑골승방에 계시다가 화계사로 옮겨 1961년 8월 19일 입멸하셨는데, 시종일관 말 한 마디 없이 가셨다. 그래서 화장하여 그 사리를 화계사 동산에 모시고 대은스님이 짓고 무애거사가 쓴 작은 비를 세웠다.

"但知不會 是卽見性"
단지 알지 못할 것인 줄 알면 이것이 견성성불이라는 말이다.

스님의 도반에는 장수도인 혜암스님과, 무욕의 성자 전강스님, 원효의 후손 설석우, 생사에 자재한 운봉스님, 대쪽 같은 효성스님, 숨은 보살 적음대화상, 의식 잘하는 용음스님 등이 있었다.

　　만덕진상(萬德眞常)
　　현환무애(顯煥無厓)
　　응연적멸(凝然寂滅)
　　량불가칙(量不可測)

20. 전강대선사

　전강 큰스님은 고봉스님 보다는 여섯살 손아래 되는 분이지만 수도의 법력과 득도의 경지가 남 달리 뛰어나 덕숭문중에서도 특별히 우대하는 선지식이었다.

　첫째는 재물과 명예를 탐하지 않고,
　둘째는 깨달음이 철저하여 걸림이 없기 때문이다.

　인천 양조장 주인 이장복이 6·25사변 때 부인을 잃고 음식을 제대로 먹지 못하고 술로 세상을 살았다. 친구들과 함께 화전놀이로 소사에 갔다가 산중에 도인이 있다는 소문을 듣고 네 사람이 올라갔다.

　한 노인이 베잠방이 바람으로 티머리를 질끈 매고 장작을 패고 있었다.
　"이 곳에 도인이 있다는데 어데 계십니까?"
　"도인은 길가는 사람이 도인인데, 여기는 길이 없어요."
　"허허. 이 더운 날 괜히 고생하고 올라 왔구먼. 가세."
　하고 모두 내려왔다.
　"올라가서 보니 도인은 없고 장작 패는 노인만 한 분 있었습니다."
　"그분이 바로 도인인데, 도인을 볼 수 있는 눈이 있어야 도인을 보지. 개눈에는 개만 보인다니까!"
　하고 술파는 아줌마가 핀잔을 하였다. 그래 모든 사람들이 다 차를 탔는데, 이거사는 홀로 다시 터벅터벅 산길을 올라갔다. 그때는 바가지에 쌀을 넣고 조리로 돌을 일고 있었다. 이거사는 그냥 땅 바닥에 엎드려 절하며,
　"한 마디 듣고 싶습니다."
　하니, 스님께서 확 돌아 서면서,
　"별 미친놈 다 보겠네. 무슨 소리를 들어. 새 소리, 닭 소리가 그대로 부처

님 말씀인데.”

하였다. 이거사 바짝 닦아서며,

“한 말씀만 일러 주십시오.”

“에라 이 미친놈아. 쓸데없는 소리 그만 하고 쓸데없는 생각 다 놓아버려라.”

그길로 이거사는 내려오면서,

“쓸데없는 생각 다 놓아 버려. 그 쓸데없는 생각이 무슨 생각인가?”

의심하다가 집에 와서 밥숟가락을 드는 순간

“아! 바로 이것이다. 바로 이것이여.”

하고 소리를 지르자 사람들이 몰려가 실성한줄 알고 물었다.

“무엇이 바로 이것입니까?”

“내 죽은 마누라 때문에 밥도 못 먹고 일도 못하고 많은 사람 괴롭혔어. 죽은 사람은 죽은 사람이요. 산 사람은 산 사람인데. 6·25 때 죽은 사람을 지금까지 품고 왔으니 이 얼마나 어리석은 일인가. 그런데 그 도인스님이 죽은 여자 생각하지 말고 모든 생각을 놓아 버려라 하여 오늘에사 해방이 되었네.”

하고 덩실덩실 춤을 추었다. 이것이 인천 법보원이 생기게 된 동기이고, 죽은 사람 위패들을 절 안에 모시고 해탈시킨 것이다.

전강스님은 일찍이 부모를 잃고 동생까지 잃은 뒤 유기공장에서 일을 하다가 16세에 해인사 인공스님을 만나 직지사 제산스님 밑에서 8년 동안 피나는 정진을 하였다. 아침저녁으로 코피가 쏟아지고 궁둥이가 물러앉고, 발치가 생겨 후두부에서 피고름이 흘러내리는 데도 아랑곳 하지 않고 열심히 정진하였다.

24세에 곡성 태안사에서 한 철을 나다가 무자화두를 타파하고, 혜봉·혜선·보원·용성·한암스님을 찾아 인가를 받고, 26세에 만공스님께 계를 받았다. 만공스님이 어느 날 함께 길을 가다가,

"낙엽귀로에 별빛이 유독이 밝구나."

하니 전강스님은 땅 바닥에 엎드려 별을 찾는 시늉을 하여 도리어 만공스님을 당황케 하였다. 범어사 유기담스님이 곡차를 대접하여 마침 한 잔 들고 있는데, 대교과 강주 경명스님이 야단을 쳤다.

"여기가 어딘 줄 알고 술잔을 들고 있느냐?"

"화엄경 몇 째 줄에 그런 말씀이 있습니까?"

답변이 없자

"바다 밑 진흙소는 용이 되어 올라갔는데, 절름발이 자라는 눈앞의 물속에서 해매고 있군먼."

하였다. 평생의 화두는 판치생모(板齒生毛)다. 누구를 보아도,

"판치생모, 판치생모."

하여 판치생모가 무엇인가 물으면 그대로 또 '판치생모라'라 하였다.

필자와는 조계사 앞 법륜사에서 만났는데,

"나는 자네를 좋아하네. 평생 내 법문이 초발심자경문을 벗어나지 아니했는데, 초발심자경문을 이렇게 세밀히 해석해 놓았으니 자네가 그대로 원효고 보조며 야운이야. 나 죽으면 이 책을 보시 할 것이니 3천권만 찍어 달라고."

하여 스님 열반하신 뒤 49제 때 초발심자경문으로 법보시하였다.

월마은한전성원(月磨銀漢轉成圓)
소면서광조대천(素面舒光照大千)
연비산산공착영(連臂山山空捉影)
고륜본불낙청천(孤輪本不落靑天)

21. 칠보사 강석주 큰스님

강석주 큰스님은 「오유지족(吾有知足)」한 대비보살이다. 1909년 경북 안동에서 태어나 사익재 글방에서 한학을 배우고, 9촌 아저씨를 따라 서울 필방에서 일을 보게 되었다. 선학원 남전스님께서 글씨를 잘 쓰셨기 때문에 붓심부름을 다니다가 14세에 스님의 제자가 되었다. 6년 동안 행자생활을 거쳐 범어사 강원에 들어가 6년, 오대산 상원사, 금강산 마하연, 덕숭산 정혜사, 묘향산 보현사 등 선방에서 또 6년을 지내는 동안 효봉·청담·혜암 선지식 등을 가까이 모시게 되었다.

46년 경봉·용담·대의스님들과 함께 불교개혁운동에 앞장섰고, 49년 동산 스님께 비구계를 받고, 51년 김해 은해사 주지가 되었다. 53년 효봉·동산 등과 함께 불교정화촉구결의대회를 갖고 이듬해 대의스님과 같이 정화운동을 발기하고, 58년 불국사 주지가 되었다. 60년에는 사태수습을 위해 비상대책위원이 되었다가 61년 재단법인 선학원이사장을 지내면서 운허스님과 함께 현 동국역경원의 전신인 법보원을 설립하여 불교경전을 우리말로 번역하기 시작하였다.

나는 바로 이때 선학원에서 책이 나와 출판기념회를 한다든지 법보시가 있으면 도반들과 함께 선학원에 들려 자주 뵈었다. 당시 스님은 선학원 이사장으로 계셨지만 항상 짧은 배잠방이에 하얀 띠를 두르고 소매를 걷고 후원일을 하셨다.

선학원은 원래 남전·도봉·석두 세 스님이 3천 원씩 돈을 내어 창건하였으나, 뒤에 성원·용성·만공스님이 동참하면서 전국 79명의 선사들이 모여 선학연구회를 발족하면서 불교정화운동의 본거지가 되었기 때문이다. 한국불교 지성인치고 들르지 않는 사람이 없을 정도로 유명한 장소가 되어 매일같이 수십 명의 손님을 치루워야 하였다.

　나는 지금도 만해스님의 스승 용담스님께서 번역한 선가구감, 한글 범망경, 금강경, 보현행원품, 유마경 등을 가지고 있다. 운허스님은 이때부터 부모은중경·승만경·금광명경·무량수경·능엄경·화엄경·열반경·법화경을 번역하여 유명하였고, 탄허스님의 육조단경, 김달진선생의 한산시, 이종익박사님의 현우경 등이 유명했다. 이것이 장차 운허스님의 불교사전이 나오면서 64년 7월 동국역경원으로 바뀌게 된 것이다.

　스님께서 불국사 주지가 되어 경주 포교당에 나갔다가 어린이들이 모여 서성거리는 것을 보고 어린이포교의 필요성을 느끼고 65년에 칠보사에 칠보어린이합창단을 창단 세계순회공연을 갖게 되고, 70년에는 청소년교화원을 설치, 총재가 되었다. 이와 같이 스님은 어린이, 청소년 불사에 동참하면서 수많은 학생들에게 보이지 않게 장학금을 주고, 부모 없는 자식들을 길러 삶의 길을 열어 주었다.

　스님께서 하심하고 일 잘하시는 것 밖에 한 가지 재주가 있다면 붓글씨 쓰는 일이다. 어려서 서당에서 익힌 글씨와 남전스님의 선서(禪書)까지 곁들려 글씨가 봄바람 가을 달처럼 밝고 시원하다. 많이 있어도 혼잡하지 않고, 하나를 들고 보아도 외롭지 않다. 그 속에는 눈 서리와 같은 계율과 따뜻한 사랑의 자비가 들어 있기 때문이다.

　자신을 위해서나 명예를 위해서는 한 작품도 쓰지 아니하면서도 불사를 위해서는 밤낮을 가리지 않았다. 대중절 불사에나 군법당 불사를 위해서 수백장 수천장 쓰시는 것을 보았다. 붓글씨 때문에 대부분 맨발로 지내셨고 적삼을 벗었다가 손님이 오면 민망히 여기시는 것을 여러 번 지켜보았다. 특히 절 주련을 한글로 쓴 것은 스님으로부터 처음 시작된 것이다.

　　동국대학교 이사로 취임하면서부터는 종비생제도를 만들고, 승가학과를 만들어 스님들에 대한 학구의 길을 터놓았다. 77년 조계종 포교원장 때는 승려의 자질향상을 위해 중앙교육원을 신설하였고 포교사 연수를 실시하였다. 79년 중앙승가대학을 돈암동 보현사에서 시작해 85년 개운사 학교가 생길 때까지 성라암 비구니대학과 합쳐 지하 1층 지상 3층 480평 건물을 지어 능력 있는 스님 혜성에게 물려주었다. 한번은 불교신문을 보시고 연락하여 가니, "돌아가신 법사스님 책을 낸다면서 장하다"하고 일금 30만원을 주시고, 금강선원 기로원 건립할 때는 1백만원을 보시해 주셨다.

　　해방 후 우리 불교계의 소망이 역경·도제·포교였는데, 스님께서는 이 세 가지를 다 실천하였다. 단지 불교정화운동 때 3대7의 비율로 싸웠는데 가능하면 대처스님들의 권속에 대해서도 나갈 길을 만들어 놓고 쫓아냈어야 하는데 너무 급하게 하는 바람에 실수가 많았다고 항상 죄송스럽게 생각하였다.

　　　　대자대비민중생(大慈大悲愍衆生)
　　　　대희대사제함식(大喜大捨濟含識)
　　　　상호광명이자엄(相互光明以自嚴)
　　　　중등지심귀명례(衆等至心歸命禮)

22. 매헌 장원규박사님

매헌 장원규박사님은 만년 청춘이다. 언제나 싱글벙글 미소가 입가에서 떨어지지 않는다. 동국대학교 교무처장 시절부터 서무처장, 불대학장, 불교문화연구소장을 계속해 왔기 때문에 동국대학교에서만도 20년 이상 근속하였다.

원래는 강원도 고성사람으로 1909년에 태어나 간성보통학교를 졸업하고, 건봉사 호산스님의 제자가 되어 김일우·진진응·박영호 강사에게 이력을 배워 모르는 것이 없었다. 그러나 너무 많이 알다보니 아는 것이 서로 나오려 하여 말이 잘 되지 않아 강의시간에는 "자장가"로 알려졌다.

더구나 일본 구택대학에 가서 공부하고, 오산불교학교 교장을 역임하고, 서울 숙명여대교수를 지낸 이후에는 더욱 아는 것이 많아져 말이 더 잘 나오지 아니했다고 한다. 박사님께서는 종종 민속종교에 대한 말을 많이 하였다.

"나는 처음 산 기도를 하고 산신 할아버지께 반했거든. 무슨 음식이 생기거나 입을 것이 생기면 산신 할아버지께 바치고, '단군할아버지, 빨리 이 나라가 주권을 찾게 해주십시오.' 하고 빌었는데, 한 번도 나의 소망을 들어주지 아니한 것이 없어. 나는 거기서 큰 깨달음을 얻었거든. 큰사람을 만나면 크게 외치고, 작은 사람을 만나면 작게 대하고. 이것이 '대산소산산왕대신 대악소악산왕대신' 아니야. 산왕경에 나오는 대로만 하면 밥이 없어 굶거나 옷이 없어 헐벗지는 않는다. 하물며 산신님이 받들어 모시는 부처님을 잘 받들어 모신다면야 더 말할 것 있겠어."

하고 희열에 찬 웃음을 짓는다. 무슨 말이고 물으면 그 자리에서 직답을 피하시고,

"한번 생각해 보세."

하고 두 번째 만났을 때는 되면 된다 안되면 안된다 분명히 이야기 하였

다.

　머리는 파마를 하지 않아도 약간 곱슬거려 빗으로 빗으면 바로 물결이 일고, 눈썹은 두툼하여 눈맵시가 순박하게 생겼다. 입술이 좀 두터워 말이 잘 안되는 것이 아닌가 생각되었는데, 언제나 곤색 양복에 하얀 와이샤스, 줄물늬 넥타이를 매고 다니셨기 때문에 나이에 비하면 10년쯤은 젊어 보였다.

　논문은 주로 인도, 중국, 한국의 역사학 편이 많다. 강의 또한 인도불교사, 중국불교사, 한국불교사를 가르쳤으며, 특히 화엄경의 10지법문과 대승보살의 수행계위에 대해 관심이 많았다.

　"우리는 500년 동안 유생들의 피어린 저격에도 불구하고 죽지 않고 살아왔다. 다른 종교 같으면 100년도 못되어 없어지고 말았을 것이다. 그런데 이렇게 장구한 세월에 죽지 않고 살아온 것은 조상들이 물려준 사찰 문화재에도 있지만 부처님의 신통력이 알게 모르게 여러 중생들에게 가피(加被)하셨고, 자기 구도에 열심한 스님들에 의해 이루어진 것이니 누가 누구를 이끌어 주지 않는다고 원망하지 말고 스스로 자기 일을 자기가 개척해 나갈 수 있도록 노력해야 한다. 사람은 누구나 장단점이 있다. 좋은 점만 보고 나쁜 점은 보지 않는다면 원수질 염려가 없다.

　내가 일생동안 불교를 등지지 아니한 것은 불교의 이 같은 가르침이 좋기 때문이다. 우리 시대에는 일본에 들어간 유학생들이 참으로 많았다. 종비장학생도 30여명이 넘었는데, 그 가운데 불교학을 전공한 사람은 다섯 손가락도 않되었다. 그러나 지금 와서 보면 대부분 정년퇴직하고 늦게 까지 남아있는 것은 그래도 불교과 출신들이다. 세속사람은 늙을수록 천해지지만, 불교는 늙을수록 귀해지기 때문이다. 그러니 여러분들도 불교학과에 들어온 것을 큰 자랑으로 알고 귀하게 생각하여야 한다."

이것이 4학년 때 마지막 강의시간의 법문이다. 실로 불교는 인간적 종교로서는 가장 긴 역사를 가지고 있다. 그런데 근래에 이르러 그 역사의식과 문화의식, 종교의식이 희박해지면서 그 가치관이 상실되어 가고 있지 않는가 걱정된다. 전통을 소중히 하고 어른을 섬기며, 밑에 사람들을 사랑할 줄 아는 불자가 되었으면 좋겠다. 승속을 지나치게 가리고, 종파의 승열(勝劣)을 따지며, 문중의 기세를 가지고 사람들을 없인 여기고 질시하기 때문에 화합이 잘 안되는 것 같다.

부처님께서 말씀하시지 아니했던가.
"같은 계율을 같이 지키고, 같은 견해로 회통해 살며, 말과 뜻과 행을 사랑스럽게 하여 세상의 모범이 되라고."

제근일일(諸根一一)
상호무변(相好無邊)
주반중중(主伴重重)
위륜유이(威倫有異)

23. 불교사상연구회 황성기박사님

황성기박사님은 강원도 고성사람이다. 1919년 5남 1여중 막내로 태어나 오길(五吉)이라 불렀다. 고성보통학교를 졸업하고 15세에 용주사 강대련스님 손상좌로 들어가 용주사 강원을 졸업하고, 43년 혜화전문을 나왔다.

용주사 포교사로 수원 포교당에 있다가 고향사람들의 부름을 받고 고성남초등학교, 송강초등학교, 고성중학교, 거진여중, 송탄중학에서 교원, 교장, 교감, 교사 등을 역임하다가 다시 용주사 자혜원 교사로 임용되었다. 권상로, 김동화박사님의 권유에 의해 동국대학교 교비장학생으로 3학년에 편입, 대학·대학원을 졸업하고 석사·박사학위를 받은 수재이다.

58년부터 동국대학교 조교, 강사, 교수로 후배들을 양성하면서도 월간 '불교사상', '불교생활'을 출판하여 문서포교를 위해 심혈을 기우렸다. 그리고 사단법인 불교사상연구회를 조직하여 전국적으로 생활불교운동을 전개하여 수원 남창동 대승원에서 61세로 열반하시니, 법납이 46세였다.

대학 동기 김정애여사와 결혼하여 아들 3형제가 있었는데, 큰아들 황군은 군법사로 호국의 간성이 되고, 둘째 욱은 동국대학교에 들어가 아버지의 학을 계승하였으며, 셋째 영은 행정에 밝아 불교사상연구회 일을 돕고 있다. 동국대학교 100년사 가운데서 한 가족 여덟명이 모두 불교과 출신인 집안은 오직 황박사님 집안뿐이다.

매주 토요일 오후 2시엔 을지로 5가 통일예식장에 모여 권상로·김동화·김두헌·김용배씨 등 유명한 불교학자들의 강연을 들었는데, 박사님께서는 동국대학교 출판부를 맡고 있어 인쇄소에 가기만 하면 점심시간에 국수를 주었다. 숫자에 관계없이 인쇄소에 오는 사람은 누구나 국수공양을 하였기 때문에 사모님 손맛 보지 않은 사람은 없으리라.

불교사상연구회는 대승불교의 보살사상을 현대화, 생활화, 대중화를 표방하여 ① 중생구제 ② 환경정화 ③ 자아완성에 중점을 두고 교육하였다. 4홍서원이 실천될 때까지 3취정계와 4섭법으로 봉사하기로 다짐했다. 그동안 우리 불교는 사찰 승려중심 불교와 형식중심의 불교를 하다 보니 교리·신앙·구제주의 의식을 망실하여 인류구제의 정맥을 서양종교에 빼앗기고 있으니 일념만년으로 이 일을 성취하여 위로는 부처님의 은혜를 갚고, 아래로는 부모·국가·중생의 은혜를 갚아야 한다고 강조하였다.

동국대학교에서 불교학개론을 배울 때는 불·법·승 3보를 통해 어떻게 한국불교를 재건할 건인가 고민하였고, 구사·유식·인명논리학을 배울 때는 교수님의 학문이 어느 누구보다도 깊고 넓다고 생각하였는데, 막상 법당에 들어가서 범패의식을 행하는 것을 보면 옥천범음회 인간문화재들과 별로 다른 점이 없음을 깨닫게 된다. 그러나 실제 일선포교당에 나가 법문하시는 것을 들어보면 장차 우리 불교가 어떻게 되어야 하겠다는 생각이 저절로 머리속에 그려진다.

한번은 수원 대승원에서 불러 갔더니 "강원도 도청에 가서 박경원지사를 만나 포교의 전진기지를 마련하고 오라" 명령 하였다. 대학을 갓 나와 아무런 경험도 없는데 무조건 가라고 하여 갔더니 여관 하나를 정해주면서 "1주일 동안 포교해 보라" 하여 열심히 정진하였다. 새벽 3시에 일어나면 앉은 자리에서 가만히 도량석·종성을 하고 예불을 드린 뒤 108배에 관세음보살 천념을 하였더니 3일 다음부터는 밥값을 받지 않겠다 하고 5일 후에는 박경원 지사를 만나 직접 의논해보라 하였다.
"5일 동안 거리 포교로서는 가닥이 잡히지 않으니 도문화원을 이용하여 종교강연을 하는 것이 어떻겠는냐?"
하니, 지사 또한

“사회인심을 법과 율만 가지고는 순화할 수 없으니 여러 종교인과 의논하여 정기교육을 실천해 보겠다.”

약속받았다. 이것이 강원도 문화원에서 1년 동안 실시한 종교강연으로서 기독교·불교·유교가 중심이 되고, 이따금씩 천주교와 원불교가 동참하였다. 그 뒤 서산, 고성지부 결성에 동참하였고, 중앙법회 청년회 법사가 되어 매주 토요일마다 강의를 하게 되었다.

박사님은 대학교수일 만으로도 바쁘신데 인쇄소, 잡지, 사상연구회 일로 쉴 틈 없이 뛰다보니 혈압이 높아 종종 코피를 흘렸다. 마침내 중풍이 들어 몸을 마음대로 움직이지 못했는데, 대승원에 가니 대중 앞에서 법상에 오르게 하고 3배를 하여 모든 신도들의 눈시울을 적시게 하였다.

이 인연으로 12년 동안 불교사상연구회 이사를 하면서 욱이가 자라나기를 바랬다. 과연 욱이는 성실하게 자라 동국대학교 교수가 되고 대승원 원장이 되며, 불교사상연구회 이사장이 되어 박사님께서 하시던 일들을 성실하게 이끌어 감으로써 나는 법사자리와 이사자리를 한꺼번에 넘겨주었다.

달마전등위계활(達摩傳燈爲計活)
종사병촉작가풍(宗師秉燭作家風)
등등상속방불멸(燈燈相續方不滅)
대대유통진조종(代代流通振祖宗)

24. 보문사 송은영 큰스님

보문사는 속칭 탑골승방으로 고려 때 담진국사가 처음 지어 비구니스님들을 거처하게 한 뒤에 조선조 묘첨스님이 중건하고, 보찬·유봉스님이 대웅전을 짓고, 정운스님이 좌우 양당을 개축하여 은영스님의 은사 긍탄스님께 넘겨주었다. 긍탄스님은 복형스님께 물려주니, 또 복형스님은 다시 긍탄스님의 제자 은영스님께 주지직을 물려주어, 삼성각, 선불장, 산령각, 극락전, 호지문, 시왕전, 보광전, 석굴암 등을 신축하여 명실 공히 서울에서는 제일가는 여승방이 만들어 졌다. 그런데 이 같은 불사가 그냥 이루어진 것이 아니라 시대마다 눈물 나는 역사를 안고 있다.

보문종 종정 천혜안스님께서 말씀하였다.

"그분은 태어나면서부터 장부였습니다. 아버지 송헌대씨가 꿈을 꾸니 비호리 뒷산에 큰 황소가 있어 집안으로 끌고 왔는데, 마구간에 매어 놓고 보니 황소가 아니라 암소였다는 것입니다. 그런데 또 어머니 안봉화보살님이 꿈을 꾸니 그 황소가 집에 있지 않고 어느새 절에 가서 절농사를 짓고 있어 아무래도 내 새끼가 되지 않을 것 같다 생각하였답니다. 과연 생 후 얼마 있다가 아버지께서 대덕장으로 소 팔러 나갔다가 일본 헌병들에게 독립지사로 오인되어 죽도록 맞고 소판 돈 까지 빼앗기고 돌아오니 가정이 일시에 풍지박산이 되었습니다. 어머니가 동학사에 기도하며, '부처님, 아버지만 낫게 해주시면 아이 하나를 부처님께 바쳐 시봉하게 하겠습니다.' 하였는데, 공교롭게도 3년 8개월 동안 똥오줌을 받아내던 아버지가 갑자기 회복되어 하는 수 없이 은영이를 출가시키게 되었다고 합니다."

이것이 은영스님이 출가하게 된 동기이다. 동화사 강원에서 겨우 초발심자경을 마치고 은사따라 서울로 올라온 은영스님은 어린 나이에 3년 동안 탁발하여 대중공양미를 대고 불량답(佛糧畓) 아홉 마지기를 작만 했다. 그때 은사스님은 건강이 좋지 않아 금강산 장안사로 떠났다. 어린 나이에 어떻게 절 살림을 할까 걱정하던 차에 고향의 어머니가 올라오셔 명인사제와 함께 밥을 해 약수터에 올라오는 사람들과 활터 손님들까지 밥을 해 먹이니 절 밥이 맛이 있다고 오는 사람마다 불전을 놓고 불교도 물어 저절로 포교하게 되었다 한다.

그런데 그 광경을 보던 동인동 어떤 보살님이,
"나는 집에 있어 아무 하는 일도 없이 외롭게 지내니 어머니와 함께 밥보시하면 어떻겠습니까?"
하여 좋다고 하니 돈 300원을 가지고 와 요사채를 짓고, 법당불사를 준비하였다. 3년 동안 고생하여 겨우 돈 200원을 준비하였는데 절 질 돈은 천원이 넘으니 어찌할까 고민하고 있었는데, 마침 아버지 100일재를 지내러 왔던 지혜룡씨가 거금 500원을 보태주어 공사가 시작되었다. 그런데 공교롭게도 상량문 속에서 고려때 탑골승방 역사가 나오니 탑공승방은 한 비구니 사찰에 그치지 않고 국가적인 문화재인 것이 세상에 널리 알려지게 되었다.

은영스님은 이때부터 자신이 할 일이 부처님과 자신만을 위한 일이 아니라는 것을 깨닫고 더욱 열심히 정진하였다고 한다. 되도록 새로 들어온 아이들에게 자신처럼 천대받지 않고 무식하게 살지 않게 하기 위하여 보문학원을 개설, 공부시켰는데, 당시 불교계 안에서는 최고로 유명한 영명스님과 홍영진·이종욱·김태흡스님 등을 강사로 모셨다.

6·25사변 후에는 범패의식을 공부한 학인들이 연이어 나와 재·불공에 신경을 쓰지 아니하여도 잘 되었고, 스님 수가 불어나는 것처럼 신도 수도 불어나 무려 탑골승방을 거쳐 간 수좌가 300여명을 넘었고, 거기서 길러진 고아들 또한 수를 헤아릴 수 없었다.

버려진 사람이나 맡겨진 사람, 전쟁고아나 중병환자들 까지도 똑 같이 길러서 내전을 마치면 대학에 보내고, 나아가서는 외국 유학까지도 보내 굴지의 종단으로 발전하니 지금 와서는 세계 유일의 여성불교종단을 형성하고 있다.

덕암스님이 스님 49제때 읊었다.

'향내는 향로를 감돌고
촛불은 어두움을 밝히는데
은영스님은 보문에 잠들었으니
묻노라 은영이여,
동서남북, 상하 문 가운데
어떤 문이 진짜 문인가!'

25. 신통 도인 탄공대선사

　1990년 내가 대구 관음사 초의스님 초청으로 천수경 강의를 하러 갔는데, 가서 보니 노대통령의 장모님 되신 분이 팔순 기념으로 하는 특강법회였었다. 3박4일 동안 마치고 점심공양을 하는데,

　"귀한 선물 하나 드리겠습니다."

　하고 매화 한 폭을 주었다.

　"이 그림은 몇년전 탄공스님께서 주신 것인데, 아들 출세를 위해서 그림을 부탁드렸더니 사돈양반에게는 잉어를 하나 그려주고, 저에게는 이 그림을 그려 주었습니다. 70을 넘기 어렵다고 하더니 80을 살았으니 유한이 없습니다. 나와 같이 외롭고 쓸쓸한 가운데서도 매화처럼 살아가는 사람이 있으면 주십시오."

　그래서 그 후 청주 수도원에 법문 갔다가 이 말씀을 드리니,

　"여기서 그리 멀지 않는 곳에 107살 되신 분이 있는데, 성격이 별나 사람들이 좋아하지 않는다"

　고 하며 한 신도가 직접 차로 데려다 주겠다 하였다. 그래서 점심을 먹고 스님을 찾아 뵈었는데, 보자마자 운전수 여인을 발로 차며,

　"이년, 뭣 하러 왔어. 제 에미에비를 다 잡아먹은 넌이!"

　하고 소리를 질러 신도님은 도망하고, 정중하게 인사를 드리려 하니,

　"뭐 절까지 할 것 있는가. 나하고 키스나 한번 하세."

　하고 껴 앉고 입까지 쪽 마쳐 버렸다.

　"나는 중도 아니고 소도 아니네. 1881년에 상주에서 외아들로 태어나 집에 있으면 죽는다고 청송 주왕산 대전사에 대려다 놓은 것이 여태까지 죽지 못해 지금까지 살고 있어."

　"그림은 언제부터 그리셨습니까?"

　"1900년 도화서 백일장에 나갔다가 그려 보인 것이 급제되어 지금까지 노는 입에 염불하는 식으로 흰 종이에 먹칠하고 있지."

“수행은 주로 어디에서 하셨습니까?”

“백양사, 의성 고운사, 금강산에 들어갔다가 너무 경치가 좋아 세월도 다 잊어 버렸어. 그런데 1953년에 지리산에 들어 갔다가 개운조사를 만나 겨우 내 살 곳을 얻게 되었지.”

“포교는 어떻게 하시고요?”

“허허. 이 세상 어떤 사람이 이 미친 사람을 믿나. 괜히 달보고 짖는 개와 똑 같이 생각하는데!”

이렇게 1시간 이상 말씀을 하시다가,

“오늘은 이만 가고, 청주에 내려오면 종종 한 번씩 보자고.”

하시며, 학 두 마리가 늙은 소나무 밑에서 붉은 태양을 바라보고 있는 그림을 주셨다. 나는 돌아오면서 여자 신도분에게 물었다.

“몇 번이나 여기 오셨습니까?”

“처음입니다.”

“그런데, 어떻게 발로 차고 욕을 합니까?”

“저분이 업장이 두터운 사람을 만나면 망신을 준다는 말은 들었는데, 내가 업장이 두터운 모양이지요.”

“그럼 부모님은 살아계십니까?”

“조실부모 했는데 그것을 알고 계신 것 같아요. 우리 집안이 나 낳고 나서는 부모님이 모두 다 돌아가시고, 형제간이 뿔뿔이 헤어져 망했거든요.”

그 후부터는 1년에 두 세 번씩 시간 나는 데로 들렀다. 그런데 1997년 12월에 말씀하셨다.

“내가 내년 6월에는 갈터이니 더 좀 자주 오게.”

“예, 그렇게 하겠습니다.”

그런데 그 이듬해에는 2월 달까지 가지 못했더니 전화가 왔다.

“내가 금년에는 간다고 했는데 세배까지도 오지 않냐?”

“예, 바로 가겠습니다.”

하고 내려가니 작은 보따리에 그림 몇 장과 노트 두 개가 있었다. 그것이

이 글을 쓰게 된 동기다. 그 노트에는 생의 일지를 생각난 데로 간단히 적어 놓고, '내 머리를 깎아 준 한법사님께 감사한다'는 말씀도 써져 있었다. 만날 때 마다,

"머리가 더풀거려 귀찮게 해."

"다시 삭발하는게 어떻습니까?"

"중이 어떻게 제 머리를 깎는가?"

그래서 개운조사 위패를 모시고 삭발하고, 위패상좌로 비구니 시봉 두분을 두어 회향하게 된 것이다. 그런데 그해 5월 25일 새벽 갑자기 입적하셨다는 소문을 듣고 내려가 보니 의자에 앉은 체 몸도 흔들리지 않고 있다. 상좌가 말했다.

"몸이 식지 않아 기다리고 있습니다."

"어제 저녁에 무슨 일어 있었습니까?"

"차 한잔 드시고 싶다고 하여 차려 드렸더니 대중을 다 불러 모이라 하였습니다. 차 한잔 드시고 나서, '너희들도 한잔씩 들고 오늘은 춤도 추고 노래도 부르자' 하시고 덩실 덩실 학춤을 추면서, '오작교가 무너졌다. 오작교가 무너졌다' 노래하였습니다. 밤 10시까지 놀다가 주무셨는데, 새벽 3시 예불에 나오시지 않아 들어가 보니 이렇게 앉아 가셨습니다."

"오작교가 무너졌다는 말씀은 사랑이 끝났다는 말이고, 학춤은 9만리장천을 날아간다는 말씀이니 그것이 고별연이었는데 사람들이 알아듣지 못한 것 같습니다."

"스님께서 늘 이 의자에 앉아 '저 건너 저 곳이 내 집이다'
하였는데, 거기가 바로 스님의 아버지 어머니 묘지가 있거든요."

"그렇다면 바로 그곳에 장사 지내는 것이 좋겠습니다."

그리하여 118세로 열반에 드신 탄공스님의 역사가 끝이 났다. 나는 매년 5월 달이면 인연있는 사람들과 그곳에 찾아가 제사를 지내고 오는데, 지금도 돌아 가셨다는 생각이 들지 않는다.

"한법사, 잘 있었어. 마누라 한 사람 데리고 왔는가?"

하시며, 손을 꽉 쥐고 포옹하시는 스님이 눈앞에 선하다.

26. 뇌허 김동화 박사님

뇌허 김동화 박사님은 "누구나 믿을 수 있는 불교, 누구나 행할 수 있는 불교, 누구나 전할 수 있는 불교"를 가지고 "불교의 현대화, 생활화, 대중화"를 실천하신 분이다. 대부분의 불교학자들이 불교를 철학, 과학, 문학이란 제목에서 그치는 경향이 많은데, 박사님께서는 그것을 몸소 실천하여 사회 대중으로 하여금 동참을 이끌어 냈기 때문에 어떤 분들은 "제2석가가 출현하신 것이다" 칭찬하기도 하였다. 실로 박사님은 부처님의 가르침을 그냥 믿고 따르는 것이 아니라 교리적인 면에서, 사상적인 면에서, 윤리도덕적인 면에서 깊이 있게 연구하면서도 그것을 교육적인 면에서 응용하여 일생을 후배 양성에 혼신 하였다.

1902년 경북 상주에서 태어나 11세에 동해사에 출가, 남장사에서 계를 받고, 상주보통학교, 남명중학, 금룡사 지방학림을 거쳐 26세에 일본 릿쇼(立正)대학 종교학과에 유학하였다. 졸업 후에는 본교에서 전임강사를 하다가 대구·경북불교협회의 초청으로 귀국, 오산불교학교 초대 교장을 지내고 41년 혜화전문학교에 들어와 학생과장, 교무주임, 교수, 학장, 대학원장을 2·3회씩 연임하면서 일생을 불교학자로서 생을 마쳤다.

역경원에서 경전을 번역하고, 연구소에서 불교소장을 맡으면서도 고려대학교, 서울대학교 교수 강사로 나가 강의하는 것으로써 포교사 임무에 충실하였다.

필자가 처음 박사님을 뵈온 것은 돈암동 자택에서였으나, 뒤에 번동으로 이사하시면서 부터서는 다달이 한 두 번씩 찾아 뵈올 기회를 가졌다. 혼자 계시면서도 아침 저녁 예불을 거의 빼지 않고 하셨는데, 특히 만년에는 선삼매(禪三昧)에 드실 때가 많았다.

예불문은 "참회게 · 개경게 · 반야심경 · 화엄경 야마천궁게찬품 · 법화경 방편품 · 보문품 · 십대원 · 연명십구 · 십계 · 자성청정원대타이익회향문 · 사홍서원"을 주로 하였으며, 예불 후에는 반듯이 입정하였다. 입정에 드실 때는 언제나 불을 끄고 캄캄한 방에 앉아 하셨는데, 부처님 머리 뒤에 두광이 나타나듯 둥근 광배가 뚜렷하게 나타났다. 사람들이 보고 놀래면,

"놀랠 것 없어. 누구나 구름이 걷히면 밝은 빛이 나타나는 것은 자연한 이치야." 하시고, 대수롭지 않게 생각하셨다.

너무 오래 앉아 글을 쓰시고, 꿀과 설탕을 많이 드셔 당뇨가 생긴 뒤에는 크게 힘을 쓰지 못하셨으므로 걸음은 항상 땅이 꺼질세라 조심조심 걷고 천천히 주위를 살펴봄으로 사람들은 그것을 호시우보(虎視牛步)라 하였다.

법문을 청하면 언제나 원고를 작성하고, 원고에 오류가 생기지 않도록 마음속에 깊히 새겨가지고 가시기 때문에 서론 · 본론 · 결론이 분명하였다. 설사 어색한 장소에서 법을 청하면 본래 생각했던 것과 다소 다른 점이 있더라도 그것을 나무라지 않고 역사적인 배경을 더듬어 바른 길로 나아가게 하였으므로 무당 판수도 정법으로 돌아온 사람이 많다.

"종교를 왜 믿어야 하는가, 많은 종교 가운데서도 어떤 종교가 좋은가, 불교는 어떤 종교인가"를 사실적으로 말씀하시되, 다른 종교인들의 마음을 거슬리지 않았다. 믿고, 믿지 않는 것은 본인의 의사에 달렸고, 정법, 사법을 가리는 것도 본인의 뜻에 달려있기 때문이다. 이왕이면 잘 사는 법을 선택하고, 잘 살면서도 올바르게 후회 없이 살며 의롭게 사는 길을 가르쳤다. 특히 신행을 통하여 가정이 화합하고, 평화로운 사회를 이끌어 나가는 것을 보면 극구 칭찬하였다.

박사님의 이 같은 뜻을 실천하기 위하여 애제자 광우스님이 삼선교에 정각사를 짓고 20여년간 법회를 이끌어 왔으며, 동료 황성기 교수님은 종로 5가 통일예식장을 빌려 매주 토요법회를 열었다. 또 서울대학교, 연대, 고대의

강의는 원의범박사님께서 계승하였고, 동국대학교에서는 분야별로 각기 그 학문을 계승하였으나, 특히 오형근박사님께서 유식학에 일가견을 이루었다.

　불교통신대학과는 1976년에 인연을 맺었으나, 우납이 시골 벽촌에서 농사 지으며 포교하는 것을 보고 불상하게 생각하여 도와주신 것이 아닌가 생각 된다. 동국대학교 학장·대학원장을 두 번씩이나 지내고, 학술원 종신회원이 되신 분이 어떻게 이 시골 학교 보잘 것 없는 학원을 맡아 주신단 말인가.

　우리는 돌아가시기전 3개월 도봉동 자택에서 마지막 공양을 하였다.
　"산중불교에 대한 애착을 갖지 말고, 잡된 신앙을 형식적으로 하지 말라. 사원이 관광지로 잘못 인식되고 있는데, 잘못하면 귀한 수행지가 문화관광소 로 전락할 염려가 있다. 6바라밀을 생활의 지표로 삼고 계·정·혜 3학을 잘 닦으라. 그리하면 불국정토는 저절로 이루어 질 것이다. 내가 자네를 사랑하 는 것은 학자적인 자질을 가지고 있으면서도 학자의 자리를 탐하지 않고 생 활불교에 충실하여 일선포교에서 모범을 보이고 있기 때문이다. 내 또한 일 생동안 불교를 하여 학술원 일까지 보아왔지만 그것은 부처님에 대한 보답 이지 나의 욕망이 아니다. 포교하다가 돈과 명예, 사랑에 빠지면 부처님까지 욕 먹이게 되는 것이니 후배들을 기를 때 이점 꼭 명심하기 바라네."
　이것이 마지막 법문이다.

27. 천태종 상월대조사

상월스님은 중국 천태대사의 지관정신과 고려 대각국사의 천태사상을 중흥한 대조사이다. 소백산 골짜기에 조그마한 초옥을 짓고 주경야선으로 정진하다가 병들어 죽게 된 사람들을 수백명 고치다보니 정법을 자칭하는 타 종단에서 사마외도라 없인 여겨 마침내 정부에서까지 없애려 하던 것을 불교 중흥의 원력을 세운지 20년만에 "대한불교 천태종"이 인증되니, 스님의 수행 경력으로 보면 거의 4반세기가 훨씬 넘어서 이루어진 쾌사이다.

필자가 구인사를 찾은 것은 1968년 법인허가가 난 그 이듬해였으나, 4년 후 여름 안거 기간에 가서보니 수천명의 신도들이 좌우 건물에 빽빽이 들어 앉아 "관세음보살"을 염창하여 마치 천상세계에서 음악소리가가 울려 퍼지는 것 같았다. 특히 저녁 10시부터 새벽 3시까지는 철야정진하는 사람들이 거리에 나와 앉아 정진하였고, 비가 오는 날에도 우비를 쓰고 앉아 기도 하였다.

상월조사는 머리도 빡빡 깎지 않고 옷도 두루마기 식으로 간단히 만들어 입고, 일을 하실 때는 체면 이면을 가리지 않고 하시기 때문에 겉으로 볼 때에는 저 속에 무슨 도가 있겠나 생각되지만 막상 철야정진을 같이 해 본 사람이라면 "저렇게 잠을 자지 않고 어떻게 사나?" 의심하기도 한다. 그러나 15세에 불교에 귀의하여 열반에 드실 때 까지 큰 탈 없이 잘 지내셨다.

중생이 병이 들면 함께 병이 들고, 중생들이 고통에 쌓여 있으면 함께 고통을 겪으셨다. 만년에 이르러서는 구인사의 중흥불사와 종도들 교육에 너무 심혈을 기우리다 보니 다소 지친 모습을 볼 수 있었다.

언제나 법문은 한 가지, 여러 말씀을 하시지 않으셨다.

“실상은 무상이고, 묘법은 무생이며, 연화는 무염이다. 무상으로 체를 삼고 무생에 안주하여 무염으로 생활하면 그것이 곧 무상보리요, 무애해탈이며, 무한 생명의 전체구현이다. 일심이 상청정하면 처처에 연화개니라.”

이것은 스님께서 30년 동안 체험하신 수행의 결산이다. 부처님께서 처음 도를 깨닫고,

“신비하여라 부사의의 해탈이여. 일체중생이 똑 같이 가지고 있구나. 단지 무명에 가리어 이를 볼 수 없도다.”

하였는데, 그 부사의 해탈의 경계는 모양이 없으므로 무상이라 한 것이다. 그러나 그 속에서 온 갖 법이 나타나고 있으니 묘법이요. 그것은 생사거래에 관계가 없으므로 무생이다. 마치 진흙 속에 태어나 있으면서도 그에 물들지 않는 것 같이 처염상정하므로 무염(無染)이다. 누구나 이 도리만 깨달으면 진속양경에 걸림이 없게 되므로 무애해탈이다. 그러나 이것은 누구의 힘에 의해 따로 나타나는 것이 아니라 자기 수행의 결과로써 자기의 몸에서 나타는 것이므로 자체구현이다.

이 얼마나 간단하고 명료한 진리인가. 천태종에서는 따로 봉지를 트고 하우스를 벗기는 일을 하지 않는다. 죽으면 죽고 살면 살고, 스스로 노력하여 자연의 재해를 이기는 것이 마치 풀 나무가 눈서리 가운데서도 까딱 없이 잘 자라듯 자기 공부를 자기가 실천하므로 자기 힘을 얻어 자기 자신을 개척하되, 남은 힘을 이웃과 사회에 돌리면 그것이 곧 복지임을 가르쳐 주었다. 그래서 마음이 깨끗해진 사람들이 곳곳에 연꽃이 되어 전국 방방 곳곳에 도량을 세운 곳이 수백 곳이고, 집집마다 자기 법당에서 가족과 함께 공부하고 있다. 세계 각국에서 기아 돕기, 의료봉사, 무지퇴치운동과 남북평화통일을 위한 북한 이재민 돕기, 6·25사변으로 거의 다 파괴되어 매몰된 구 사지를 발굴하여 복구하는 중창불사사업은도 어떤 한 사람의 힘에 의해서 이루어지는 것이 아니라 십시일반, 백만 신도의 신심과 원력에 의하여 이루어지고 있다.

상월조사의 정신은 여러 사람에 의하여 계승되고 있으나, 특히 종단의 의결기관을 주관하고 있던 박형철회장님과 제2대 종정을 지내신 남대충스님, 여러 대 총무원장을 역임한 전운덕스님과 윤덕산에게 계승되어 크게 결실을 보았다고 생각된다.

끝으로 스님의 열반게송을 읊어본다.

> "모든 부처님들도 출세한 일이 없고
> 또한 열반에 든 일도 없다.
> 죽고 나는 것이 본래 공적하여
> 찼다가 기우는 것이
> 마치 하늘에 떴다 지는 달과 같다."

28. 범룡대선사

　2005년 9월 금강선원 식구 40여명은 차 한 대를 대절하여 동화사 성지 순례를 갔다. 모든 사람들이 대웅전 약사부처님 앞으로 가는데, 나는 왠지 비로암에 들르고 싶어 갔더니 뜻밖에 오대산에서 한번 뵈온 적이 있는 범룡큰스님께서 주석하고 계셨다. 시봉스님이 말했다.

　"오랫동안 요양 중에 계셔 사람을 잘 만나지 않습니다."

　"옛날 오대산에서 미감을 하던 초연수좌가 왔다고 하면 알 것입니다"

　하였더니 반갑게 맞아주셨다. 92세의 나이로 법납이 72세가 된 데다 청정한 계율로 평생을 살아오시다보니 기력이 쇠진해 있었다.

　"오래 살다보니 옛 사람을 다 만나 보게 되는 구면."

　"그때 스님께서 수타사에서 가져오신 인삼을 한 대접 주시어, 고구마 먹듯한 그릇을 다 먹어 치운 일이 생각납니다."

　"그래. 그때가 좋았지. 종종 신문에서, 라디오 방송에서 자네 소리를 들었지만, 지금은 가물가물해."

　하시며, 오대산에서 쓰셨다는 보조국사 절요 사본 1권을 주셨다. 그런데 공교롭게도 그해 12월 15일 열반에 드시니, 종단에서는 전국 수좌장으로 장사를 치르고, 강원도 영월 서봉사 주지 배부성스님께서 1956년부터 수타사에서 잣나무, 옻나무, 은행나무, 인삼을 재배하며 선농생활을 하셨던 것을 기념하여 '선재동자의 구도행각'을

　백일 추모집으로 엮겠다 하여 "중생성불론"이란 이름으로 한권의 책을 낸일이 있다.

　스님은 1914년 평남 맹산에서 태어나 34년 금강산 유점사에서 중이 되고, 오대산 상원사 한암스님 회상에서 비구계를 받고, 상원사, 수덕사, 유점사, 범어사 등 여러 선방을 거치면서 수행 정진하다가, 80년 동화사 주지를 역임하고, 94년 조계종 종립선원 문경 봉암사 조실로 계셨다. 그런데 말년에 동

화사 비로전에서 만나뵙게 되었으니 만 가지 일이 한꺼번에 되살아난 것 같 았다.

춘추가 90이 넘으셨으니 다소 살집은 빠졌으나 팔자(八字) 눈썹에 가무스레 한 눈은 옛 부처님 미소 그대로다. 법상에 올라가면 가사자락이 한쪽으로 치 우치는 일이 번번이 있었으나 주장자를 쥔 손은 다이아몬드 보다 더 강했다.

> "법계는 원적(圓寂)하여 처음과 끝이 없고
> 법신은 청정하여 참 모습을 들어내고 있다.
> 원융한 법성(法性)은 이름과 모양 없으나
> 항상 훤출하게 비치지 않는 곳이 없다."

그 다음 구절은 가물가물 생각이 나지 않았는데, 서봉사 정신스님께서 기 억을 하여 여기 다시 기록한다.
"단지 중생이 어두워 제 마음을 깨달아 알지 못하므로
비로자나 부처님께서 적멸도량에서 일어나
보리도량에 이르러 비로소 정각을 이루고
널이 일체중생을 보니 모두가 여래의 지혜덕상 갖추고 있네."

이것이 범룡스님의 화엄경법문이다. 원래 선사는 선에만 능한 것 같으나 한 생각 터지면 그 말씀이 모두 경이 되고, 그 행이 모두 계율이 된다. 그래 서 스님은 경·율·논·선을 구분하지 아니하였다. 율사가 선사요. 경사가 율사요. 논사도 논사이기 때문이다. 선이 없이 어떻게 경·율·논이 경·율 ·논 할 수 있겠는가.

그래서 범룡스님은 평상시 말씀을 많이 하시지 않고 선사가 오면 선사에 게 법문을 시키고, 경사가 오면 경사에게 법문을 시켰다. 그러기 때문에 스 님의 행이 그대로 법률이 되어 나중에 조계종 율원의 종사가 되기도 하였다.

　스님 돌아가신 뒤 정신스님이 서봉사 숲속에 하얀 탑을 세우니 마치 그
모습이 학과 같았다. 우리들을 다 같이 재를 모시고 다음과 같이 읊었다.

　　"그림자 없는 탑 속에
　　화엄의 사리를 묻어버린 대선사여,
　　오늘도 당신은 능엄삼매 속에서
　　선재동자의 구법을 노래하고 계십니다."

29. 일붕 서경보 박사님

세계에서 박사학위를 126개나 받고 선필(禪筆) 100만장, 시비 757개, 동상 95개를 세우고, 159개국 5천개 단체에서 세계법왕으로 추대하고, 112개국 1046개 단체에서 존자 칭호를 받은 사람은 일붕스님 밖에 없을 것이다. 유엔 전권대사로 인류평화를 위해 노력하시면서도 매일같이 책을 엮어 저서가 1042권이나 되고, 수계불자가 6832명이나 된다. 그래서, 기네스북의 왕관만도 다섯 개나 되었다.

1996년 4월 24일 인천불교삼장대학(종립대학)에서 창립법어를 하시다가 갑자기 쓰러지셨다. 4월 4일 의령 낙성식에 참석하고, 13일 서울삼장대학 졸업식을 보고, 18일 초청법회를 하신 후 24일 인천에 까지 내려가니 83세 노인으로서는 과로가 되었던 것이다. 26일 입원하시며,

"아무래도 내가 재기하기는 어려울 것 같으니 인천대학 학장은 한정섭법사께 부탁하라."

하여, 그 후 3년 동안 인천대학 일을 본일이 있다. 스님과의 인연은 1960년에 동국대학교 시절부터이지만 실제 이야기는 김대은스님께서 여러 차례 들었다.

"경보스님은 제주도 사람이다. 1914년 서귀포에서 태어나 32년 산방굴사에서 스님이 되었으나, 도서지방에서는 불교를 바로 배울 수 없어 35년 육지로 올라와 전주 위봉사 춘담스님에게 '일붕'이라는 당호를 받았다. 전주 교도소에 갔다가 대은스님을 만나니 감방 안에서 쓴 원고를 조건 없이 주시면서 "서울에 가서 큰물에 놀아야 한다" 하여, 개운사 대원암 박한영스님을 뵙고 동국대학에 들어가 불교학을 전공한 것이 해인대학, 동아대학 교수가 된 것이다. 58년에 태국에서 열린 세계불교도대회에 다녀와서 세계적인 인물이 되려면 영어를 하지 아니하면 아니된다는 것을 깨닫고 45세의 늦은 나이로 10대 어린이들과 영어공부를 하였다. 세계적인 포교사가 된 것은 불국사주지,

동국대학교 불교대학장으로 있을 때 외국 손님들을 잘 알아 접대하고 또 상호교환하여 교환교수로 활동할 수 있는 여건을 마련했기 때문이다.”

돌이켜보면 미얀마 상가대학에 간 것이나, 독일 함부르크대학, 스리랑카 골롬보대학, 영국 런던대학에 유학하고 교환교수로 간 것이 우연이 아니고 대은스님 말씀 따라 영어를 잘 한데다가 외교를 잘 한데 영향이 컸다. 언젠가 한번 법왕청에서 공양청을 하여 가니 스리랑카스님 몇 분과 법복에 대한 이야기를 나누고 있었다.

“내가 세계적인 포교사가 된 것은 실력이 있어서가 아니라 이 옷 때문이다. 독일 광산에 많은 광부들이 가 있고 간호원들이 와 있었는데 몇일날부터 어느 대학에서 불교강연대회가 있다고 신문기자가 미리 와서 내 사진을 찍어 신문에 냈는데, 머나먼 나라에 와서 한복 입은 스님을 보니 고향생각이 나서 수백명이 모여 왔어요. 그래서 모두 글씨 한 장 씩을 써주고 격려하였더니 또 다른 신문에 선필에 능한 대선사가 왔다고 대서특필하여 더욱 유명해지게 되었어요. 그러니 이 법복이라는 것이 그렇게 중요한 것입니다.”

그런데 세계불교법왕이 된 이후부터서는 회색빛 장삼을 벗고 노랑색 가사를 입었다. 이것은 동남아 일대 사람들이 모두 노랑가사를 입고, 부처님 돌아가신 뒤 인도불교가 황색가사를 많이 입은데 원인이 있었다. 미국에서는 콜롬비아대학 교환교수로 갔다가 캘리포니아대학 강사가 되기도 하고, 워싱턴대학, 하와이대학 교수로 있다가 백림사에 선종대학을 세우기도 하였다.

1990년 제17차 WFB대회 때는 김광태박사와 박동기·전판근·정철 호법단장의 노력에 의해 35개국 800여명의 각국 대표들이 참석하여 장장 9일 동안의 행사를 원만히 치뤘다. 복장은 다르고 의식(儀式)도 달랐지만 국제보살계와 판차실라를 통해 세계불교가 일불제자임을 확실히 보여주었다. 특히 모든 인류를 기아와 무지, 병고액난으로부터 구하고, 전쟁의 위기에서 벗어나게 하며, 세계평화와 화합을 위해서 핵무기 포기 5계 실천운동을 강조한다 하니 1700년 한국불교 역사 가운데서 가장 큰 일을 하였다.

내가 알기로는 한국 사람으로 외국에 나가 포교한 사람이 많지만, 일붕스님이 씨를 뿌려 숭산스님이 가꾸어 그 다음에 들어간 사람들이 꽃을 피우고 열매를 맺은 것으로 안다. 눈앞에 보이는 것만 보지 말고 보이지 않는 세계에 들어가 볼줄 알아야 한다. 부처님께서 본래 성불을 아시면서도 왜 아함·방등·반야·법화를 설명해 놓고, "녹야원에서 쿠시나가라까지 한 말씀도 하시지 않았다" 하셨는가를 알 수 있을 것이다.

대원위주대비유(大願爲炷大悲油)
대사위화삼법취(大捨爲火三法聚)
보리심등조법계(菩提心燈照法界)
조제군생원성불(照諸群生願成佛)

30. 숭산 행원대선사

숭산스님은 한국이 낳은 달마다. "바로 사람의 마음을 가리켜 제 마음을 보고 깨달음을 얻게 하고"있기 때문이다. 보스턴에서 나는 두 가지 특이한 현상을 보았다.

하나는 심광사주지스님이 가사장삼을 입고 4백여명의 제자들 앞에서 신검(神劍)을 휘둘러 방(榜)을 저격한 장면이고,

둘째는 103명 세계 법왕자들이 모인 가운데 한 대학교수가 일곱 번째 연애를 하고 있는데, 몇 번째 남자와 결혼해야 좋겠느냐고 질문한 장면이다.

미국에 들어와 10년 이상을 신검으로 세상을 교화하기 힘썼으나 결과를 보지 못하고 있을 때 숭산스님을 만나 일본의 사무라이를 연상케 하는 대기대용의 검도와 임제활 덕산방의 원리를 듣고 불법에 귀의한 덕생동자가 천주교 교회당을 사서 십자가 마리아상도 그대로 놓아두고 오직 작은 부처님 한분을 성당에 모시고 불법을 펴 성공한 예를 나는 보았다.

또 수백평의 정원 방갈로가 그대로 방치되어 주인을 잃고 있을 때 뱃장으로 사들여 한 달에 700불씩 주어야 간신히 방 한 칸을 얻어 사는 가난한 유학생들에게 그의 반 값인 350불에 부부동반도 좋다고 딱지를 붙이고, 단지 조석예불만 드릴 수 있으면 환영한다고 한 것이, 쉰 두 개 빈방이 꽉 차고 불당에 까지 사람들이 몰려 예불을 하고 있었다. 필자가 참석한 날은 세계 각국의 법사들이 모여 3일 동안 용맹 정진하고 회향하는 날이라 더욱 의의가 깊었는데, 앞서와 같은 질문을 받고 답변하였다.

"뉴욕에 들러 보니 영역불전이 1백여권에 달하였는데, 인과업보경을 찾아 보면 당신의 애인이 몇 번째 애인인가를 알 수 있을 것이다"

하였는데, 이듬 해 그들 부부는 화계사에 와서 전화하였다.

"스승의 나라 덕숭산에 가서 100일 동안 참선한 뒤 여기서 결혼하여 세세생생 보살도를 닦겠다"

소식을 듣고 화계사에 가보니 둘이 다 머리를 깎고 눈썹까지 밀러버렸다.

"언제 스님이 되었습니까?"

"그동안 모든 것을 참회하고자 삭발하였을 뿐입니다."

하였다. 그 뒤 두분은 화계사에서 간단히 예식을 올리고 귀국하였는데 지금은 보스턴대학에서 심리학교수로 지내고 있다는 말을 들었다.

하여간 숭산스님은 이런 분이다. 돈 한 푼 없이 일본·미국·홍콩·뉴욕에 나니며 포교하디 보니 말도 많고 설두 많았다. 그러나 스님의 의지는 분명했다.

"내가 무슨 말을 듣고 설을 들을지라도 내 마음은 내 마음이 잘 알고 있다."

스님의 법문은 간단했다.

"있다고 할 것이냐, 없다고 할 것이냐. 있다고 해도 30방맹이고 없다고 해도 30 방맹이다. 그러면 어떻게 해야 할 것인가. 산은 푸르고 땅은 누르다. 악!"

이 세상 모든 철학과 과학과 논리는 유·무·중(有·無·中) 세 가지를 벗어나지 않는다. 그러나 그 세계를 뛰어 넘으면 불가사의, 불가지, 불가량의 해탈경계가 나타난다. 산은 언제나 푸르고, 땅은 언제나 누르다. 그러므로 스님은 "모르는 것을 알면 이 세상 모든 것을 알지 못하는 것이 없다" 장담하셨다. 모든 것이, 일체가 유심조이기 때문이다. 산은 산이고 물은 물이다. 산이 산이 아니고 물이 물이 아니 것을 산과 물로 착각한 것은 세속인간이다. 만약 한 생각 뒤집어 진다면 산은 산이고 물은 물이다. 모양과 견(見)을 따라 흐르는 물이 계절에 관계없이 언제나 허공처럼 비어있기 때문이다. 스님은 이 참되고 한결같은 마음으로 체·상·용을 마음대로 응용하여 지지고 볶으며, 쪼려 마음대로 식성 따라 먹게 하였다.

스님께서 일본, 중국, 소련, 유럽 등 가는 곳마다 주신 편지와 전화통화를 듣고 정리한 것이 "세계불교순회포교기"이고, 선학강좌, 도화백칙과 수시법어, 법거량을 종합 정리한 것이 "천강에 비친 달"이다. 그러나 그것은 숭산스님의 발자취를 보고 기록한 것이고, 아직 그 참 모습은 정리하지 못했다.

여기서 내가 한 가지 빼 놓을 수 없는 것은 숭산스님의 재가제자 닥터최이다. 원래 그 분은 조그마한 빠를 경영하면서 도반들이 담은 김치를 팔아 하와이 대원사 불사를 돕고 있었다. 도중에 이세어 다가세(재일거류민단 단장)씨를 만나 LA에 있는 유니언대학 운영에도 동참하고 숭산스님께서 포교하시는데 일조(一助)가 되었다. 그런데 근기가 뛰어나 무엇이고 한번 보고 들으면 못하는 것이 없었고, 특히 선법문에 대해서는 기지가 있었다. 불란서 홍법원을 만들 때도 그 분이 돈을 내어 설립하였고, 유럽 각국의 제자들을 돕는데도 인로왕보살 역할을 하였다. 특히 퐁피두 대통령의 가까운 친척을 교화한 이후에는 유럽의 정치·경제·사회의 명망있는 클럽들이 불교에 관심을 갖게 되었는데, 숭산스님보다는 훨씬 영어를 잘 했으므로 그를 따르는 제자들이 많았다.

숭산스님 칠순 잔치 때 하야트호텔에서 대법회를 연것도, 외국사절단의 교섭은 거의 닥터최가 한 것으로 안다. 그런데 법문을 하고 사진을 찍을 때 거의 숭산스님과 동격의 위치에서 자리가 배정되다보니 서양제자들은 말 할 것도 없지만 국내 불자들은 "저분이 누구냐!"하여 결국 제3세계로 떨어지게 되었는데 참으로 아까운 인물이라 생각한다. 지금 하와이 빅아일랜드에서 1천여명을 수용할 수 있는 선센타를 만들어 나름대로 자기 세계를 개발해가고 있다.

31. 인간문화재 송암대화상

철위산간옥초산(鐵圍山間沃焦山)

확탕노탄검수도(鑊湯爐炭劍樹刀)

팔만사천지옥문(八萬四千地獄門)

장비주력금일개(仗秘呪力今日開)

"철위산간의 옥초산과 확탕노탄의 검수도산, 팔만사천 지옥문이 신비의 주력에 의하여 열려진다"는 말이다.

하늘로 날아갈듯 한 그 음성, 땅으로 파고드는 그 소리에 진짜 철위산간 속에 있는 옥초산과 확탕노탄 검수도산이 막 무너져 내리는 것 같다.

송암스님의 그 높고 깨끗한 음성을 들으면 누구도 가슴을 조리지 않는 사람이 없다. 떠들고 시끄럽던 재장(齋場)이 조용히 호수처럼 가라않고, 시야를 알아 볼 수 없는 안개가 걷혀 맑은 허공이 금방 눈앞에 나타나는 것 같다.

1915년 서울에서 태어나 80평생을 서울에서 보낸 스님이지만 조선 팔도강산을 가보지 아니한 곳이 없고, 일본, 미국, 유럽, 동남아 일대 할 것 없이 세계 각국에 큰 재가 있는 곳이면 빠지 않고 다니셨다.

"얼마나 행복합니까. 밥주지, 옷주지, 가는 곳 마다 차비 주지, 부처님 복이야 말로 다 할 수 없습니다."

방실방실 웃으시며 행복해하는 모습을 보면 천진동자와 같다.

1933년 봉원사 강원을 졸업하고 경성상업학교를 나와 박운허스님을 은사로 득도하여 이원화 남벽허스님에게 범패를 배우셨다고 한다.

"옛날이야 녹음테이프가 있습니까, 비디오가 있습니까. 그냥 선생님 입보고 따라 배우는 건데. 그러다 보니까 10년, 20년 걸린 사람도 많습니다."

범패교육의 어려움을 토로하신 말씀이다.

73년 주요무형문화재 제50호로 지정되어 87년 영산재보존회 총재로 추대되니 당장 옥천범음대학을 만들고, 후배를 양성, 대통령으로부터 옥관문화훈장을 받으셨다. 그러나 항상 범패의 소리도 중요하지만 그 내용을 확실히 알아야 하므로 석문의범에 대한 문제가 있을 때에는 직접 전화하거나 사람을 보내 확인하기도 하셨다. 특히 이화여자대학교 체육무용학과, 청주예술대학, 경성무용전문학교 강사로 계실 때는 학생들이 낸 논문을 가지고 같이 심사를 하자고 하여 두세 번 동참한 일이 있는데, '도량무'가 어째서 '나비춤'인지, '천수바라'의 '바라'가 어떻게 하여 생기게 되었는지를 바르게 이해하였을 때는 춤을 추고 날나갈 것 같았다고 술회하셨다.

사실 스님은 나이 들어도 동자처럼 항상 깨끗하시고, 복장이 단정하여 불명 그대로 희덕(喜德)이었다. 늘 마음이 기쁘고 덕이 있어 얻으신 옷이나 양발이나 내복이 있으면 골고루 나누어 주시고 받은 보시도 가난한 사람에게는 더 주자고 하여 삶에 보탬이 되게 하였다. 날마다 재불공을 드려도 피곤이 없는 것은 환희심에서 살기 때문이라 했다.

"하늘 위에서나 하늘 아래서나 부처님 같은 이가 없습니다. 시방세계 다 보아도 비교할 자 없어요. 세간에 있는 것을 내가 다 보아도 우리 부처님 같은 이는 없어요. 왜 그러느냐고요. 세계 각국의 성현들이 많다고 하지만 우리 부처님처럼 왕자로 태어난 분이 없고, 먹는 것, 입는 것 사는 것이 무슨 걱정이 있어요. 그러니까 그 복으로 보아서는 따라 올 사람이 없습니다. 그뿐 입니까. 부처님의 깨달음은 저 하느님도 따라올 수 없지요. 하느님이 어떻게 하느님이 된 줄 아나요. 하느님 마음을 가졌기 때문에 하느님이 되었다 하신 부처님 말씀을 듣고 대범천왕, 제석천왕이 와서 호위하고 받들지 않으셨어요. 그러니까 그 지혜는 누구도 따라 올 수 없어요. 공자님도 내생은 몰랐지 않습니까. 예수님은 내세는 알았어도 과거 전생은 몰랐습니다. 하느님의 독생자라는 것도 본인이 깨달아 안 것이 아니고 하느님의 예언에 의해서 알게 된 것이지요. 그런데 부처님은 진묵겁전(塵墨劫前)의 일을 아셨으니 성인가운데 성인이고, 왕가운데 왕입니다."

이렇게 스님은 당신이 외우고 쓰고 하는 소리에 대하여 자부심을 가지고 후배들을 가르쳤으므로 무속의 아류로 생각하였던 범패가 국가문화재로까지 지정되게 된 것이다. 그래서 항상 의식을 수행하는 사람은 품위를 지키고, 계율을 청정히 가져서 남의 복 밭이 되고, 귀의의 대상이 되어야 한다고 강조하셨다.

"여러분 아시겠어요. 이 세계를 티끌로 만들어 한 세계를 지나 티끌하나 떨어뜨리고, 한 세게를 지나 떨어뜨려 그 티끌이 다하면 그 티끌이 떨어진 장소와 떨어지지 않은 장소까지 모두 합쳐 먹 갈듯이 갈아 먹가루를 만든 뒤에 앞서의 티끌을 하나씩 떨어트려 다 없애듯 뒤의 먹가루도 그렇게 하여 다 없어질 때까지 계산하여 먹가루가 다 하는 세월 이전에 우리 부처님께서 성도하셨다하는 것을! 여러분 한번 생각해 보세요. 나는 아무리 생각해도 모르겠어, 하하하."

하시고, 한손으로 이마를 만지시고 극적 거리던 모습. 아마도 스님은 그 이전의 세계에 돌아가 거기서도 범패를 읊으시며 부처님을 찬탄하고 계실 것이다.

32. 해원 황의돈박사

황의돈 선생은 한국 초대 여판사 황윤석씨의 아버지다. 전통적인 유교의 집안에 태어나 네 살(1894) 때부터 할아버지 태현에게 한학을 공부하고, 17세부터 신학문을 공부하기 시작하였으나, 일제 침략으로 주권이 상실되자 그의 복권을 위해 동명학교를 창설하고 국사교육을 통해 애국사상을 고취하였다.

그러나 일본사람들이 국사를 가르치지 못하게 하므로 중국으로 망명하여 민족의식을 고취시키고, 이승훈·안창호 등과 함께 YMCA에서 국사강의를 하다가 잡혀 들어가 휘문의숙 교직까지 파면 당했다. 보성고등학교 교사직을 끝으로 조선일보 고적조사를 담당했다가 52세에 불교에 귀의하여 오대산 방한암스님에게 선지도를 받았다. 고적답사를 해서 그런지 어느 지역 문제가 나오면,

"몇 년부터 몇 년까지 인구는 총 몇 명이었고, 남자는 몇, 여자는 몇 명이었으며, 어느 곳에 동네 우물이 있는데, 그 깊이가 얼마나 되었다"

고 구체적으로 설하여,

"어떻게 그렇게 잘 아십니까?"

물으면,

"개란으로 바위를 처 꿰뚫으면 비로써 알게 될 것이다."

하는 식으로 선문답을 자주 하였다.

조그마한 키에 의기가 양양하여 서양식 잰틀맨쉽을 가진 동양사 전공 조좌호선생과는 매우 대조적이었다. 나는 선생님께서 주신 김용배교수의 동서문화비교론과 원해박사님의 인생관(주체적 인생관, 명예적 인생관, 영적인 인생관)을 원고로 만들어 항상 외우고 다녔으며, 어디서 무슨 법문을 하라고 하면 그것을 외워 박수 갈체를 받기도 하였다. 선생님께서는 직접 저술하신 "대동청사"와 "조선신사"를 통째로 외우고 계셨고, 서화담·목은전·안중근

·손병희·전봉준에 대한 이야기가 나오면 완전히 시간을 잊어 버렸다. 너무나 황홀하여 박사님께서 지은 삼각산 절에가 하룻밤씩 자고 철야정진을 하기도 하였는데, 법당을 솔밭 속에 지어 밖에서는 잘 보이지 않았다.

선생님은 한번 앉으면 두 시간, 세 시간을 꼼짝 달싹하지 않했으며, 일어나실 때는 다리를 주물거나 팔 운동을 하는 것을 보지 못했다. 딸 윤석이 여성운동을 하다가 단명하게 죽은 것을 매우 슬퍼하였으며, 여성단체에서 "윤석장학회"를 만들었을 때는 거금을 내 놓아 죽은 딸을 위로하였다.

아들 황식영씨도 유능한 판사였는데, 내가 서대문형무소 모 사형수를 위해 연판장을 돌리러 갔을 때는 손수 4·50명의 판사, 변호사 검사들에게 날인을 받아 주었다.

황의돈박사님은 그리 크지 않았지만 둥글납작한 얼굴에 머리는 시원하게 벗겨졌고, 검은 태 안경 밑으로 팔자수염을 길러 매우 인상적이었다. 걸음걸이가 경쾌하고 음성이 바람에 날리는 것 같은 소리를 하여 매우 선동적이었다.

"나는 이 음성 때문에 일본사람들에게 몇 번이나 두들겨 맞았어. 안주, 가산, 정주 등에서 국사교육을 할 때는 사람들이 강의를 듣고 죽창을 들고 나설 정도였고, 안창호선생이 설립한 대성중학에서는 학생들이 폭동을 일으켜 나도 죽을 번 하였거든. 그래도 목숨을 바쳐 국사강의를 하였고, 목이 터져라 외쳐도 분이 풀리지 않으니 살수있겠어. 모든 것 다 팽개치고 고향에 있을 때는 꼭 죽을 것만 같았는데, 마침 방한암스님을 만나 뵙고 나니 떠들고 돌아다니는 것만이 애국이 아니라는 것을 깨달았지."

"무엇을 깨달았단 말입니까?"

"동양사람들은 농사짓고 앉아서 밥을 먹고 있는데, 서양사람들은 총칼을 들고 약육강식하여 세계를 정복하고 있으니, 앞으로 우리가 100년동안은 역세혁명을 당한다는 것을 깨달았지. 두고 봐. 앞으로 50년만 지나면 서양이 동양되고 동양이 서양이 될 것이니.”

“그 다음은 어떻게 됩니까?”

“동서가 한 통속이 되지. 유럽사람들이 천년동안 전쟁하다가 바로 생명의 귀중함을 깨닫고 인권운동을 일으킨 것이 아니야. 그러니까 우리에게도 그런 역사가 온다는 것을 미리 알고 깨달아야 해. 요즈음 청년들은 명예·사랑이면 정조까지도 다 버려 버린다니까. 일본놈들은 그것을 알고 화투에 광을 만들어 조선 땅을 통채로 먹어 버린 것 아니어. 보라고 내가 거짓말인가. 12월 비를 보면 일본 하오리를 입은 사람이 우산을 받고 나오지 않아. 그런데 우리는 그것도 모르고 “광 나와라. 광 나와라” 하니 그놈들이 안나오고 배기겠어. 광이 무엇이야. 일본 국기 아니야. 그런 줄이나 알고 화투들 치라고.“

입에서 하얀 거품이 진을 칠 때까지 열변을 토하셨다.

    모란화왕함묘유(牧丹花王含妙有)
    작약금예체분방(芍藥金蘂體芬芳)
    함담홍련동염정(菡萏紅蓮同染淨)
    갱생황국상후신(更生黃菊霜後新)

33. 현곡 김잉식 박사님

　　김잉식 박사님은 송광사 출신으로 화엄과 삼론학의 대가이다. 1900년 전남 승주 낙안에서 태어나 송광사에서 대교과를 수료하고 중앙중학을 졸업한 뒤 일본 고마자와(駒澤大學) 예과에 들어가 1928년에 졸업하였다. 31년 경도 류고쿠대학(龍谷大學) 문학부를 졸업하고, 귀국하여 보성중학·혜화전문 교수가 되었으며, 46년 동국대학교 교수로 있으면서 서무처장, 도서관장 등을 역임하였다.

　　기산스님이 말씀하였다.
　　"해방 전 일본에 유학 간 사람이 많으나 현곡(김잉식), 뇌허(김동화)처럼 정상 코스를 밟아 공부한 사람은 많지 않다."
　　필자가 박사님을 뵈온 것은 송광사 법성료에서 부터이다. 1958년 화엄학개론을 쓰기 위해 송광사에 오셨는데, 거처가 알맞지 않아 나의 방을 드리고 한 달 동안 시봉한 일이 있었다. 그런데, 동국대학교에 와서 보니 그분이 바로 불교대학 서무처장이었다.

　　필자가 처음 동국대학교 들어갈 때는 승복을 입고 입학하였는데, 이것이 교칙에 문제가 되었다. 동국대학교 불교대학 학생가운데는 한사람도 승복을 입고 다니는 사람이 없었기 때문이다. 정각사 스님이 비구니인데도 승복을 벗고 다녀야 했기 때문에 머리를 기르고 양복을 입고 다녔다.
　　"중이 중 옷을 입지 아니하면 누가 중 옷을 입습니까?"
　　"학생은 어디까지나 학생이므로 중노릇을 하려면 산중에 들어가 해야 한다."
　　그리하여 하루는 청계천에서 사지즈봉 물들인 것을 사가지고 오셔 억지로 입으라 하였다. 사계(捨戒)하고 입겠다하여 미아리 영미암서 기산스님을 증사로 모시고 사계하였다. 이것이 아마 우리나라에서는 최초의 사계의식이었을 것이다. 이 사건이 인연이 되어 뒤에 입학한 비구니 송랑스님은 승복을 벗지 않고도 학교를 다닐 수 있게 되었다. 교칙이 바뀌어 졌기 때문이다.

김잉석박사님은 일찍이 결혼하여 아들 둘을 두었으나 6·25때 피난 가다가 폭탄 맞아 죽음으로서 그때부터 밥을 먹지 않고 곡차로 살으셨다. 밥숟가락만 들면 두 아들과 죽은 마누라가 어른거리기 때문이었다. 피난길에 연명하기 위해 나무 밑에 앉혀 놓고 마을에 들어가 밥을 얻어가지고 오니 3모자가 폭탄에 맞아 난장판이 되어 있었다는 것이다. 밥이라야 끼니때 마다 두 숟갈 아니면 세 숟갈 정도 드시는데, 그것도 잘 넘어가지 않아 막걸리에다 말아서 잡수시곤 하였다.

63년 철학박사 학위를 받고 나서는 불대학장으로 계시면서 우리들에게 화엄학개론과 삼론학을 가르치셨는데, 연대·고대·서울대 같은 곳도 대학원 학생들을 위해 중론 특강을 나가셨다. 신설동 옆 탑골승방 뒤에 집이 있었기 때문에 종종 심부름을 가면,
"공부 잘하느냐? 무엇을 전공하고 있느냐?"
묻고,
"기초가 튼튼해야 되는 것이니 삼매를 통하여 공부의 과정을 증험해야 한다."
하고, "불타와 불교문학"에 대한 이야기를 많이 해 주셨다.
"옛날 부처님은 토끼, 까마귀로 태어나 회생봉사함으로써 그 모습이 해와 달 속에 박혀 영원히 없어지지 않게 된 것이야."
이것이 장차 "불교설화대사전"을 쓰는데 큰 자료가 되어 비유·인연·본생담을 1천여 개 찾고 영험설화를 2천개가 넘게 찾아 부류별로 나누고, 그것을 반복되지 않게 1200가지만 축소시켜 출판하게 된 것이다.

강의시간에는 언제나 담배 두 갑을 가지고 오셔서 한 갑은 학생들에게 주고 한 갑은 친히 피우시면서,

“자네들이 미안하면 내가 나가지.”

하고 교실 밖에 나가 담배를 피우고 오셨다. 술과 담배로 20년 동안 살다 보니 얼굴과 입술이 푸르등등하게 되었는데, 한 손으로 코끝을 훔치면서,

“티끌 속에서 태산을 보아야 화엄학을 할 수 있고, 대양 속에서 물방울을 볼 수 있는 사람이어야 삼론을 말 할 수 있다.”

하셨다. 눈은 초롱초롱 언제나 빛났는데, 장을 두 번 수술했지만 몽혼주사를 놓지 못하게 하고 그대로 배를 쨌다.

1965년 타계하실 때도 별 고통 없이 가셨기 때문에 기산스님은 그의 영전에 소사하셨다.

“구름처럼 왔다가 구름처럼 가신님아
그 몸이 허공이 된다고 좋아 할 것 무었있는가
낙산에서 차 한 잔으로 부처님 노래 부르니
북한산 안개가 코끝에서 사라지고 있네.”

34. 한국불교의 석학 안진호스님

　스님의 키는 152cm. 그런데 오륜 자전거를 타고 다니니 보는 사람마다 웃지 않은 사람이 없었다. 그러나 택시가 없고 자가용이 없는 시대에 있어서는 일등 자가용이 자전거 밖에 될 수 없다. 성북동 삼거리에서 페달을 밟으면 혜화동 노터리까지 5분도 안 걸린다.

　"이렇게 빠른 세월도 있는데, 사람들은 나를 보면 웃는단 말이야."

　스님은 1880년 경북 예천 순흥에서 태어났다. 권상로박사님과는 동문수학으로 나이가 한 살 아래다. 16세에 예천 용문사에 출가하여 많은 불경과 설법을 듣고, 17세에 묘향산 월저문인 계허스님에게 계를 받으니, 그 소문을 듣고 권상로박사님께서 출가하셨다고 한다.

　용문사 강원에서 9년 동안 이력을 마치고, 무엇을 할 것인가 생각하다가,

　"조선 땅이 얼마나 넓은지 한번 구경이나 하고 죽자."

　하고 8도강산 유람하여 명산대찰을 구경하고 나니, 그곳에서 불법이 깨쳐져 도제 양성을 해야겠다는 생각으로 역경사업에 종사하였다고 한다.

　우선 전국을 일람하였으니 "전국 사찰일람표"를 1935년에 내시고, 1936년에는 취허스님께서 낸 "불자필람"을 배경으로 "석문의범" 상하 양권을 편집하였다. "초발심자경문"·"정선치문"을 현토하고, "관세음보살보문품"을 현토 해석하였으며, "지장보살본원경"·"보현행원품"·"경허스님참선곡"·"목련경·부모은중경"·"석가여래십지행록"·"미타경·팔대인각경"·"천수심경"·"행원품·보문품·보안장 삼경합본"을 1년 동안에 내고 보니 정신이 아찔하였다.

　장사는 잘 되나 뒷돈이 부족하다보니 이 내용을 안 한 보살님이,

"내가 뒷돈을 대겠다."

하여, "영험실록"·"약사경"·"천지팔양경"·"52종비밀불경"을 1937년에 발간하고, "도서·선요"·"심지광경"을 1938년에 발간하였다. 또 39년에는 "다비문"·"미륵경"·"고왕경", 40년에 "서장"을 내다보니 서울 장안에는 온통 卍상회 작품으로 꽉 찼다. 그래서 1942년에는 마음먹고 "신편 팔상록"을 편집하였는데, 진실로 히트 작품이었다. 43년 "유마경"·"법화경", 53년 "절요"까지 거의 모두가 안진호스님 작품이다.

38년에는 "불교와 예수교"가 고경스님 작품이고, 42년 "현수법수"가 운허스님 작품으로 나왔으며, "임전의 조선불교"가 권상로 작품으로 나왔다. 그러니까 1930년대부터 40년대까지는 거의 한국불교의 출판계를 스님이 독점하고 있었다고 해도 과언이 아니다. 그런데 스님이 출판계를 독점할 수 있었든 특이한 점은 먼저 광고를 통하여 예약을 하고, 다음에 간행을 했는데 이러한 방법으로 독자 예측과 발행부수를 측정하는데 큰 도움이 된 것이다. 따라서 관리와 자금회전이 정확하게 돌아가 거의 실패 없이 이루어졌던 것이다.

이렇게 성황을 이루던 만상회가 해방이 되면서 위축되기 시작하였는데, 대외적으로는 좌우익의 사상투쟁과 6·25사변의 영향이, 대내적으로는 대각회의 역경과 선학원의 출판이 가동된 데도 원인이 있다. 1948년 작품으로는 윤주일의 "반야심경"이 고작이고, 57년 "절요"를 내고는 그 동안 출판했던 책을 재판하게 되는 것으로 끝을 맺는다.

어찌되었든 스님은 1965년 정월 21일, 법랍69세, 세속 86세로 돌아가실 때까지 만상회의 사주(社主)로, 불교의 대강사로, 의식의 거장으로서 여기저기 초청되어 강의도 하고 연설도 하였는데, 필자와는 1962년 성북동 3거리에서 만나 "석문의범"과 "치문경훈"을 들은 것이 큰 인연이다.

"스님께 공부를 하고 싶습니다."

“강사료를 톡톡히 내야지.”

“쌀 한 가마면 되겠습니까?”

“그래. 그래. 좋아.”

하여 네 차례 강의를 듣고 쌀 한 가마니 값을 갖다 드리니,

“내가 어린 학생한테 이런 거금을 받아서 되겠는가.”

하며 돌려주시고,

“김포광박사님과 김대은스님 모시고 공양하러 가세”

하여 오장동으로 가 냉면을 먹은 일이 있다.

“사람은 업에 매여 몸을 받기 때문에 형루(刑累)를 면치 못한다. 아버지의 정기와 어머니의 피를 품 받아 여러 가지 인연으로 이루어졌기 때문에 지·수·화·풍 4대가 일그러지면 늙고 병든 것이 찾아와 아침에 있다 저녁에 죽는 것이 참으로 허망한 것이다. 마치 봄 서리, 아침 이슬과 같아 곧 있는 듯 없어지고, 언덕 위의 나무, 우물 속의 등나무와 같아 늘 명줄이 간들간들 오래 간다고 장담할 수 없다.”

이것이 남의 일이 아니고 곧 자신의 일임을 절감하시며 심각해 하시는 표정은 보는 사람들로 하여금 애처로움을 느끼게 한다.

또 석문의범 강의 때는 특히 관음예문에 있어서 소동파와 그의 누이 소소매가 서로 번갈아 읽으며 십악참회 하듯이 간절한 마음으로 눈시울을 적시며 강의 하였다.

35. 조계종 최장수도인 혜암대선사

혜암스님은 미국 오렌지카운티에서 처음 뵈었다. 101살에 미국에 오셨기 때문에 벽사도인(辟邪道人)이 오셨다 하여 야단이 났다. 한번 보고, 한번 만져만 보아도 다생의 죄업이 소멸되고, 하는 일이 원만이 성취된다고 하여 혜암스님 뵙고자 하는 사람들이 2km는 좋게 늘어서 있었다.

스님은 정원에 앉아 인사를 받고 한번 악수를 하면 그 옆에 봉투가 산더미처럼 쌓이니 서민들은 복을 구하기 위해서 오지만 기업인들은 저분을 어떻게 모셔 저 봉투를 내가 챙길고 하는 사람도 있었다. 묘봉스님이 옆에서 시봉을 하고 탑골승방에서 온 비구니스님이 비지땀을 흘리며 찾아온 손님들을 접대하였다.

사회자가 말했다.

"큰 스님께서는 12세에 부친상을 당하고 이듬 해 양주 수락산 흥국사에 출가하여 15세에 이보암스님을 은사로 득도하였는데, 2년 동안 어머니를 모시고 있다가 어머니께서 타계하시니, 사고무친(四高無親)이라 4방8방으로 은둔행각을 하셨습니다. 23세에 비로소 발심 서해담스님으로부터 구족계를 받고, 28세에 박성월스님에게 처음 화두 법문을 들었다고 하십니다. 그 후 만공스님, 혜월스님, 용성스님, 한암스님을 모시고 용맹정진하니 만공스님께서 친히 전법게를 주셨다 합니다.

구름과 산은 같고 다름이 없듯이
큰 가풍 또한 없는 것이지만
여의주·글 없는 도장을
그대 혜암에게 전한다.

스님은 그 뒤에는 묘향산, 상원사, 정선 정암사, 구갈래사 주지를 역임하시고, 덕숭산에 이르러 마지막 20년을 지내며 덕숭산 가풍을 계승하였습니다. 그제 100세에 미국에 들어오셔, 오늘 101세가 되었으니 미국에서도 이만한 수명을 누린 사람이 드뭅니다. 더군다나 도인으로 말입니다.”

사람들은 소리 높이 외쳤다.

“혜암스님 만세, 혜암스님 만세.”

여기 저기서 만세 소리가 터져 나오니 기분 따라 도네이숀이 수 없이 쏟아졌다.

이 일로 인해서 오랜지카운티에서 고생하던 스님들은 몇 개월 동안을 편안이 지낼 수 있게 되었고, 미국의 한국불교에 위상이 한껏 높아졌다. 나는 그때 이런 생각을 했다.

“역시 사람은 오래 살아야 하는가 보다 100세 살기도 어렵지만 백세를 살면서 여러 사람들에게 저렇게 기쁨을 주고 또 고생하는 사람들에게 안락을 주고 있으니 이 얼마나 행복한 일인가.”

그런데 스님께서 뜻밖에 법문을 하셨다.

“옛날 내가 천은사에 있을 때 70이 훨씬 넘은 노장이 왔어요. 날마다 집에 가서 아침저녁 쌀을 내 주고, 소여물까지 챙겨 놓고 온 노장인데 허리춤에 키가 열다섯 개는 되었을 거야…”

청중들은 모두 자기 허리춤에 달려있는 키를 보고 킥킥 거리고 웃었다.

“그런데 젊은 수좌들이 나에게 물었거든”

청중이 있다가 큰 소리로,

“무엇이라고 물었지요?”

“ ‘소타고 소를 찾는데 이게 무슨 뜻이냐’고.

그런데 그 노장이 갑자기 일어나 손 벽을 치고,

‘맞았다’ 고 소리를 지르는 것이여.”

그래서 젊은 스님께서는

“저 노장이 미쳤나”

하고 내가 점검하고 인증해 보니 틀림없었어. 만일 여러 분에게 이 문제를 제시한다면 여러분은 무엇이라 대답하겠습니까?"

한 사람도 대답하는 사람이 없자,

"내 그럴쭐 알았어. 미국 와서 말 타고 사시니 자기 소는 다 잊어버렸지 뭐."

박장대소가 쏘다졌다. 한 사람이 물었다.

"그건 그렇고, 그 스님은 어찌 되었습니까?"

"그래서 내가 그를 서광사 조실로 천거했거든. 그런데, 여기는 조실될 사람이 하나도 없네. 만일 이 문제를 해결하고자 하거든 밤낮없이 정진하여 내가 미국을 떠나기 전에 점검할 기회를 달라고!"

"하 하 하."

"웃지 말고 진정으로 한 말이야"

하고 여러 가지 재미있는 말씀을 많이 하셨다.

혜암스님은 그 뒤로 일 년 있다가 덕숭산 문중에서 떠나 가셨다. 스님의 해맑고 천진한 모습. 비구니스님들이 시봉을 해도 이미 남녀상을 떠나있었기 때문에 마치 갓난아이를 보살피듯 조심스럽게 모셨다. 덕숭산 문중에 많은 수좌가 있으나 혜암스님처럼 복수용한 스님은 드문 것 같다.

36. 벌교 포교당 주지 발룡스님

송광사 발룡스님은 큰법당 부전으로 30년을 넘어 지낸 스님이다. 코가 찌그러지고 귀가 짝 귀로 생겨 마을에서는 '짝귀'로 별명이 붙었는데, 절에 와서는 '복귀'로 불려지게 되었다. 나면서부터 집안이 어려워,

"네가 복이 없어 그런가 보다. 절에 가서 좋은 일하여 복이나 지어라"

하고 송광사 스님들께 부탁드렸다.

절에 와서는 물 긷고, 나무 드리고, 불 때는 일을 주로 하다가 차 끓이는 일을 담당하게 되었는데, 관음전에서 성공스님이 불공을 드리면 그 옆에서 차를 달이면서 천수·반야심경으로부터 유치·청사·축원까지 들은 데로 다 외웠기 때문에 그 귀가 아주 복된 귀라 하여 '복귀'라 부르게 되었다.

성공스님이 어디를 나가실 때는 소리와 발음이 거의 같으므로 발룡스님께 부탁하여 기도를 드리게 하고 축원까지 하자 10년 후에는 대중스님들이 의논하여 스님을 만들고 큰법당 부전을 하게 되었다. 신도들이 오면,

"나는 글을 잘 쓸 줄 몰라 축원방을 쓰지 못하니 식구대로 그 명단을 불러주시면 빼지 않고 축원하겠습니다."

하고 열 명, 스무 명 되는 가족들 명단을 귀를 세우고 듣고 있다가 불공드리고 축원할 때는 생일 생시까지도 모조리 외워 축원하였기 때문에 "송광사에 새 도인이 났다"고 하여 불공 오는 사람이면 발룡스님만 찾았다.

그 때는 세상이 어려운 때라 양발 한 켜래, 수건 하나 얻어 쓰기가 힘들었는데, 불공을 잘 하다 보니 순천, 벌교, 광주 신도들이 수건, 양발, 버선 같은 것을 많이 사와 모든 대중이 거의 발룡스님에게서 타서 쓰고, 또 남은 것을 가지고 마을에 내려가 골고루 동네 사람들에게 나누어 주었으므로 출가 20년에 그 이름이 "복덩이"로 바뀌었다.

내가 그 스님 나이 30살에 만나 불전의식을 그분에게 배웠는데,

"정구업진언이 무엇입니까?"

하면,

"정구업진언이 정구업진언이지 무엇이야. 잔소리 하지 말고 정구업진언을 계속해서 읽다보면 나처럼 말은 못해도 속이 훤히 터질 때가 있으니 무조건 외워. 무조건 외우면 복이 오네."

답답하기는 하지만 그래도 그 말씀이 옳은 것 같아 무조건 외우고 열심히 읽었다. 그런데 스님 나이 서른세 살이 되었을 때 군대에 가게 되었다.

"나는 가고 싶지 않는데, 부처님 어떻게 하면 좋지요? 절일도 바쁘지만 나라 일이 더 급하니 딱 석 달만 가서 근무하고 오겠습니다. 부처님 도와주십시오."

그래서 그 법당일을 내가 맡게 되고, 3개월을 기다리고 있는데 비오는 날 털레털레 들어왔다.

"아니, 발룡스님 아니요. 어떻게 이렇게 빨리 오십니까?"

"나라 덕분에 제주도 구경하고, 훈련도 실컷 했네. 비오는 날은 바깥 훈련을 못하기 때문에 막사에 앉아 총 소재를 하라하여 청소해 가지고 잘 되었는가 시험하기 위해 발을 뺏고 발가락에 대고 총을 쏘았는데, 아 아니, 그속에 총알이 들어 있었던지 발가락 하나가 날아가 버렸지 뭐야. 대대장이 오더니, '너 같은 놈 데리고 있다가는 사람 죽이겠다' 하고 의무대에 가서 치료하라더니, 그만 병가제대를 해주어 왔어. 우리 부처님 영험하시지. 내 말씀은 틀림없이 들어주신다니까"

하고 오체투지를 했다. 그 뒤로 얼마 있다가 다시 큰법당 일을 맡아보게 되었다.

그 때 당시는 대부분의 스님들이 상좌들을 결혼시켜 그 며느리로 하여금 빨래주인이 되게 하기도 하고 농막 일을 맡겨 농사를 짓게 하기도 하였다. 스님께서는 30이 넘도록 혼자 지내셨기 때문에 속가 삼촌 되는 스님이 결혼할 것을 종용하였다.

“저 같은 사람에게 누가 시집 올 사람이 있습니까.”

“그런 소리 하지 말라. 부처님은 무불통지라. 부처님께 부탁드리면 좋은 사람이 생길 것이야.”

이렇게 주고 받았는데, 하루는 벌교에서 어떤 보살님이 불공을 왔다.

“무슨 불공입니까?”

“길례(吉禮) 불공입니다.”

“가족 명단을 불러 보십시오.”

“우린 두 사람 뿐이기 때문에 외동 딸 하나를 시집 잘 보내 사위와 함께 살기를 바랍니다.”

“그럼 지금부터 불공 잘 드릴 테니 열심히 발원하십시오.”

하고 불공을 다 마친 뒤 부처님을 보고 말씀하였다.

“이 사람의 딸은 바로 저희 것입니다. 알아서 해 주십시오.”

그런데 그 이튼 날 집에 가서 꿈을 꾸니 부처님이 나타나 말씀하셨다.

“송광사 발룡스님과 결혼해서 살면 잘 살 것이다.”

그래서 바로 택시를 타고 송광사 금당 주지스님께 와서 물으니,

“어제 불공드린 사람이 발룡스님입니다.”

하여, 주지스님이 주례를 서서 결혼시켜 벌교포교당 주지가 되었다. 벌교 포교당은 6·25 때 반란군들이 사무실로 써 엉망진창이 되어 있었는데, 장모님께서 새롭게 단장하여 낮에는 절일을 보고 밤에는 집에 와서 집일을 하게 하여 벌교에서는 제일 큰 이불 가게로 부자가 되어 잘 살았다.

37. 범패어장 벽응 장태남대화상

범패는 불교의식음악으로 일명 범음(梵音)·어산(魚山)·인도(引導)라고도 부른다. 절에서 주로 재·불공을 올릴 때 부르는 소리로 가곡, 판소리와 함께 한국 3대 음악 가운데 하나로 생각하고 있다. 범패는 장단이 없는 단성 음율로서 재를 올릴때 쓰는 음악이기 때문에 서양의 그레고리안 성가와 비슷하게 생각하고 있다.

1962년 문화재 법이 만들어지고, 64년 이 법이 실천되면서 불교의 범패가 무형문화재 제50호로 지정 되었는데, 봉원사 박송암스님과 김포 문수사 벽응스님이 범패로서 지정을 받고, 전주 이재호스님이 작법무로서, 응암동 정순정스님이 도량장엄으로서 인간문화재로 지정이 되었다.

그런데 작법무와 도량장엄은 각각 한 분씩 지정이 되었는데, 범패는 두 사람이 지정된 것은 각기 그 소리가 다르기 때문이다. 송암스님의 소리는 경기체와 비슷하고, 벽응스님의 소리는 어산성을 많이 닮았다. 그래서 송암스님의 소리는 하늘로 날아가는 듯한 비천성이 중심이고, 벽응스님의 소리는 청산에 흐르는 물과 같아 조용 조용 어머니 자장가와 같았다.

벽응스님을 모시고 중곡동 불교정신문화원에서 교육을 시작한 것은 1980년대 초로 생각한다. 송암스님은 여러 대학 강의를 맡아 전혀 시간을 내기 어려웠으므로 김포에 계시는 벽응스님이 오셨는데, 한 번도 시간에 빠지는 일이 없었다.

도량석·종성·아침저녁 예불문으로부터 재·불공에 이르기까지 골고루 교육하셨는데 조용히 하지 아니하면 그 소리를 채보하기 힘들 정도로 자상한 음성을 가지고 있었다.

"스님, 어떻게 범패를 하셨습니까?"

"가난해서 먹고 살기 위해 배운 점도 있지만 워낙 소리가 좋았어. 가만히 듣고 있으면 어머니 자장가와 같거든. 그러니까 신라 때 월명스님이 도솔가를 불러 하늘에 나타난 두 해를 없애고, 장보고가 중국 적산원에서 신라 범패를 가지고 물에 빠져 죽은 영혼들을 구제 하였던 것이지."

"그러니까 범패에도 여러 가지가 있다는 말씀입니까?"

"암 그렇고말고. 인도에서 나온 인도풍 범패는 그대로 인도(印度) 혹은 인도(引導)라 하고, 중국에서 나온 것을 어산(魚山)이라 하며, 한국의 범패를 향풍(鄕風)이라 불러왔지."

"우리나라 범패는 신라 때 진감국사로부터 비롯된 것으로 아는데요."

"그렇지. 그 분이 중국에 들어가 배워 왔으므로 그분의 음성은 처음에는 당풍(唐風)이었을 거야. 그런데, 그것이 각 지역에 퍼지면서 전라도 소리, 경상도 소리, 서울 소리 등 각기 달라졌거든. 마치 아리랑이 정선아리랑이 있고, 전라·경상도 아리랑이 있듯이 말이야."

"그러면 그것을 어떻게 이해해야 하겠습니까?"

"아랫역 사람은 맵고 짜게 먹으니까 맵고 짠 소리가 나고, 윗역 사람은 싱겁고 달게 먹으니까 싱겁고 달게 나오지. 그래서 서울대학교 한만영교수는 범패는 단성이기 때문에 채보하기가 어렵다 하였는데, 그 분은 악보를 만들어 안채비, 바깥채비를 마음대로 할 수 있게 만들어 놓았거든."

스님의 음성은 참으로 유현청화(幽玄淸和)하고 장인굴곡(張引屈曲)하여 의젓하고 그윽했으며, 유장하고 심오하였다.

나는 이 소리를 듣기 위해 김포 문수암까지 여러 차례 간 일이 있다. 스님은 가정생활을 하고 있었으나 소생이 없어 아무라도 인연 있는 자식들을 데려다 길렀는데, 내가 갔을 때 여섯 명이나 되었다. 두 사람은 내가 주례를 서 주었는데, 미국에 까지 가서 성공하여 후배들을 잘 이끌어 주고 있다.

"나는 가난 속에 내 목구멍도 살기 어려웠으나, 마누라 덕분에 이렇게 여러 자식들을 길러 각기 자기 하고 싶은 대로 하다 보니 울타리도 되고 양념,

간장도 되고, 참으로 인생이 재미있어."

하고 껄껄 웃으시던 인상이 좀처럼 가셔지지 않는다. 깨끗한 모습에 인간의 연륜들이 주름살 가운데 나타나 얼굴에 주름살이 많은데도 보기 실치가 않다. 말씀도 조용조용, 행동도 조심조심, 땅을 밟으면 꺼질까, 물건도 만지면 부서질까, 그렇게 조심스럽게 인생을 살아 오셨다.

단지 송암스님처럼 범음회를 만들어 후배 양성을 못한 것을 한스럽게 생각하셨다.,

"제자복도 복이고 스승복도 복이야. 나는 박복하여 스승 노릇을 제대로 하지 못하니 제자조차 많지 않거든. 그래, 많으나 적으나 모두가 팔자소관으로 생각해서 마음 편안히 살지, 하하하하."

착어·청혼·유치·청사·종성·탄백·축원 소리가 40년이 지난 오늘에도 아직도 귀에 쟁쟁하다.

원차종성변법계(願此鍾聲遍法界)
철위유암실개명(鐵圍幽闇悉皆明)
심도이고파도산(三途離苦破刀山)
일체중생성정각(一切衆生成正覺)

38. 천연도인 성공스님

　성공스님은 승주군 송광면 장안 사람이다. 이려서 출가하여 송광사에서 사미·사집과를 보고, 해인사에 들어가 사교·대교를 본 뒤 선방에서 두 철을 나고 나이 70이 넘을 때까지 서울 한 번 와보지 않고 앉은 자리에서 일생을 보내신 분이다.

　새벽 3시에 일어나면 도량석·종성·예불하고 1시간 선을 하시고, 장엄염불을 이어서 하신 뒤 공양할 때까지 청소를 하셨다. 공양시간에는 언제나 죽비를 들고 치는데, 그 죽비가 자그마치 50년이 넘었다고 하였다.

　아침 공양이 끝나면 망태기 메고 산에 오른다. 출발하면서부터

　　"도는 눈앞에 있다 해도 보기 어렵다네.
　　참된 몸을 깨닫고자 하면
　　소리와 빛과 언어를 떠나지 말라.

　양나라 지공대사의 '대승찬'과 12시·14과 송을 외우고, 귀종화상·향엄스님·용아스님 시도 외운다.

　　"용아산 속의 용 한 마리
　　세간의 빛깔이 아니네.
　　재주 있는 사람이 열 두 번 그려도
　　그 용은 그리지 못한다네."

　그런데, 어느 결에 봄에는 봄나물이, 여름에는 여름 버섯이, 가을이면 가을 열매가, 겨울에는 겨울 이삭이 바구니에 가득 찬다. 이고, 지고, 들고, 허리가

휘도록 가지고 와서 합원 대중을 공양할 때는 입이 함박만큼 벌어진다.

"맛있지요. 산과 들이 우리를 이렇게 살 찌개 합니다. 살찐 고사리도 꺾으면 눈물을 주르르 흘리지만 도인들 입에 들어가기만 하면 모두가 성불할 것입니다."

새벽이면 청소하러 나왔다가 감 떨어진 것, 도토리, 밤 떨어진 것을 주서 모았다가, 한 겨울이 되면 굽고, 찌고, 묵을 만들어 상사당 선방, 문수전 대중들께 내 놓으면 누가 갔다 논 줄도 모르고 잘도 먹는다. 음력 시월 중추 때쯤 무르익은 다래를 따러 갔다가 옛날부터 보아두었던 벌통 밑에서 꿀 한 사발 받아오면 배 아프고 기침하는 사람에겐 둘도 없는 영약이 되었다.

하루는 비 오는 날 아침부터 점심때까지 초발심자경문으로부터 치문경훈을 읽고 점심 먹고 나서는 동안선사의 십현담, 부대사의 심왕명 등을 외우는데, 한 여인이 담벼락에 기대여 한 없이 눈물을 흘리고 있다가 통곡하였다.

"거 누구요. 왜 남의 절 문 앞에서 울고 있소?"

"알 수 없습니다. 스님 독경소리를 들으니 왜 이리 눈물이 날까요."

"전생에 같이 공부하던 친구가 술독에 빠져 헛세월 보내고 나니 원통해서 울지."

"제가 어떻게 술집에서 일하고 있는 것을 아십니까?"

"전생에 많이 얻어먹었으니 갚지 않고 되겠는가!"

이 소리를 들은 여인이 갑자기 승찬대사의 신심명을 줄줄줄 외웠다.

"지극한 도는 어렵지 않은데
고르는 것이 병이네.
미워하고 좋아하는 생각만 없으면
훤히 밝아질 것인데."

"언제 누구에게 배웠습니까?"

"스님을 뵈오니 저절로 입에서 쏟아집니다.

그는 광주 금남로 1번지에서 엄청나게 큰 요정을 하던 마담인데 하루 아침에 발심하여 출가득도 하였다.

특히 스님께서 좋아하는 증도가는 하도 들어서 잊혀 지지 않는다.

> "그대는 보지 못하는가.
> 배움이 끝난 한가한 도인은
> 망상을 없애려 하지도 않고
> 참을 구하지도 않는 것을……"

무슨 책이 되었든지 한 번 보면 읽고, 두 번 보면 이해하고, 세 번 보면 외운다. 문장이 길고 짧음에 관계가 없다.

너마지기 논을 은사스님께 받아 일년이면 쌀 세가마를 자기 몫으로 내놓고, 혹 풍년이 들어 남게 되면 대중공양을 하는데, 자기 생일도 잊어버리고 사는 사람이 절안의 노스님들, 회갑, 칠순 잔치를 해드린다. 도토리 메밀묵을 섬섬옥수로 작만하고, 찹쌀로 떡을 쪄 부처님께 올리면 뭉개 뭉개 솟아오르는 김을 보고 누구나 침을 흘리지 않는 사람이 없다.
"많이 들 잡수세요, 죽기 전에. 못 먹고 죽으면 영혼도 불쌍하게 됩니다."
찹쌀떡에 천연벌꿀을 찍어 실날처럼 늘어지는 꿀방울을 무명지로 칭칭감아 이빠진 스님들 입에 넣어주시며 콧노래를 부른다.

> "잡수세요. 잡수세요.
> 더 늙기 전에 잡수세요.
> 이빨 빠지면 못 먹으니
> 성했을 때 잡수세요."

39. 선암사 강사 조종현 대화상

철운 조종현대화상은 전남 고흥 출신이다. 1906년 부처님 출가재일에 태어나서 17세에 승주 선암사 금봉스님께 출가하였다. 쌍계사 재봉스님께 법맥을 계승하고 선암사 경운노사에게 강맥을 계승하였다.

스님께 강의를 받다보면 18세에 경운스님에게 사미과·사집과를 배운 이야기며, 19세 송광사 금명스님께 기신론을 배우던 이야기며, 21세 범어사에서 진진응스님께 사교과를 완수하고, 22세 때 통도사 해련스님께 화엄경을 보고, 23세 때 서울 개운사 박한영스님께 대교과를 이수한 이야기가 한 없이 쏟아진다. 특히 순창 구암사 박한영스님과 지리산 화엄사 진진응스님, 하동 쌍계사 제봉스님께 법맥을 계승한 이야기는 25-6도의 냉방 속에서도 화기가 충천한다.

우리는 여덟 명이 상봉동 묘법사에서 2년 8개월 동안 선문염송을 들으면서 까마득이 세월을 잊고 있었다. 그 뒤 청량리에서 토요강좌를 하다가 종로에 포교사 전문대학을 만들어 안덕암스님을 학장으로 모시고 공부를 가르친 내력을 생각하면 아슬아슬하다.

"한법사, 자는거여. 내일 일을 어떻게 하고…"

전화가 와서 시간을 보면 새벽 한시다.

"내일은 무슨 내일 입니까. 자정이 넘었는데요."

"나는 한국불교가 찌들어가는 모습을 보다가 한 가닥 빛을 본 뒤로는 잠이 오지 않네. 난 자네를 믿고 있어. 돈은 없지만 큰일을 해 낼 수 있다고 생각하네."

"감사합니다. 어서 주무십시오. 옥체를 보존하여 오래오래 증명해 주셔야 저희들이 일을 할 수 있습니다."

이렇게 약 8년을 지속하다가 84세 때 대한불교 관음종 종정에 취임하면서 조용해졌다. 종단에 일거리가 많아진 까닭이요. 총무원장 홍파스님이 너무너무 세밀하여 모든 일을 조밀하게 잘 처리하기 때문이다.

그런데 종정에 취임하신지 얼마 되지 않아 경희대학 병원에서 전화가 왔다.

"사람이 늙으면 기운이 없어져 걸음도 제대로 걷지 못하고, 말도 잘 나오지 않게 되어 있는데, 나를 병들었다고 이렇게 병원에 입원시켜. 오늘이 꼭 보름이 되었네, 내가 갈 길은 내가 알아서 할 일인데 가족들이 이렇게 걱정하고 있으니 내가 자네들을 오라고 한 것은 마지막 묻고 싶은 말이 있어 오라고 하였어. 내가 죽고나면 아무래도 장사를 치루워야 할 것인데, 일 끝난 뒤 서로 장사를 치루겠다 하면 곤란하게 될 것 아닌가!"

그러니까 홍파스님이 말씀하였다.

"저희 종단의 종정스님이시니 저희 절로 가서 열반을 하셔야 합니다."

한 아들이 있다 말씀하셨다.

"우리 8남매는 아버지가 스님이기 때문에 한 번도 가족이 다 모여 가족 행사를 치루워 본 일이 없습니다. 그러니 일생에 단 한번만이라도 가족장을 치르게 해주십시오."

그래서 내가 말했다.

"그렇다면 임종은 집에 가서 하시고, 49재는 관음종에서 하시고, 저는 상락향에다가 조그마한 비석을 하나 세워 추모재를 올리도록 하겠습니다."

"좋아. 좋아. 그렇다면 당장 집으로 가자."

그리하여 1990년 8월 30일 85세를 일기로 세상을 떠나셨다. 세상 사람들은 시조시인협회 원로가 돌아가셨다하고, 각 학교와 종단에서는 우리 학교 선생님, 강사, 원장님이 돌아가셨다 하였다. 왜냐하면 24세에 개운사 불교대학을 나온 이후로는 동화사 강사, 마곡사·선암사 강사를 지내셨고, 44세 때부터 발표된 동요와 시가 조선·동아·중앙일보 등에 발표되어 많은 사람의 펜을 가진 시조시인이 되고, 세계 팬클럽 한국위원이 되어 자유문학지와 공보부에서 주는 신인문학상을 받았기 때문이다. 그 뒤에도 스님은 한국문인협회이사, 외솔회원, 시조작가협회, 동국문학회고문을 지내면서 시조문학지를 창간하여 이상범·조오현·김진동 등 16명의 일선작가를 길러냈기 때문이다.

스님은 교육자로서 사찰교육만 담당한 것이 아니다. 32세에 일본 동경 고마자와 대학을 나와 벌교 중·고등학교, 광주 서중·일고·보성중학·우석 중고등학교 교장, 동방불교대학 강사, 불교통신대학 대학원장을 역임하시면서 많은 인재를 길러냈다.

66세부터 불입종 교정원장을 두 차례나 지내시고, 68세에는 원주 불심원 원장, 77세에 포교협회 회장, 총화종 종정을 지내셨다. 나는 지금도 96세된 사모님과 함께 "자정의 지구", "의상대사 해돋이", "거 누가 날 찾아", "나그네의 길"을 읽으며 선문염송 강의를 되새겨 본다.

"불법의 큰바다에 들어오면 이 세상의 미천한 사람도 대해일포구(大海一泡漚)다. 아무리 훌륭한 천재와 과학자도 지해종사(知解宗師)가 되고 마니, 기는 놈 위에 나는 놈 있고, 나는 놈 위에 타는 놈 있다는 것을 깨달아야 한다."

하신 말씀 잊혀지지 않는다.

40. 효성 조명기박사

조명기 박사님은 동국대학교 총장이다. 통도사 출신으로 일찍이 일본에 유학하여 정토진종의 수학을 하고, 얼굴빛이 노르스름하여 부처님과 비슷했다. 키는 조금 작아도 몸이 부대하여 누구도 함부로 대할 수 없이 근엄한 인상을 가지고 있다.

"내가 일본에 있을 때 일본 사람들이 나무아미타불을 수 없이 부르는데, 처음에는 각기 사람의 얼굴을 가지고 있더니 30분, 40분, 1시간, 2시간이 되니 모두가 아미타불이 되는 것을 보았습니다."

이 말씀은 총장님 얼굴이 '어떻게 하여 그렇게 빛나게 되었습니까?'에 대한 답변이다. 어려서는 호박같이 생겨 '물수통'이란 별명을 가졌고, 절에 와서는 행동이 워낙 느려 '굼벵이'라는 별명을 가졌다 한다.

그런데 일본에 들어가서 일본 사람들 하는 것을 보니 빨리 빨리 하면서도 천천히 그 일을 정확히 하여 이론과 실제가 꼭 맞게 하므로써 집 한 채를 지어놓으면 백년도 가고 천년도 가게 하였다.

선생님께서는 학생들을 바로 보고 강의를 하는 법이 없다. 학생들이 쳐다보는 것이 부끄러워서가 아니라 부처와 부처가 서로 마주보면 두 눈 사이에서 불이 날까 두려워서 그러신다 하였다.

"고려 태조가 전장에 갔다 오다가 '이렇게 계속해서 전쟁만 하다가는 나라 꼴이 될 수 있겠느냐. 차라리 임금님을 없애 버리고 내가 그 자리에 앉을까' 하고 있는데 임금님이 하시는 말씀이, '내가 네 마음을 훤히 다 안다' 하니, '나는 꼭 죽었구나'하고 집에 돌아와 누워 있으니 한씨 부인이 '이왕에 죽을 바에야 궁중에 들어가서 죽지 왜 집에서 죽으려 합니까?' 하며 불끈 들어 마당에다 내 동댕이 쳤습니다. 그때 왕건 태조는 크게 아팠을 꺼야"

하고 칠판을 바라보고 5분 10분 그 아픈 시늉을 하여 박장대소를 한 일도 있다.

일생을 실천불교에 대해서 연구하고, 고려사·사찰 사료에 대한 관심이 많았는데, 열반 후에 "한국불교사학 대사전"이 나와 많은 사람들에게 좋은 자료를 제공하게 되었다. 백성욱박사님이 총장님으로 계실 때 2학년 학생들이 금강경 특강을 김포광박사님께 듣자 하여 할 달에 쌀 한 가마씩을 주고 강의를 듣기로 하였다. 그런데 강의를 마치고 나서 학생들에게 받은 쌀 한 가마니는 예외로 치고 부총장님께 강의료를 청구하자, 총장님이 이를 아시고 학생들 앞에서 종아리를 걷게 하고 매를 때렸다. 그런데도 박사님은 눈 한번 찡그리지 않고 열대의 매를 다 맞았다.

사실 김포광박사님은 그 일로 인해 대학원 강의를 한 달에 두 번씩 하고 용돈을 타서 쓰게 되었으니 어쩌면 전화위복이 된 일이라고도 생각된다. 생각하면 학생들이 학교 밖의 강사나 교수들께 강의를 받으려 할 때는 반듯이 학교에 알려야 하고, 또 그만한 준비도 하여야 하는 것인데, 강의들을 생각만 하고 그냥 모셔 가실 때나 오실 때 차비며, 끝나고 난 뒤의 공양 때문에 여간 고생을 한 것이 아니다.

대학 1학년 때는 불교문화를 강의하였고, 2학년 때는 신라불교를 듣게 되었는데, 시간이 바빠 못나오시게 되면 미리 알려 학생들끼리 공부할 수 있는 분위기를 만들어 주었다. 특히 지방학생들에 대해 관심이 많아 가정이 어려운 사람들에게 아르바이트 할 곳을 소개해 주고 학자금이 부족할 때는 보태 주기도 하였으며, 역사를 공부하는 사람들에게는 본인이 재직하고 있는 연구소에 나오라하여 일거리를 제공해 주기도 하였다.

"불교는 불타의 완전한 깨달음을 바탕으로 한 종교이므로 여러분도 자기 체험을 통하여 교주의 마음을 이해할 필요가 있습니다. 종교의 장이 세상 밖에 존재하는 것이 아니라 역사 속에 첨부된 진정한 깨달음이기 때문입니다."

백성욱 총장님은 누구에게나 반말이다. 기산 임석진스님을 빼놓고는 나이
가 많던지 작든지 논하지 않는다. 그런데 효성 조명기박사님은 누구에게나
존대 말을 쓴다. 집에 가서도 사모님께, "예, 그렇습니다. 감사합니다" 하며,
한 번도 하대 말을 쓰는 것을 보지 못했다.

타당성을 초월한 타당성을 체험하게 하는데, 가능한 한 말을 아끼시고, 행
으로 보이셨다. 진실로 실천적인 불교학자였다.

지금도 "불교문화"와 "고려대각국사와 천태사상", "한국불교사학 대사전"
을 보면 얼마나 말을 아끼고 행을 소중히 여겼던 가를 알 수 있다. 박사님께
서 일생을 두고 소중이 모셔왔던 불교문화재 "방형대좌 금동미륵보살반가상"
이나 설총의 "관경변상도" 등을 보면 선생님을 친히 뵈온 듯 반갑다.

41. 송광사 회주 임취봉스님

취봉스님은 나의 계사이다. 효봉스님을 뵙고 송광사로 돌아와 그 해 음력 5월 초 8일부터 시작하여 사미율의와 초발심자경문을 추강스님께 배우고, 치문경훈을 학담스님에게 배우고 나니 8월초가 되었다. 추강스님께서 노스님 기일이 8월 13일이라 이날 계를 받는 것이 좋겠다하여 취봉스님께 계를 받았다.

"나는 일찍이(1912. 15세) 쌍계사에 입산하여 19세에 송광사 남호스님을 은사로 사미계를 받고, 이듬 해 호은스님께 비구계·보살계를 받았으나, 39년 일본에 유학하고 벌교 송명학교, 송광사 강사를 지냈으니 출가 후 외도를 많이 하여 남의 스승될 자격이 없다. 그러나 초연(나의 최초 불명)은 들어오자마자 선방에 자리를 정하여 나와 석 달 동안 같이 지내면서 아침저녁으로 시봉도 하고, 선도 같이 익히고, 수심결·정혜결사문도 배웠으니 나를 본받지 말고 보조국사 같은 분들을 본받아 공부하기 바란다."

하고 5계와 10계를 주셨다.

스님은 종종 과거를 회상하면서 좋은 시절을 찬탄하셨다.

"일본 임제대학에 들어가서도 그렇고, 보명학교 교사나 송광사 강사가 되어 남을 가르치는 것도 재미있었지만, 그래도 덕숭산 정혜사 만공스님 회상과 통영 도솔암 효봉스님회상에서 한철 난 것이 나에게는 가장 보람있는 것 같이 느껴진다. 그러니 교학공부를 하게 되면 자못 학자로 빠질 염려가 있으니, 스스로 사교입선하여 도를 통하는 사람이 되어야 할 것이다."

지금도 이 말씀은 나의 귀감이 되고 있다. 스님은 1949년부터 70년까지 세 차례나 송광사 주지가 되었지만 가람 수호와 대중외호에 전력을 다 했으며, 여순반란사건때 소실된 송광사를 복구하는데 거의 생을 바쳤다. 순천, 여수, 벌교, 관양, 고흥, 녹동, 광주, 목포 할 것 없이 전라도 일대를 돌아다니면서 천일기도 회원을 모집하였는데, 여름 가을로 기도재자 한 사람당 쌀 한 되, 보리 한 되, 돈 백원씩을 거두었다. 그 숫자가 자그만치 일만명이 넘었으나 아침저녁으로 합원대중이 그 명단을 다 읽도록 하여 거기서 익혀진 습관이 어디 가든지 불공축원하는데 걸림이 없게 되었다.

앉으실 때는 언제나 손바닥으로 자리를 한 번 싹 쓸어 점검해 보고 몬지가 있으면 반듯이 쓸고 닦고 앉는다. 속이 훤히 비치는 검정 장삼에 밤색 가사를 하고, 몸은 파리하여 바람이 불면 날아갈 것 같다. 늘 손발이 저려 주무르고 약을 드셨는데 약은 골담초, 익모초 같은 것으로 만든 환약이었다. 상좌는 낙수 초등학교 교장선생님으로 계신 분이 한 분 있었고, 뒤에 출가한 분들이 두 세분 있었으나 시봉 받기를 좋아 하지 않으셨다.

이렇게 저렇게 하여 대웅전·설법전·명부전·응향각·종각·차안당 등 10여동의 사찰을 복구하고, 또 기성 사찰들을 중수 중건하면서도,

"절은 짓는데 목적이 있는 것이 아니고, 인재를 양성하고자 절을 짓는 것이니 우리 총림을 만들어 선방·강원·염불당을 함께 운영하자."

말씀 하시니,

"누가 이 일을 감당합니까?"

물었다.

"모든 것은 전문인이 해야 하니, 선방은 효봉스님 상좌 구산스님을 모셔 맡기고, 강원은 이름있는 학자들을 초청하고, 우리 힘없고 갈 날이 얼마 남지 않은 분들은 염불당에서 염불하면 되지 않겠오."

"옳은 말씀이나 권속을 거느린 대처스님들은 어찌 합니까?"

"전혀 근거도 없는 속인들도 세상을 살고 있는데, 그래도 절에서 글 배우고 큰 살림 한 것도 굿은 보았으니 각기 능력 따라 절일을 볼 사람은 절 일을 보고, 속가에 나아가 전법에 종사할 사람은 사업을 하는 것이 좋지 않겠오."

"전혀 근거가 없는 사람은 어떻게 합니까?"

"사찰 불량답이 작지 않으니 그것을 나누어 지어 먹으면 되지 않겠오. 그렇다고 절에서 아주 나가라는 말은 아니오. 단지 절에 있거나 세속에 나가거나 중 모습을 버리지 않고 중 행위를 달리하지 않는 것이 중요합니다."

이렇게 해서 조계 총림이 이루어졌고, 마침내 노쇠해져서는 도성당에 간병소가 만들어져 먼저 있던 성공스님이나 계룡스님이 편안하게 임종할 수 있도록 해 주셨다.

스님은 1983년 5월경 본인이 쓰시던 물건을 하나도 남김없이 나누어주고, 7월달에는 낙수 교장선생님께 부탁하여 관까지 만들어 놓은 뒤 각 법당에 다니면서 낱낱이 고별인사를 하고, 8월 6일 세수 86, 법랍 71세로 입적하시니, 합원대중이 모두 고개 숙여 전송하였다.

자광조처연화출(慈光照處蓮華出)
혜안관시지옥공(慧眼觀時地獄空)
우항대비신주력(又況大悲神呪力)
중생성불찰나중(衆生成佛刹那中)

42. 조계총림 방장 구산스님

구산스님은 효봉스님의 큰상좌로, 별명이 "이뭣고" 스님이다. 56년 쌍계사에서 효봉스님을 뵙고나서 송광사에 돌아오니 취봉스님께 구산스님에 대해 자세한 이야기를 들려 주었다.

"1909년 남원 출신으로 스물일곱 살에 우연히 병을 얻어 고생하던 중, 한 거사를 만나 자성에는 병이 없는데, 어느 곳에 병이 붙어 있는가 한번 생각해 보라는 법문을 듣고 감동되어 지이산 영원사에 들어가 천수기도 10만독을 하고 병이 깨끗하게 나았다."

29세에 출가하여 30세에 송광사 삼일암에서 효봉스님께 계를 받고, 통도사 금강계단에서 비구계를 받은 뒤 백연암에서 한 철을 나고 청남사·수도암·정각토굴에서 정진하였다. 46년 가야총림에서 도감을 보고, 법왕대에서 한 소식을 얻고 상단법문을 하였다.

> "한 소리가 3천대천세계를 깨우다 삼켜버리니
> 홀로 저놈이 9시를 알리는 구나
> 시계소리 부처님 말씀인데
> 편편한 금목(金木)이 부처님 몸 아니리"

이렇게 여러 번 깨달은 소식으로 서론을 쓰고 다음에 꽤 많은 소식으로 결론을 내렸다.

> 천강에 달이 뜨니 파도가 그대로 달이고
> 하늘이 만물을 갈무리고 있는데 나는 하늘을 갈무리고 있네.
> 일체의 이름과 모양에 원리가 구족해 있으니
> 장엄법계가 그대로 진언이로다

54년 정화운동에 참여하여 500여자 혈서를 써 유명하였다. 그래서 55년에는 전남 종무원장이 되고, 57년에는 광양 백운사를 중건하고, 62년에는 대구 동화사 주지를 하였다. 그러니 송광사 방장이 되더라도 아무런 손색이 없다. 그러나 대처스님들이 별로 좋아하지 않아 취봉스님께서 한번 더 주지직을 맡아 양쪽을 화해시키는 것이 좋겠다 하여 은사 효봉스님의 위촉을 받아 69년 비로소 송광사 초대 방장으로 추대되었다.

항상 웃고 사람들을 따뜻하게 대하기 때문에 스님이 계신 방을 "미소실(微笑室)"이라 하였다. 특히 서양사람들이 좋아하여 송광사에 국제선원을 개원하고 많은 사람들을 수용하였다. 70년대부터는 7바라밀 법문도 하여 외국어로까지 번역, 세계 각국에 널리 알리어졌다.

① 월요일은 보시하는 날
② 화요일은 계를 지키는 날
③ 수요일은 인욕하는 날
④ 목요일은 정진하는 날
⑤ 금요일은 선을 닦는 날
⑥ 토요일은 경전 보는 날
⑦ 일요일은 불사하는 날로 정했는데 뒤에 약간씩 달라진 점도 있다.

필자와는 세 번째 도미했을 때 미국에서 만나 뵈었으며, 한국에 오니 법연화보살님께서 구산스님께 머리 깎는다는 소문이 파다하였다. 원래 법연화는 국제극장을 운영하다가 청담스님 상좌들에게 맡겼는데 한 스님이 깡패들에게 희생당하고, 한 스님은 환속하니 매우 죄스럽게 생각하고 있었다. 청정비구가 자기 때문에 희생 되게 아닌가 생각하여서 말이다. 그런데 뜻밖에 구산스님을 만나 모든 것을 훌훌 털어버리고 마지막 가지고 있던 집 한 체까지도 구산스님께 바쳐 송광사 포교당을 만들게 되었으니 참으로 인연이란 불가사의한 것이다.

69년부터 발족된 불일회가 전국 대도시마다 결성되어 송광사 삼월불사에 불을 붙이니 73년 국제선원이 개원되고, 조계총림 서울분원 법연사가 완성되었다. 국제선원에서 공부를 마친 외국승려들이 제네바에 불승사를 세우고, 미국 카멜에 대각사를 세우니 명자그대로 스님의 법력은 지구촌의 반 이상을 차지하게 되었다.

이렇게 송광사에서 목우(牧牛)의 가풍을 일으킨 구산스님은 83년 75세로 출가삭발했던 삼일암에서 시적하시니 물속에 뜬 달이 파도마다 달빛이 된 격이다.

43. 영산법화사 법화스님

새벽 3시 어디선가 목탁소리가 들려온다. 천천히 진해항 일대를 돌아 묘법사 까지 돌아가면 아침 5시가 된다. 한번은 나도 모르는 사이에 뒤를 따랐다. 묘법사에 이르러 아침 정근을 하고, 함께 공양을 하자고 하여 일본식 탁자위에서 공기밥을 먹었다.

"나는 1912년 경기도 시흥서 태어났오. 39세에 불법을 알아 수천권의 책을 읽고 법화경만이 세상을 구하는 약방문으로 알고 포교행각을 나섰오. 1947년은 참으로 어려웠던 시절이었기 때문에 고아들이 많았습니다. 그래서 부천에 고아원을 설립하여 운영하다가 52년 창원 성주사 고암스님께 계를 받고, 57년 "만법만년 색심불이 관심본존"의 대만다라를 기본하여 시행하고 있습니다. 장차 서울로 올라갈 생각을 하고 우이동에 조그마한 땅을 하나 구해놓았으니 서울서 만납시다."

나는 아직 어린 나이였는데, 말을 낮추시라하면 꼬박꼬박 존대 말을 써 송구스럽게 생각하였다. 나는 당시 형님께서 해군 군의관으로 계셨기 때문에 그곳에 내려갔다가 만나 뵙게 된 것이다. 일본식 장삼에 낙자를 두르고 계셨는데, 기상이 매우 진취적이고 긍정적이라 호감을 가지게 되었다.

그 뒤 서울 명륜동 영산법화사 출판부를 내고 "반야심경 강의", "법화 삼부경", "일연대사 유문집", "묘법 연화경", "어린이 동화집"을 내어 포교하였기 때문에 자주 뵙고 법문을 들었다. 우리나라 불교포교에는 선구적인 역할을 하신 분이다.

서울에 올라와서는 나라를 위해 아침정근을 경무대와 혜화동에 있는 대통령 별관을 중심으로 돌았기 때문에 처음에는 통행금지시간이라 금지하였는데, 이대통령께서 특별이 풀어주어 3년 동안 하루 아침도 빠지 않고 도량석을 하였다. 나도 이 스님의 영향으로 "법화 3부경"을 번역하였는데, 학인들이 말하기를 "법화스님은 일본말을 번역한 것 같기 때문에 우리말 한문투로 해 주었으면 좋겠다"하여 번역했지만 먼저 번역하신 어른께는 매우 송구스러운 생각이 들었다.

법화경을 번역하고 나니 "법화경 계환소"에 대하여 공부하겠다는 사람들이 있어서 그로 인해 "법화경 강의"본을 내게 된 것이다. 우리들은 통불교적인 입장에서 공부를 하기 때문에 "묘법연화경"을 법신의 상징으로 이해하기보다는 하나의 경전으로 생각하고 있는데, 법화스님께서는 바로 그것이 "진불·진법·진승"으로 이해하기 때문에 제목봉창을 통해 깨달음을 이끌어 내고 있었다.

일본에서는 일찍이 일연스님이 "화중생연(火中生蓮)"하여 일본이 사는 길은 오직 묘법연화경을 읽고 실천하는데 있다고 하였는데, 일본이 지진이 많이 일어나고 전쟁을 통해 많은 앙화(殃禍)를 겪었기 때문이다.

옛날 부처님 당시는 지혜가 본위가 되어 옳고 그름을 판단하고 선정과 계행을 통해 사회윤리를 형성해 갔는데, 장차 상법(像法)이 이루어지면서 중생들이 여러 가지 상에 빠져 혼돈을 일으키므로 차라리 상을 만들지 않는 것이 좋다고 하여 법화경 계통에서는 본문 본불을 위패로 만들어 모시고 대부분이 제목봉창을 주로 하고 있었다.

생각해 보면 성문 연각이 독선기신하고 보살불교가 세계구제를 목적하지만 일인일기(一人一技)만 가지고는 거의 불가능한 사회가 되었으므로 만인공기(萬人公器)를 가지고 만인이 보는 가운데서 참회하고 칭찬하며, 사회사업을 더불어 할 수 있는 방법을 생각하다보니 이러한 염불 참선법이 조직적으로 발달하게 된 것이 아닌가 생각된다. 어떻든 한국 불교에 있어서 노천포교는 원효대사 이후 이 법화스님의 목탁석이 으뜸이 되지 아니 했는가 생각한다.

이대통령께서 혜화동 별장에 나오셨다가 이 소리를 듣고 불러 물었다.

"누구를 위해 이렇게 새벽같이 예불 하십니까?"
"세계와 중생을 위하되 우선 나라와 백성을 위해서 기도하고 있습니다."
"장합니다. 찬 공기에 감기 들까 걱정되니 이곳에 오시거든 언제나
따끈한 차 한잔 드시고 가십시오."
하여 한때는 경무대에서 차공양을 받기도 하였다.

법화스님께 가장 큰 영향을 주신 분은 일본 일연종 스님이다. 이분은 일생
동안 세계평화와 인류구제를 위해서 정진하셨다. 인도에 가서는 영축산에 절
이 없는 것을 보고 10년 동안 기도하여 간디수상을 만나 법화사 세계평화탑
을 지은 유명한 스님이다.

아금신해선근력(我今信解善根力)
급여법계연기력(及與法界緣起力)
불법승보가지력(佛法僧寶加持力)
소수선사원원만(所修善事願圓滿)

44. 인간문화재 이만봉스님

만봉스님을 처음 뵙게 된 것은 신촌 봉원사에서다. 법사 임석진스님이 만봉스님댁에서 하숙하고 계셨기 때문이다. 과년한 따님이 시집도 가지 않고 아버지와 스님을 시공하고 있었는데, 너무나 인상이 특이하고 웃음이 호걸스러워 잘 잊혀지지 않는다. 키가 훨씬 크고 녹라의상에 홍가사를 입고 높은 곳에 서서 아래를 내려다보고 있으면 틀림없이 16나한 가운데 한 분으로 보인다. 세치 눈썹이 좌우로 길게 뻗어 내리고 이마가 툭 튀어나왔으며, 귀 뒤에 큰 혹이 달려 매우 인상적이다.

"우리 어머니가 나를 이렇게 나 놓아 내가 인간문화재가 된 것이야."
하고 껄껄 웃으시면 좌중이 모두 박장대소를 한다. 40년 동안 거의 다달이 뵈웠지만 한 번도 화내는 것을 보지 못했다.
"정섭이는 복인이야. 어떻게 하룻 저녁사이에 그렇게 뵙기도 어려운 큰스님의 제자가 되느냐 말이야. 10년 20년이 되어도 안되는 사람이 있는데. 나는 자네를 큰스님의 전생 자식으로 생각하니 잘 모시게."
항상 다독거려 주시며 격려해 주셨다.

1909년 서울에서 3대독자로 태어나 명화원 김예원스님에게 득도하였다. 집에 있으면 명이 짧아 일찍 죽게 된다고 하여 출가하였다고 한다. 17세에 불교강원을 나와 2년 동안 보살상 1000장, 불상 1000장을 그려 금어(金魚)가 되었는데, 일 꺼리가 단청보다는 불화가 많아 단청장으로 인간문화재가 되었으나, 두 가지를 겸하고 있었다. 단청은 아버지 이윤식씨로부터 물려 받았다고 한다. 그리하여 공주 마곡사, 서울 경국사, 도선사, 봉은사, 천축사, 보문사, 남한산성, 경회루, 경복궁, 보신각, 봉원사와 금강산 표충사, 양주 회암사, 승주 선암사 등 전국 유명 사찰과 중요 문화재를 단청하고, 월남 평화사까지도 단청하였다.

명산 각처에 있는 괘불과 후불탱화, 신중탱화도 많이 그렸다. 특히 백련사, 봉원사, 안정사 등에 모신 104위 신장은 독특한 작품이다. 모습은 위엄스럽고 항마적(降魔的)이어야 하기 때문에 뒤틀린 청룡과 번쩍이는 칼을 들게 하여야 하므로 서로 다른 점이 있다고 한다. 30여년전 홍창원 전수자의 결혼식 주례를 서게 되었는데, 스님이 정신적인 아버지로서 친아버지 보다 더 깍듯한 마음으로 손님들을 모셨다. 나중에 들으니 인식·우일과 외국인 부라이언 베리에 대해서도 그렇게 가르쳐 전수자가 되게 하였다 한다.

스님은 일본, 동남아, 미국, 유럽 등 세계 각국에서 전시회를 가져, 유네스코에서까지도 초청한바 있다. 20여년전 봉천동 구암사에 가니 어떤 보살님이 놓아 자제분을 데리고 와 앞길을 걱정함으로, "무슨 재주가 있느냐?" 물으니, "그림을 잘 그립니다" 하여 스님에게 데리고 갔더니

"네가 내 시봉을 10년 동안 할 수 있겠느냐?"

하시며 받아주었다. 이튿날부터 청소하고, 차 달이고, 화필 색상 심부름을 하다가 들어 온지 1년이 되어서야 비로소 금 긋기를 시켰다.

"어떻게 사람이 될 것 같습니까?"

"사람노릇 시키기 위해 1년동안 시봉을 시켰는데, 다른 시봉이 들어 왔는데도 내 시봉은 그 애가 하고 있어. 참으로 한 자세로 앉아 금 긋기가 쉽지 않는데, 이놈은 한번 앉으면 5000번씩 문제없이 해 내거든. 10년만 이런 식으로 가면 사람 뿐아니라 금어도 될 것일세."

스님의 교육정신은 화가가 되는 것도 중요하지만 먼저 사람이 되어야 한다는 것이다. 자고 나면 남에게 신경 쓰지 않게 옷 갈아입고, 방 청소하고, 밥 차려 먹고, 직장에 나가 자기 자리에 앉아 자기 할 일 잘 하는 사람, 직장에 나가서도 선후배를 잘 알아 마음을 거슬리지 않고 전후·좌우·상하에 자기 자리를 잘 키기는 사람, 이런 사람을 최고의 인격자라 생각한다. 선을 하는 사람은 좌선으로서 행업을 삼고, 염불하는 사람은 염불로서 업을 삼듯이 스님은 그림 그리고, 단청하는 것을 한 가지 수행방법으로 생각하기 때문

에 단청과 불상·탱화 그 자체가 생불로 이해된 다고 하였다.

　스님의 자제분 가운데는 3남매가 있는데, 큰 자제분은 미국 LA대학에 교환교수로 가서 용운사라는 절을 지어 포교하고 있고, 둘째는 금어가 되어 스님의 정신을 계승하고 있으며, 따님은 결혼하지 않고 평신도 수행자로서 화실에 들어와 공부하는 사람들의 뒷바라지를 하고 있다. 98세의 고령에 이르기까지 안경을 쓰지 않고 세필로 그림을 그리시던 모습이 지금도 눈에 선하다.

　　"부처님은 복인이야.
　　부처님은 복인이어.
　　그분의 그림 속에
　　천년만년
　　시주의 이름까지 따라가고 있으니 말이야"

　하시던 말씀. 이것이 예술의 생명이다. 사람은 갔으나 그 이름과 작품은 영원히 남아 사람의 마음을 깨닫게 하고 있으니 말이다.

45. 청정비구 청담대선사

청담대선사는 진주사람이다. 1962년 서울대학교 강당에서 종교포럼이 있었는데, 그때 강사로 초청된 분들이 청담스님, 박종홍, 서정주, 이기영박사 등 네 분이었다. 한 분이 40분씩 2시간 40분 동안 강연하고, 질문을 각기 20분 받기로 하여 오후 여섯시에 끝나게 되어 있었다. 맨 처음 올라 간 청담스님께서 네 시간 동안을 통째로 다 하셨다.

"나는 1902년 진주에서 태어났다. 어려서 할아버지 밑에서 한문을 배우다가 17세에 진주고보에 들어가 3·1운동에 앞장섰다가 일경에 체포되어 옥고를 치르기도 하였다. 진주농고 재학 중 여름방학 때 근교 호국사에 놀러 갔다가 포명노사를 만나 불교이야기를 듣고 해인사, 백양사 등으로 용성큰스님을 쫓아 다녔지만 만나뵙지 못하고 23세에 진주농고를 졸업하고 26세에사 일본을 다녀와서 고성 옥천사 규영스님께 출가하였다."

여기까지가 거의 한 시간 걸렸다. 주최 측에서 쪽지를 보내 '시간이 넘었다'고 알려 주었지만 아무 생각 없이 이야기는 계속되었다.

"그해 시월 서울 개운사에 올라와서 50여명의 청년 스님들과 전국학인대회를 결성하고 일본의 종교정책을 비난하였다. 1930년부터 개운사 강원에서 박한영스님께 대교과를 수료하고 금강산 유점사·상원사·해인사 등에서 7년간 청정한 계율을 지키며 인욕행을 닦았다."

여기까지가 또 한 시간이다. 이렇게 이야기를 하는 사이에 자기 시간이 넘어간 박종홍 박사님께서는 그만 돌아가시고 청중들도 3분의 1정도는 빠져나갔다. 주관자 이기영박사님이 뛰어다니며 몇 번인가 말씀 드렸지만 소용이 없었다.

"1937년 내 나이 36세시 운허스님과 선학원에서 유교(遺敎)법회를 열려하니

31본산주지들이 적극적으로 반대하고 종로경찰서에서도 '하지 말라' 협박했으나 끝까지 굴하지 않고 10일 동안 계속하니, 만공·동산스님 등이 도와주어 성황리에 마쳤다. 8·15 해방 후에는 교단의 재건과 불법의 중흥을 위해서 신념을 가지고 고성 문수암, 합천 해인사 등에서 대중들을 교화하고, 도제 양성에 심혈을 기우렸다. 53년 만암스님이 종명을 조계종으로 고치고, 교화승과 수행승으로 구분하여 점진적으로 정화를 시도하자 효봉스님과 함께 선학원에서 제1차 수좌대회를 열어 대처승을 정화할 것을 주장하였다."

여기까지가 세 시간 걸렸다.

그 후 1955년 조계종 초대 총무원장이 되고, 56년 제4차 세계불교도대회에 참석차 네팔에 다녀온 이야기, 중앙종회의장이 되었다가 합천 해인사 주지가 되고, 58년과 61년 태국과 캄보디아에서 열린 세계불교도우의회에 참석했던 이야기를 하자 청중들은 모두 나가 버리고 오직 한 사람만 남이 있었다. 천정만 처다보며 이야기 하다가 내려다보니 한사람이 남이 있는 것을 보고 물었다.

"자네는 어찌하여 가지 않고 있는가?"

뒤를 돌아보더니,

"우머, 다 가버렸네."

하고 눈을 비비고 일어섰다. 그동안 잠이 들어 시간이 가는 줄도 모르고 있었던 것이다. 5시 50분 쯤 되어서 옆에 다방에 오니 그때까지 이기영박사님과 서정주 시인이 기다리고 있었다.

"왜 이렇게들 안가고 있습니까?"

"스님 기다리고 있습니다."

"허허 세월이 이렇게 되었던가."

그래서 서정주 시인이 웃으며 말했다.

"앞으로 보아도 춘향이고, 뒤로 보아도 춘향이입니다."

"참으로 도인의 소리요."

하고 떠났다. 이분이 바로 청담스님이다.

그 뒤 64년 동국학원 이사장, 도선사 주지, 66년 조계종 종회의장, 66년 통합종단 종정, 67년 장로원장, 대한민국 종교인 협회의장, 70년 총무원장, 71년 국민회의 의장을 하여 국민훈장 무궁화장을 받고, 71년 11월 도선사에서 나이 70, 법납 46세로 입적하시니 한국불교에 꽃바람이 잤다.

나는 고성 문수암에서 한 차례 뵈온 일이 있고, 서울 총무원에서는 여러 차례 뵈었으나 특별히 지도를 받은 일은 없다. 그러나 훤칠한 키에 보조장삼을 입고 육환장을 들고 대중 앞에 나서면 박수갈채를 받았다. 스님의 주위에는 몇 사람 경호원들이 항상 따라 다녔으나 대부분 퇴속하고 유일하게 시봉을 잘한 혜성스님이 도선사 주지가 되어 사제들을 데리고 청담중고등학교, 혜명양로원 같은 것을 잘 운영하여 스님의 덕망이 후세에까지 빛나게 된 것이다. 스님은 의인이요, 철저한 정치승려로 무엇이고 한번 해야 한다고 마음 먹으면 끝까지 실천하고 마는 성미를 가졌었다.

46. 고성 보광사 주지 포광스님

청담스님과 동문수학인 가운데 포광 김형입스님이 있다. 고성 옥천사 주지, 진주 해인대학 교수를 역임하다가 고성 시립공원에 보광사를 지어 운영하신 분이다. 이 분은 청담스님보다도 구도의 정신이 더욱 철저하여 계를 받을 때 두 손가락을 불에 태운 분이다. 그런데 잘 아는 신도분의 딸이 관절결핵에 걸려 걸음을 제대로 걷지 못해 엎어 다니면서 정진하다가 스님과 인연이 되어 가정을 형성하게 되었는데, 중풍이 들어 고성읍에 조그마한 집을 한 채 마련하여 은거하고 있었다.

필자가 옥천사에서 대장경을 보고 있을 때 그의 권속들이 와서 몇 번 보고 갔는데, 그 뒤 삼천포 운흥사 주지서리가 되어 가람을 수호하고 있을 때도 국회의원 최석림씨를 보내 후원해 준 일이 있다. 운흥사에서 3·15선거 전 방공청년단 교육을 받을 때라든지, 이대통령이 오셔 남산 공원에서 환영사 하는 일을 필자에게 시켜 어쩔 수 없이 환영사를 한 일이 있으나, 이 일로 인하여 고성 불자들이 좋아하자 보광사에 대비학원을 마련하고 시인 서봉섭씨와 함께 운영하게 하였으니, 스님의 포교정신과 구도정신은 영원히 잊을 수 없다.

교인들이 전단을 뿌리고 돌아다니면 "우리도 전단을 만들어 뿌려야 한다"고 생각하였고, 교인들이 길거리에 서서 마이크를 들고 선전하면 "우리들도 마이크를 들고 선전하여야 한다"고 외쳤다.

항상 깜정 깜투에 먹물 두루마기를 입고 걸어 다니셨는데, 적어도 하루에 두 번씩은 가정에 꼭 들른다. 사모님이 혼자 밥을 해 먹지 못하고 있었기 때문이다.

"나는 어차피 산 속에 들어가 도를 닦지 못한다 하더라도 만난 인연이라도 서운하지 않게 해주고 싶어.”

하시며 옷을 벗고 밥을 지어 공양 대접하는 것을 보면 한편 안타까우면서도, “저런 보살이 어디 있노” 생각되기도 하였다.

사람들은,

“대본산 주지가 어찌 저렇게 될 수 있느냐”

하였지만 그분은 그 나름대로 철학과 신행이 철저하여 누구의 신세도 지지 않고 절에서 나오는 것은 일전 한 푼도 가정생활에 보태 쓰는 일이 없었다.

넉넉하지는 못해도 사모님께서 물려받은 재산이 조금 있었고, 또 스님께서도 일찍이 부모님께 물려받은 전답이 있었기 때문이다. 그 어려운 가운데서도 장학금을 마련하여 공부 못하는 학생들에게 학자금을 대어주고 의지 없는 노인들께는 적어도 한 달에 두 세 번씩은 공양을 냈다.

새벽에 도량석을 하여 고성읍내에 쩌렁쩌렁 목탁소리가 들려오면,

“이것만 가지고도 불교포교 반 이상을 이루거든. 내가 병이 들어 목탁을 제대로 치지 못하니 어찌 도량석이나 제대로 할 수 있겠는가.”

하며 눈물을 흘리신다.

“고맙네. 자네 같은 사람 한사람만 더 있어도 고성불교는 외롭지 않을 것인데.”

터미널까지 나와서 환송해 주시던 그 모습은 영원히 잊혀지지 않는다. 그 뒤 서울에 와서 얼마쯤 있다가 시흥 해명양로원에 갔더니 어려서 구두 닦기를 하며 대비학원에 다니며 글을 배우던 학생이 불교대학을 졸업하고 군법사가 되었다가 혜명양로원 법사가 되어 와 있었다.

“포광스님과 그 사모님은 이미 다 돌아가셨으나 그 분의 장학금으로 동국대학교 불교대학을 나와 군법사가 되었다가 도선사와 인연을 맺어 이곳에까지 파견 되었습니다.”

참으로 고마우신 분이다. 1년이면 적어도 두 차례씩은 극장을 빌려 대중강연을 하고, 지나가는 스님께 잠자리를 제공하는 초제사를 운영했으며, 거리에 탁발을 나온 스님이라도 그냥 보내는 법이 없다. 항상 몽산법어(蒙山法語)를 읽었으며 휴휴암가를 읊으며 자리에 앉았다.

"화두에 의심이 끊이지 아니하면 그 이름이 참 의심이니, 만약 의심을 잠깐 한번 하고 또 의심이 일어나지 아니하면 진심으로 의심을 타파한 것이 아니다. 지극한 선(善)을 통달하여 또렷또렷 혼침에 떨어지지 아니 한 것이 좌(座)요, 하고 싶은 일이 있되 하고 싶은 마음이 없으면 티끌 속에 있으면서도 티끌 속에 물이 들지 않으므로 그것을 선(禪)이라 한다."

스님은 바로 이 좌선과 화두 속에서 영원히 삼매에 들었을 것이다. 청담스님은 청정비구로서 한국불교를 정화하면서 떠났지만 스님의 도반 김형입스님은 철저한 보살로서 만난 인연을 버리지 않고 끝까지 해탈시켰다. 많고, 적고, 크고, 작은 데는 차이가 있을지 몰라도 그 마음이야 어찌 차이가 있겠는가.

47. 범산 김법린 총장

　범산스님의 필명은 철아(鐵啞)이다. 경북 영천 출신으로 14세에 동래 범어사에 출가하여 17세에 비구계를 받았으며, 3·1운동 당시에는 불교계 영남대표로 활약하여 몇 번이나 감옥살이를 하였다. 21년 프랑스로 가 26년 파리대학 철학과를 나오고, 29년 백성욱, 김상호스님과 함께 조선불교 선교양종 승려대회를 열어 종헌 종법을 제정하고, 불교혁신운동에 앞장섰다. 만해 한용운스님의 뜻을 받들어 만당을 조직하고 쫓겨 다니다가 1930년 일본 고자와대학에 들어갔다.

　그런데 일본에서는 조선청년동맹을 조직하여 독립운동을 강행하고, 또 국내에 나와서는 다솔사, 해인사, 범어사 등지에서 강의를 하면서 10여년간 독립정신을 고취시키다가 두 번씩이나 옥고를 치뤘다.

　45년 해방 후로는 불교중앙총무원장으로 불교혁신운동에 앞장섰으며, 교육분야에 관심을 가지고 미군정청장관 하지중장을 만나 일본사찰을 불교계에 인수해 줄 것을 간청하였다. 그리하여 47년 동국학원 이사장으로 취임하고, 52년 문교부장관이 되었으며, 53년 유네스코 한국위원장이 되었다가 제3대 민의원에 당선되었다. 1959년 원자력 원장을 역임하고, 62년 동국대학교에서 명예철학박사 학위를 받고 동대총장에 취임하였다.

　3·15선거 후 양원제가 실시되자, 경상남도 대표로 출마하여 고전 중에 있을 때 고성 보광사 주지 포광스님의 안내로 찬조연설을 부탁하여 보름동안 경남 일대(고성·사천·삼천포·통영)을 돌아다니며 함께 고생한 일이 있다. 나중에 알고 보니 학교 동기 김유길 선생의 아버지(당시 천은사 주지) 정원스님과 일본 대학 동기가 되어 서울 미아리 우거에서 주무시고 나면 언제나 동대에 가서 총장님을 뵙고 갔다. 만나면,

"공부 잘하고 있는가. 그때(선거때)는 내가 미안하게 됐어. 사실 아무것도 없이 완당선생 병풍 하나 팔아가지고 선거운동 했었거든. 세계적인 작가가 되려면 어학에 능통해야 된다. 열심히 하게."

64년 66세의 나이로 돌아가실 때까지 나라와 불교를 잊지 않았다. 그런데 나는 어학공부를 소홀이 하여 지금도 어학이 시원치 않으니 참으로 부끄럽기 짝이 없다.

"불교와 국가는 둘이 될 수 없다. 불교가 망하면 국가도 망하고, 불교가 흥하면 국가도 흥한다. 불교의 목적은 중생구제와 불국토 건설에 있는데, 백성을 구제하지 못한다면 어떻게 나라를 편안하게 할 수 있겠는가."

나는 범산스님께서 동대총장시 학생의 신분으로 있었으므로 늘 아드님을 통해서 소식을 묻고, 동대총장을 그만두고 떠나실 때에는 나에게 "일본사기" 상하 양권을 주어 지금도 가지고 있다. 평범한 키에 통통한 몸매를 가지고 나비넥타이를 주로 매시기 때문에 얼굴이 더욱 둥글게 보였다. 정원스님을 만나면 얼싸 않고 옛정을 나누며 일본유학시절 이야기를 많이 하였다. 정원스님은 이 인연으로 지이산 서제에 까지 나를 초청하여 여름 방학동안 천은사에 내려가 스님의 서제를 구경한 일이 있다.

정원스님은 출가 후 일생을 거의 하루도 빼지 않고 일기를 썼는데, 깨알같이 쓴 일기가 거의 천장에 닿을 정도로 많았다. 년도 별로 되어 일본에 있을 때 일기를 꺼내 보여주셨는데 김법린 선생과는 한방에 살면서 아주 절친한 처지에 있었다. 김잉석박사님도 같은 학교에 후배로 유학했기 때문에 그들의 명단이 소상하게 기록되어 왜정 때 같으면 첩자의 증거물이 되기 십상이었다.

정원스님은 범산총장께서 호텔을 정해주어도 가시지 않고 미아리 고등공민학교 기숙사에서 아드님과 함께 지내며 후배들을 위해 격려말씀을 많이 해주셨다.

"우리들은 독립운동을 하면서도 우리 말 지키기를 하여 조선어학회 사건을 일으키게 되었고, 우리 글을 가르침으로써 우리의 역사를 올바로 이해할 수 있고 우리 역사를 올바로 이해하면 불교도 저절로 알게 되기 때문에 곳곳에서 야학을 하고 횃불을 들고 봉기하였던 것이다. 그런데 요즈음은 먹고 살기가 편해져서 그런지 빼앗긴 땅을 찾아서 그런지 젊은 학생들의 폐기 속에 조국을 사랑하는 마음이 점점 약해지고, 나라 말 바르게 읽는 사람들이 적어지니 불교 또한 쇠미해질 수밖에 없지. 자네는 아무 가진 것도 없으면서 학교에서 배운 것을 불우한 학생들을 위해 다시 나누어 주고 있으니 고마워 다른 곳은 가고 싶지 않아. 방학 때가 되면 반드시 나려와 지이산 바람도 쏘이고 옛 절터도 살펴보게."

이것이 정원스님의 마지막 법문이다. 연초록 두루마기 자락이 바람에 약간 펄렁이면 그 속에서 춤을 추던 동전 주머니가 아련히 보이고, 거기서 한 푼씩 꺼내 용돈을 주시던 모습, 잊혀 지지 않고 있다. 특히 지이산에 갔다가 화장실에 가니 무엇이 화장실 바닥에서 씩씩거리고 나와 놀라서 변도 보지 못한 일이 있는데, 이것이 저 유명한 지이산 똥돼지였다.

48. 정화불교의 횃불 동산대화상

혜일 동산스님은 1954년 종단분규 시 비구불교의 횃불이다.

　화래화거기다년(畵來畵去幾多年)이냐
　필두낙처활묘아(筆頭落處活猫兒)로다
　진일창전만면수(盡日窗前滿面睡)하니
　야래의구착노서(夜來依舊捉老鼠)로다.

　그리고 그린 것이 몇 해던가
　붓 끝에 닿는 것이 살아 있는 고양이
　하루 종일 창 앞에 늘어지게 잠자고
　밤이 되면 예전처럼 늙은 쥐를 잡는다.

　노란 장삼 가사에 법장을 들고 높이 무개차(無蓋車)위에 앉아 안국동 네거리를 순회하던 모습이며, 청담스님과 함께 조계사를 접수하러 가던 모습이 눈앞에 선하다.

　스님은 1890년 충북 단양에서 태어났다. 속명은 동규라 불렀다. 어려서 서당에서 한문을 익히고, 1908년 익명보통학교를 졸업한 뒤, 고모부 오세향씨의 도움으로 중동중학교에 입학, 안창호선생님이 운영하던 흥사단에서 국어를 연구하고, 1912년 의학전문학교를 나온 뒤 13년 23세의 나이로 용성스님을 은사로 범어사에서 계를 받았다. 이후 백양사 운문선원을 거쳐 평남 맹산군 우두암에서 한암스님을 만나 화엄경을 보고, 다시 범어사 선원에 들려 선을 닦는다.

　1919년 기미 독립선언으로 옥에 갖히자 2년 동안 뒷바라지를 하면서 용맹

정진하였다. 오대산 상원사에서는 장좌불와했고, 금강산 마하연, 속이산 복천암, 태백산 각화사, 한양 백운암에서 정진하다가 1924년 마지막 김천 직지사에 이르러 한 소식을 얻는다. 이것이 앞에서 소개한 오도송이다.

1929년 이후 40세가 되면서 부터서는 범어사·해인사 조실을 지내고 1954년 이후에는 종단분규에 앞장서서 세 번이나 종정을 역임, 수 많은 대중들에게 보살계와 구족계를 전수하고, WFB 제5차 대표대회에 다녀와서 전국 사찰을 24개 본사와 말사로 나누어 교구제도를 설립하였다.

처음에는 수행승들이 "본사 여섯 개만 주면 싸우지 않고 공부하는데 주력하겠다" 하였는데 대처승들이 이를 반대하자 "대처승들은 씨를 남겨놓아서는 않된다" 하여 10년 동안 유혈사태를 겪었다. 이것이 잘 된 일인지 잘못된 일인지는 우리로서는 알 수 없다. 어떻든 이로 인해 한국불교는 18개 종단으로 나누어지게 되었고, 급기야 2000년 이후에는 백 개 종단이 넘어 오합지졸을 이룸으로써 진가(眞假)를 구분할 수 없는 황당한 처지에 놓여져있다.

스님은 정화 후 종정을 사임하고 범어사로 들어가 65년 3월 평상시와 다름없이 새벽 예불을 드리고, 금어선원에서 정진한 뒤 오공을 마치고 입적하였다. 스님의 일과는 언제나 조왕단에서부터 시작되었다. 조왕단, 칠성단, 산신단, 어떠한 법당도 빼지 않고 예불을 드려, 똑같이 불교정화운동을 하였어도 청담스님과는 전혀 달랐다. 청담스님은 산신·칠성·용왕·신장 다 없애버려야 한다고 했으니 말이다. 또아침예불이 끝나면 반드시 대중들과 함께 마당 청소를 하였다.

조계사에 계실 때는 긴 빗자루를 들고 마당을 쓸다가 젊은 스님들이 무엇이라 하면 빗자락을 들고 조계사 마당을 두 바퀴 세 바퀴씩을 돌며 쫓아 다니던 모습이 눈앞에 선하다. 악의(惡意)는 없었지만 잘못이 있을 때는 여지없이 쫓아 다니면서 대중 앞에서 참회시켰다.

나는 1962년 불교재건위원회가 구성되고 2월 12일 비구·대처 양측이 8년
만에 회동하여 통합종단을 이루기까지 한달 반동안 조계사에 있었는데, 거기
서 아침마다 청소를 같이 하였다.

미국가서 카멜에 있는 3보사에서 이한상거사님께 들은 이야기다.

"제가 아들이 없어 부인을 하나 얻었는데, 거기서도 아들을 낳지 못했습니
다. 부처님께 기도해보자하여 선학원을 찾아 갔더니 종정스님께서 홀로 계셨
습니다. 사정을 이야기하니, '부처님께 물어 보시오. 지금 종단이 두 쪽이 나
서 재판중인데 제1차는 대처 쪽에서 승리하였습니다. 그러나 저희들은 돈이
없어 변호사도 선정하지 못하고 있으니 이것은 부처님께서 알아서 해결해
주실 것으로 생각 됩니다' 하여 필요한 기금을 은행에 신탁하겠다고 하였더
니 스님께서 마지 한 불기 올리고 축원하였습니다. '우리 비구들의 상황은
덕산거사 내외에 달려있습니다. 장차 이 나라 불교가 어떻게 되어야 하겠다
는 것을 부처님께서 증명하여 주십시오.' 하고 축원하였는데, 그 뒤로 바로
아이가 들어서 종단은 정상화되고 집안일도 풀렸습니다. 그런데, 저희 큰 부
인께서도 똑 같은 방법에 의해 두 아이를 낳으니, 양쪽이 분리되어 그래서
미국에 까지 온 것입니다."

이것이 스님의 신통력이다.

49. 백연사 조실 도봉스님

도봉스님은 만공·용성·혜원·석두·남전·상월스님과 함께 선학원 창립 멤버의 한 사람이다. 불교의 원리는 선리를 탐구하고 선풍을 진작하는데 있으므로 승속에 구분 없이 선학을 가르쳐 불법의 정통을 살리자고 세 사람이 거금을 내어 시작하였는데, 다음에 불교정화운동까지 떠맡게 되어 홀로 떨어져 서대문구 행천동에 관음사라는 조그마한 절을 가지고 있다가 백연사 조실이 되신 분이다. 불교의식에 밝아 누구도 조석예불에 빠거나 사시마지에 빠지면 밥 먹을 자격이 없다고 눈이 빠지도록 나무랬던 분이다.

선학원 행사 때는 의례히 빠지 않고 나오셨는데, 남전(석주스님의 은사), 적음(한약방을 하시면서 선학원 뒷바라지를 하시던 분)스님이 돌아가시면서부터는 발 걸음을 자주 하시지 않했다. 그 이유는 선학원이 원래 선학연구원과는 사뭇 달라졌기 때문이다.

"그래도 서정희, 여운형, 신명균, 김법린 등 애국지사들이 드나들며 독립운동을 할 때는 호국호민의 뚜렷한 법통이 살아 있었어. 그런데, 대처 비구가 갈라지면서 비구승 본부가 되면서부터는 공부하려는 생각은 없고 모두 절 뺏는 데만 신경을 쓰고 있으니 공부하는 사람들이 모일 수 있겠는가. 그래서 가지 않았지."

스님은 지방에서 올라오는 선객이 있으면 가능한 한 종단분리에 관여하지 말고 공부에만 열심히 해달라고 부탁했다.

"부처님은 왕궁도 버리고 출가하셨는데, 멀쩡한 사람이 남의 절 빼앗아 사업할려고 출가해. 그런 생각 있으면 서울 올라오지도 말라고, 불교를 정화하는 것도 좋지만 이대통령이 무슨 불교를 아는가. 박마리아 말만 듣고 저렇게 유시를 하고 있으니 이제 저 영감은 말할 것도 없고 뒤에서 부채질 한 머저리들까지 모조리 맞아 죽을 것이야."

“스님, 누가 들으면 어떻게 하려고 그런 말씀 하십니까.”

“한번 죽으면 말지, 두 번 죽느냐. 불교는 어떤 사람만을 위한 종교가 아니야. 일체중생을 위한 종교야.”

그 큰 눈을 부릅뜨며 열변을 토하시면 정상 육계에서는 빛이 반짝 반짝 난다.

“정화는 해야 되지. 절 안에서 가정살림을 해서는 안되지. 그러나 그들 숫자가 7000명이 넘으니 그 가족 4촌 6촌까지 합하면 30만명이 넘네. 이들을 쫓아낼 구멍을 만들고 나서 정화해야 할 것 아닌가.”

당시 가정을 거느린 스님의 숫자가 7천명이 넘었기 때문이다. 그리고 그 많은 스님들의 원근친척들이 불교를 배경으로 살아가는 사람들도 많았기 때문이다.

“어떻게 이 많은 사람들을 먹여 살릴 수 있습니까?”

“세 가지야. 첫째는 학교사업이야. 학교를 많이 만들어 학교사업을 해 가면 인재도 양성하고, 취직도 시키는 것이야. 학교 하나가 생기면 만명은 먹여 살릴 수 있거든. 둘째는 의료사업이야. 병원, 약방을 만들어 차례로 배출되는 사람들은 기술을 가르쳐 그곳에 넣으면 누이 좋고 매부 좋고, 얼마나 좋은가. 셋째는 복지사업이야. 양로원, 고아원을 만들어 부모 없는 자식, 자식 없는 부모들을 절간에서 수용하는 것이야. 원래 부처님 당시부터 1200대중이 다른 사람인가. 몇 사람을 빼 놓고는 대부분이 그런 사람들이 모여 있든 단체가 아닌가. 그러니까 절은 스님들이 운영할 것이 아니라 신심있는 신도들에게 맡겨서 이런 일을 하게하고 중은 도만 닦고 포교만 하는 것이야. 중이 절 살림해서 돈 만지게 되면 오늘 비구가 내일 대처가 되게 되어 있어. 우선 멀리 있는 사람이 아니라 신도들이 가만 놓아두지 않는단 말이야.”

전국신도회 서대문법당에서 구두 닦는 아이들을 데리고 살 때는 재만 지내면 떡 과일 밥을 가지고 오셔 먹이고, 어린이 법회를 구성하여 노래 부르고, 춤추고, 뛰고 놀면, “진작 불교가 저렇게 되어야 돼있어” 하고, 가까운 신도들을 데리고 와서 청법하게 하였다.

그래서 차도균을 중심으로 수 많은 연예인들이 서대문 법당에 오게 되었고, 마침내는 관음사·백연사에 초하루 법회와 관음·지장 법회를 개설하여 대중불교에 앞장서기도 하였다. 차중락씨 49재 때 수 많은 대중들이 모인 가운데, "노래부르고 춤추는 정신으로 천수경 108독을 하여 중락이 번뇌망상을 싹 씻어주자"하시며 목탁 들고 앞장서서 자그마치 두 시간 동안 천수경을 읽은 사실은 영원히 잊어지지 않는다.

"불교의식은 간단히 한다고 해서 현대화가 아니다. 모든 사람들이 공감하면서 즐겁게 하되 신심과 원력이 생겨야 하는 것이다."

초하루, 보름, 18일(지장재일)법회는 백연사에서 보고, 24일 관음재일 법회는 행촌동에서 보셨는데, 반드시 오전에는 10시부터 시작하여 12시까지 불공을 하고 점심먹고 법문 듣고, 시식을 하였다. 그리고 저녁때는 거리에 노숙자들까지 불러와,

"귀신 밥도 불상한 사람들이 먹어주면 귀신들도 흐뭇해하거든. 가난할 때는 먹는 것이 제일이고, 헐벗을 때는 옷 입는 불공이 제일이야."

지금도 눈을 끔뻑끔뻑하시며 도리에 맞지 않는 일이 생기면,
"망할 놈의 자식들!"
하고 탄식하던 일이 눈앞에 선하다.

50. 진각종 회당대종사

진각종 회당대종사는 울릉도 사람이다. 1962년 대구 심인당에 들르니 20여 명의 종도들과 함께 육자명호를 외우고 있었다. 신라 선덕여왕 때 명랑법사가 창종한 신인종(神印宗)을 연원으로 하고 있으나, 육자진언을 외우는 것이 특징이었다.

인물이 훤하게 잘 생긴 어른이 하이칼라에 두루마기를 입고 정진하시는데, 단에는 부처님을 모시지 않고 육자대명왕 진언 "옴 마니 반 매 훔"을 본존불로 모시고 있었다. 처음 보는 일이라 조금은 서먹서먹하여 처다 보고 있으니 정진하던 사람이 옆으로와 낮은 소리로 말했다.

"우리 종조님께서는 1946년 병이 나서 이곳 성서면 농림촌에 도량을 개설하고 10년동안 정진하여 병이 나으시므로 진언의 묘리를 터득하고 포교일선에 나서게 되었습니다."

"신도들이 얼마나 됩니까?"

"월초 불공 때는 전국에서 천여명이 모입니다."

"병을 치료하기 위해 모입니까?"

"아닙니다. 진리탐구를 위해서 오시지요. 그러나 더러는 병이 들어오는 사람도 있습니다."

차를 마시고 있는 사이에 불공의식이 끝나 친히 우리들이 있는 자리로 오셨다.

"어디에서 왔는가?"

"동국대학교 불교대학 학생들이 팔공산 성지순례를 왔다가 주위 사람들에게 말씀을 듣고 왔습니다."

"우리는 법신 비로자나 부처님을 교주로 모시고, 중생들의 불심을 심인(心印)으로 믿으며, 즉신성불로 현세정화를 목적으로 하여 삼밀가지를 하고 있네. 아직은 힘이 없지만 장차 후배들을 양성하면 어두운 세계에 밝은 빛이 될거야."

　호기심으로 들렸던 심인당에서 한국불교 18개 종단의 하나인 불교진각종의 총본산을 참배하게 되어 큰 의의를 가지게 되었다. 그런데 이듬 해 침산동 불승 심인당에서 62세로 입적하신 손종조의 뜻을 받들어 66년 재단법인 대한불교 진각종 유지재단으로 변경, 73년부터 진각종보를 발간하고, 회당장학회를 설립 심인중고등학교, 진선여자중고등학교를 세워 인재를 기르면서 기도원과 수도원, 진각대학을 설립하여 여기에 소속된 유치원, 어린이집, 유아원, 탁아소를 만들어 각 구 단위로 운영하게 되니 오히려 기성 불교종단보다도 힘이 있고 단합된 종단을 운영하게 되었다.

　그런데 공교롭게도 진각종 교육원장께서 불교통신대학 대학원에 입학하여 성실하게 공부함으로써 타에 모범이 되었고, 또 교단의 정사들이 어떻게 생활하는가를 대중 앞에 공개하여 박수갈채를 받은 일이 있다.

　"우리 종단에서는 이성에 갈등을 가진 사람은 지도자가 될 수 없으며, 반드시 부부가 함께 정진하여야 합니다. 술을 마시고, 바람을 피우는 사람은 정사가 될 수 없는데, 혹 어쩌다가 실수를 하는 경우가 있더라도 대중 참회를 통해 용서를 받아야만 자리를 지킬 수 있습니다."

　막행막직으로 무애행을 하여 역행보살의 행을 함으로써 세상 사람들에게 지탄을 받고 있는 기성종교종단보다는 도덕적 생활과 수도정진의 수행이 타에 모범이 됨으로 이 종단이 기성종단에 비해 빨리 성장할 것을 예측하였다.

　나는 7·8년 동안 진각대학에서 법화경과 금강경을 강의 하면서 학인들의 철저한 공부정신과 심인불교를 복지중심으로 실천하고 있는 것을 보고 재가불교 종단으로서 뿐 아니라 시대불교에 걸 맞는 불교라 생각하였다. 왜냐하면 세상이 온통 술, 담배, 바람으로 인해 이미 혼탁해져 있고, 개인의 건강과 가정의 파탄이 눈앞에 전개되어 있는데, 그 가정을 바로 잡고, 그 건강을 회복할 수 있다면 이것은 부처님의 출가 정신과 예수의 희생정신에 걸 맞는 종교이기 때문이다. 그것이 비록 재가불교운동에 국한하고 있다고 하지마는 출가불자에게도 영향을 줄 수 있는 미래의 성불불교임을 느끼게 하고 있었다.

　다른 밀교종단처럼 대일경·금강정경·대승장엄보왕경·대승이취육바라밀경을 따로 읽지 않는다 하더라도 그들 정사들의 신심과 원력을 보면 진실로 시대에 걸 맞는 종교임을 인식케 한다. 회당정사이후 배신, 각해 등 7·8대 총인이 바뀌고, 회정·원명·수성·혜정 등 수 많은 인재가 갈려도 그 속에는 아직 부정부패가 없고, 상하질서가 잘 유지되어 회당정사의 유지가 부처님의 유언처럼 잘 실천되고 있다. 특히 현대교육사업과 보육복지사업은 모든 종단들이 본받아야 할 포교사업 가운데 하나이다.

　　　　자재치성여단엄(自在熾盛與端嚴)
　　　　명칭길상급존귀(名稱吉祥及尊貴)
　　　　여시육덕개원만(如是之德及圓滿)
　　　　응당총호바가범(應當總號婆加梵)

51. 불입종 종정 태허 홍선큰스님

대한불교 불입종은 우리나라 18개 종단의 하나이다. 법화사상을 배경으로 한 종단이 7·8개가 있는데, 그 가운데서도 대각국사를 종조로 모신 종단은 그리 많지 않다.

1965년 이홍선 스님께서 창종을 한 뒤 72년 정식으로 종단으로 발전하였으며, 본사는 스님의 주거지인 종로구 숭인동 묘각사였다. 스님의 아들 홍파 스님이 동국대학교 후배인 까닭에 종종 묘법사에 들려는데, 정근하는 소리가 특이하였다.

"나무살달마푼다리카수드라"

"나무 묘법연화경"을 인도의 원음 그대로 읽는 것이다. 까만 동전에 누비 두루마기를 입고 그 위에 노랑 가사를 두르신 스님께서 한번 앉으시면 두세시간 시간 가는 줄 모르고 정진하셨다.

"스님, 덥지 않습니까?"

"통산(洞山)은 무한서(無寒暑)라 하지 않았는가. 공부하는 사람이 춥고 더운 것 가리면 어떻게 공부할 수 있겠나. 후원에 가서 공양이나 하고 가소."

하여 후원에 들어가면 젊은 사람들이 모여 앉아 토론했다.

"석가 부처님은 분명 이 세상에 태어나 80세로 돌아 가셨는데?"

"그것은 방편이야. 이 세상에 오신 것도 방편이고, 출가 수행한 것도 방편이고, 도를 이루고 전법도생한 것도 방편이고, 80세에 열반에 드신 것도 방편이야. 방편을 알면 진실을 알 수 있어. 그것이 곧 묘법연화경이거든."

나이도 그리 많지 않은 청년들이 이렇게 토론하고 있을 때 스님은 손수건으로 얼굴을 닦으시며,

"잘한다. 잘해. 한국불교의 장래는 바로 너희들의 두 어깨에 달려있다."

하시고 칭찬하셨다.

"불입종(佛入宗)"이란 법화경 방편품에 여래의 지견을 열어(開) 보이고(示) 깨달아(悟) 들게 한다(入)는 말을 줄여서 부른 이름이다. 여래의 지견은 "제법 실상"이다. 이 세상 모든 존재는 "이와 같은 상(相), 이와 같은 성(性), 체(體), 력(力), 작용(用)에 의해 나타난다. 그 밑바닥에는 이와 같은 인(因), 연(緣), 과(果), 보(報)가 있어 이것을 비추어 보면 처음부터 끝까지 조금도 틀림이 없다. 그래서 본말구경(本末究竟)이다. 이것을 중국의 지의대사는 지관(止觀)을 통해 완성하였지만, 고려의 대각국사는 정혜겸수(定慧兼修)로써 체득하였는데, 홍선 스님은 "나무살달마푼다리카수드라"로써 증득하신 것이다. 그러므로 이 종단은 불교교리가 바탕이 되어 창립되었기 때문에 사찰관리나 종도 문제 때문에 분열이 생기지 않아 명자그대로 화합종단으로서 진리 탐구에만 열중할 뿐이다.

스님의 법명은 홍선이고 법호가 태허이다. 전주 이씨로 속명은 용이이고 1905년 서울 견지동에서 태어났다. 1928년 경성고등전문학교를 나온 뒤 어머니가 별세하자 인생무상을 느끼고, 전국 방방곡곡을 돌아다니다가 1930년 선암사 경운스님께 발심하여 출가하였다. 선암사 강원을 마치고, 동두천 백운암에 이르러 천일 안거하고, 중국불교 순례를 떠났다가 목불 한 분을 모시고 돌아와 서울 낙산에 자리 한 것이 묘각사 본당이 되었다.

한국 전쟁 당시는 상주 백화암에서 법화경을 사경하고 지냈으며, 서울로 올라와서는 매일 같이 탑골공원에 나가 포교하였다. 1957년 법화사상을 신봉하는 사람들을 모아 "일승현정회"를 창립하고, 1965년에는 대한불교 불입종을 창종하였다. 1970년에는 한일불교친선회 고문으로 추대되고, 71년에는 정부로부터 보국훈장을 받았으며, 전일본불교회의 초청으로 일본 불교를 돌아보고 오신 뒤로는 오직 포교와 전법에만 열중하시다가 79년 6월 24일 세수 74, 법랍 50세로 묘각사에서 입적하셨다. 128과의 사리가 나와 묘각사 경내에 사리탑을 세웠다. 제자에는 홍파·경조·경암 등이 있다.

재단법인 "관음종"이 만들어지자 경조·경암스님이 홍선스님의 큰 뜻을 계승하여 사단법인 불입종을 그대로 계승하고 홍파스님께서 관음종을 이끌어 한국 10대 종단 가운데 하나로서 화합종단의 기치를 높이 들어 선양하고 있다.

일광동조팔천토(一光東照八千土)
대지산하여고일(大地山河如杲日)
즉시여래미묘법(卽是如來微妙法)
불수향외만심멱(不須向外謾尋覓)

52. 효당 최범술 큰스님

금봉 최영환은 효당 최범술의 당호이고 본 이름이다. 경남 사천사람으로 1915년 곤양 보통학교를 졸업하고, 16년 13세로 다솔사에 출가하였다.17년 해인사 지방학림에 들어가 환경스님께 계를 받았다. 3·1 운동 당시 독립선언서를 복사해서 배포하다가 붙잡혀 고통을 받았으며, 22년 일본에 들어가 만 11년 동안 다이쇼(大正)대학에서 불교학을 전공하다가 붓다가야의 달마다라스님으로부터 부처님 진신사리 3과를 얻어 범어사에 탑을 세우기도 하였다.

23년 박렬 등과 함께 "불령 선인사"를 조직, 일본 천황 암살계획을 돕기 위해 상해로 폭탄을 운반, 대역사건에 연루되어 8개월간 징역을 살고 3년 동안 조사를 받았다. 1930년 김법린 등과 비밀결사 '민당'을 조직, 조선불교 청년동맹 중앙집행위원장으로 활동하면서 명성여학교를 설립, 교장이 되었다. 34년 사천에 관명학원을 설립하고 36년 다솔사에 불교전문강원을 만들었다.

47년 미소공동위원회 불교계 대표로 피임되고, 해인사 주지가 되어 국민대학을 창설하였다, 48년에는 사천/삼천포 국회의원이 되어 강원도출신 이종욱 스님과 함께 헌법기초위원이 되기도 하고, 해인중고등학교를 만들었다가, 그것이 바탕이 되어 52년 해인대학을 창설, 이사장 및 학장에 취임하였다.

60년 다솔사 조실로 원효학당과 다도 연구실을 만들어 "반야심경 복원소", "십문화쟁론 복원을 위한 자료집", 한국의 다도" 등을 내어 한국 다도의 중흥조사가 되었다. 우리는 1960년에 동국대학교에서 발표하는 "반야심경 복원소" 강의를 듣고 탄복한 바 있었으나, 십문화쟁론 복원을 마치지 못하고, 1979년 7월 10일 76세로 입적하였다. 1969년에는 국민훈장 무궁화장을 받고, 86년에는 대통령 표창이 추서되었다.

인상이 한국사람 같지 않고 독일사람 비슷하게 생겨 얼핏 보기에는 외국사람 처럼 느껴진다. 천재적인 두뇌에 창조적인 머리를 가져 해인사 주지로 있을 때는 8만 대장경 "신간장경 누락판 목록"을 작성하고, 6·25 사변 이후 흩으려진 장경판을 낱낱이 찾아 정비하였다.

세상의 판도가 달라지니 교육사업과 의료사업, 복지사업에 눈을 돌려야 한다 강조하시며 10여개의 대학과 중·고등학교를 설립하여 인재양성에 앞장섰으나, 그를 계승하여 운영할 사람이 없어 걱정하였다. 스님을 따라 공부한 사람들은 대부분 학문에 뛰어난 능력을 가지신 분들이었으므로 사찰운영이나 분쟁에 끼어들기를 싫어하고, 오직 자기 공부에만 열심히 하였다.

스님은 항상,

"중이 공부를 하여 도를 깨치면 무엇을 해야 할 것인가. 어두운 세계를 밝히는 등불이 되어야 할 것이다."

강조하셨다.

"한국 사람들은 식량(食量)이 많아 장차 먹는 병에 걸리면 약이 없게 된다. 옛 선인들이 밥 먹고 차 한 잔 마시는 다도가 건강에 약이 될 것이니 차를 도(道)로 알고 마셔야 한다."

하였다. 사실 절간에서는 밥 먹고 제방에 돌아가면 얼굴보기 어렵다. 그러므로 식후에 차 한 잔으로 피차의 의사를 소통하고, 화합을 도모하면 이것이 화합대중의 법약(法藥)이 되었다.

조그마한 키에 노르끄름한 머리를 가져 천재적인 기질이 눈빛에 형형이 나타났다. 그러나 그 마음을 이해하는 사람이 적었으며, 오히려 스님이 만들어 놓은 학교를 팔아먹는 사람들이 있어, 아는 사람들은 매우 안타깝게 생각하였다.

"서양사람들은 선교를 위해 병원과 학교를 만들고, 기독교인들은 곳곳에 고아원, 양로원을 만들어 외롭고 쓸쓸한 백성들을 보호하는데, 어찌 불교하는 사람들이 독선기신(獨善己身)에 끌리고 있는지 알 수 없다."

한탄하였다.

스님 돌아가신 뒤 20년이 못되어 스님의 예언대로 전 세계가 원효에 대한 관심이 높아지고, 한국의 다도가 세계의 주목을 받게 되자 비로써 효당을 생각하고 추모하는 사람이 나타나고 있다.

스님의 마지막 다도 강의가 생각난다.
"초의스님이 일지암에 계실 때 작은 화로에 차관을 놓고 끓이는데, 바글바글 끓은 소리가 마치 세상이 끓은 소리로 들려 통째 마셔버리니 다도해 바람이 서늘하게 불어왔다."
참으로 다선일치(茶禪一致)의 삼매담이다.

53. 태고종 승정 충담대화상

1913년 경기도 가평에서 성균관 박사 이승노씨 삼남으로 태어났다. 집에서 한학을 배우다가 17세 때 삼각산 승가사 심월스님께 득도하고, 봉운사 강원을 수료, 43년 중국 연변에 들어가 독립지사들을 격려하다가 44년 귀국, 왕십리에 승가사를 다시 짓고, 56년 경기도 가평 호명산에 감로사를 창건하였다.

필자는 70년대 말 정두석박사님의 뒤를 이어 승가사 법회를 5년 동안 보았는데, 부대한 얼굴에 항상 싱글벙글 웃음이 떨어지지 않기 때문에 "한국의 포대화상"으로 불렸다. 귀가 크고, 눈이 부리부리하고, 얼굴이 유리알처럼 맑았다. 한 번도 화내는 것을 보지 못했다. 만나기만 하면,

"고맙네. 누가 불교를 위해 자네처럼 뛰는 사람 있는가. 우리 지성이도 좀 자네같은 포교사가 되었으면 좋겠어."

하셨다. 여름에는 하얀 모시옷에 검정고무신을 신고 느티나무 밑에 앉아 오고 가는 사람들에게 늘 염불로서 대하였기 때문에 왕십리 일대에서는 충담스님을 모르는 사람이 없었다.

스님의 아들 지성이 일찍이 출가하여 불교정신문화원 사무총장을 하면서 포교사 전문대학과 불교한방병원, 불교유치원을 잘 관리하였으므로 현대불교 포교에 빛을 보였다. 스님은 항시 약왕보살의 소신공양에 대해 관심을 가졌는데,

"나이 들어 내 죽게 되면 이 몸 그대로를 부처님께 바치고 싶어."

하고 말씀하셨다.

"약왕보살의 소신공양은 명자 그대로 5분향입니다. 부처님의 계율을 잘 지켜 윤리도덕의 향을 만들고, 선정과 지혜를 잘 닦아 정향과 혜향을 마련하여 일체중생을 평등하게 바라볼 수 있는 눈이 생기면 거기서 생긴 해탈지견으

로 소신공양할 것이니, 몸도 몸이지만 마음공부를 더욱 깊이 하여야 합니다."

"그래. 내가 어려서 출가하여 이력도 보고 선방도 다녔지만 세속인심에 찌들어 번뇌덩어리가 되었지 뭐야. 그래서 상좌고 자식이고 말을 잘 듣지 않으면 말은 못하고 속으로 앓고만 있었는데, 내 이제부터 정진하여 아상·인상·중생상을 버리고, 수자상까지도 싹 털어 버릴테니 보라구."

그 뒤 스님은 행·주·좌·와, 어·묵·동·정이 모두 선이고 염불이라 가든지 오든지 걱정 없는 사람이 되었다.

1998년 5월 단오 날 소신공양하시려고 청평 감로사에 장작을 산더미처럼 쌓아 올리고 석유통을 미리 가져다 놓았는데, 신도들이 불공드리러 왔다가 발견하고 모두 다 숨겨버려 결행하지 못하고 단오재만 소리 없이 잘 지냈다. 스님은 단오재를 마치시고 서울 승가사로 와서 생각하셨다.

"옛 사람이 한 생각 일어나고 멸하는 것이 생사라 하더니 생사 없는 곳에 적조영지(寂照靈知)한 것이 하늘까지 머금었으니 이것이 무엇인가. 눈도 청정하고, 귀도 청정하고, 코·혀·몸·뜻도 청정하니 내 이렇게 기쁜 마음으로 부처님께 몸을 바치고 중생들을 위해 그 공덕을 회향하리라."

하고 6월 27일 새벽 다섯 시, 호명산 부처님께 다시 한 번 예를 올리고, 높이 장작더미에 올라 앉아 불을 붙이니 푸른 산골짜기에 한 송이 연꽃이 피어 올랐다. 가평 소방서 사람들이 엠브런스를 몰아 뛰어 갔으나 이미 스님의 법구는 한 줌의 재가 되어 앉은 자세 그대로 소화되어 있었다.

중생불도처(衆生不到處)에
별유일건곤(別有一乾坤)이로다.
차문시하처(此問是何處)냐
대적열반문(大寂涅槃門)이로다.

중생이 이르지 못한 곳에

따로 한 세계가 있으니
이 곳이 어느 곳인가
대적열반문이로다.

    이것은 고려 때 진국국사 임종게이나 살아서 그 몸을 그렇게 회향하기란 쉬운 일이 아니다. 하얀 모시옷에 백옥 같은 모습을 하고 왕십리 느티나무 밑에 앉아 108염주를 굴리시던 스님은 지금도 극락세계 문전에서 인로왕보살이 되어 있을 것이다.

54. 월정사 이종욱의원스님

지암 이종욱 큰스님은 동대 이재창교수님의 아버지다. 고성 국회의원 최갑 환씨와 함께 제헌국회의원으로 유명하였기 때문에 월정사스님 보다는 국회 의원 이종욱씨로 더 많이 알려져 있다.

강원도 양양출신으로 본 이름은 이응윤이고, 호는 지암, 아호는 해광·해 운·고경이다. 태어나면서 13일 만에 어머니를 잃어 6세에 양어머니를 정해 갔으나 이듬해 양할아버지와 할머니가 다 돌아가시자 계모 밑에서 자랐다.

1896년 13세에 양양 명주사 백월스님 영향으로 득도하고, 1906년 명진학교 에 입학하였다. 08년 설악산 백담사 오세암에서 설경스님의 법을 잇고, 한일 합병 후 월정사에 들어가 소작인들에게 빼앗겼던 30여 정보의 밭과 5천여 정보의 산을 찾아 주었다. 모두 이것은 용문사·천장사·동학사·선암사·범 어사·통도사·건봉사·대승사·법주사 등에서 내전을 익힌 힘이었다.

필자와의 만남은 1962년 강원도 원주 불심원에서였다. 초종파 범불교운동 으로 강상준스님께서 불심원을 만들었는데, 낙성식에 당시 유명한 고승들이 많이 참석하였다. 나는 기산스님과 김동화박사님, 그리고 권상로박사님을 모 시고 갔는데, 풍채가 잘 생기신 분이 거동을 잘 하지 못해 누워계셨다. 그러 나 많은 사람들이 빠짐없이 인사를 하고 문안하였다. 그때는 이미 스님께서 모든 것을 정리하고 주문진에 동명사를 짓고 포교하실 때다. 몸은 불편했으 나 말씀은 잘 하셨다.

"내가 1917년 조국광복을 위해 상경 2·7결사의 대원으로 활약하다가 3·1 운동 당시에는 인천 월미도에서 이규갑·한남수 등과 함께 임시정부를 수립 했다 다시 상해로 망명, 임시정부 내무부 참사관, 입법의회 의원으로 활약하 였다. 이렇게 하여 서울 상해 연락부장을 지내면서 청년외교단, 애국부인회를 조직하였다가 발각되어 3년 옥고를 치루고 월정사에 들어가 25년간 월정사 주지를 지내면서 32년 조선불교 중앙총무원 서무이사로 피선되어 사실상 31본산 중앙행정을 담당하게 되었다. 41년 종무총장이 되고, 50년 강원도 평창군에서 출마하여 3회 의원이 되고, 41년과 51년에는 동국대학교 이사장을 하였다.”

그때 어떤 스님이 말씀하였다.

“세상 사람들이 몰라서 그렇지 스님께서 1944년 강태동, 유식현 등과 회동하여 미군이 제주도에 상륙할 것을 예측하고 무장봉기를 획책하였지 않습니까?”

“그래 그래, 그때 일본군이 예상외로 빨리 항복하였기 때문에 실현되지 않았지.”

스님의 두 눈에서는 불이 번쩍하였다. 그러나 지금 와서 생각하면 모든 것이 꿈이었다. 어머니께서 일찍 돌아가시고 양자가 되었던 것도 꿈이고, 다시 계모 밑에서 성장했던 것도 꿈이고, 열세살에 절에 들어와 사찰이력을 마치고 일본 유학했던 것도 꿈이고, 독립운동을 하면서 월정사 전답을 찾아 주고 국회의원을 한 것도 꿈이고, 상해에 들어가 연통제를 조직하여 조국광복을 했던 것이나 국회의원을 하면서 국정을 좌지우지 했던 것도 꿈이다.

“사람들은 내 풍채만 보아도 기가 질려 말도 잘 하지 못했다. 그런데, 지금은 내가 이 무거운 몸뚱어리를 이리 두치고 저리 두치며 말도 제대로 하지 못하고 있으니 이것이 제행무상이고 제법무아가 아니겠습니까?”

사람들은 낙성식 법회에 갔다가 진짜 이종욱스님의 진심이 어린 법문을 듣고 감동하였다. 그렇기 때문에 국회의원이 되어 백성들의 억울한 일을 밝혀주고 나라의 답답한 일을 들어주었지 않았나 생각되었다.

나는 여러 스님들에게 그런 말씀을 들었다.

“이 스님은 평생에 화를 내지 않는데, 무슨 일을 하던지 자리이타거든. 나도 이롭고 남도 이롭게 하니 모든 일이 풀리지 않을 수 없어.”

　그렇지만 스님을 에워싸고 있는 주위 환경이 좋아야 위신이 서게 되어 있어 내가 월정사 수도원에 있을 때 스님의 가까운 친척 되는 분의 자제가 수도원 학생과 인연이 되어 애기를 뱀으로써 모처럼 계획했던 월정사 수도원이 똥물을 뒤집어쓰고 폐지되는 난국을 겪게 되었으니, 그 모든 업장이 스님에게 돌아갔던 것이다.

　나는 대학 2학년 때 이제창교수님에게 사원경제사와 왕오천축전을 배웠는데, 그분이 저렇게 훌륭한 스님의 자제분인 줄은 미처 몰랐다. 실로 불교계에는 훌륭한 인재들이 많이 있었지만 대처·비구 분쟁 때문에 많이 잃고, 그의 자제분들도 불교로부터 멀어진 사람들이 많았지만 이재창교수는 처음부터 끝까지 아버지 정신을 계승하여 불법으로 회향하게 된 것을 진심으로 감사하였다.

55. 통도사 조실 경봉스님

스님은 어찌 보면 부자 집 마나님처럼 생겼으면서도 남자 장부의 기상을 갖추었다. 평상시 말씀하실 때 자분자분하다가도 법상이나 강단에 올라 설법할 때는 경천지동(驚天地動)의 사자후가 나타난다.

1980년 한의과 대학생들을 데리고 통도사에 이르렀을 때 스님은 육바라밀탕 법문을 하셨는데,

"보시 3돈·지계 2돈·인욕 3돈·정진 2돈·선정 3돈·지혜 2돈, 이 여섯가시를 시어 먹으년 숙시황·산약·산수유·백복링·목난피·백사가 만병회춘이 되듯이 중생의 신기허약(身氣虛弱) 오장육보가 건강해져서 팔미(八味)·신기환(腎氣丸)을 먹지 않아도 인생 자체가 건강해 집니다."

하여 박수갈채를 받았다.

"내가 밀양에서 태어나 어머니를 일찍 잃고 1907년 16세에 양산 통도사 성해스님께 출가하니 부처님 품안이 어머니 품속과 같았어. 1911년 명신학교를 졸업하고, 4월에 해담스님께 구족계를 받으니 먼저 청호스님에게 사미계를 받을 때 보다는 두 어깨에 쌍날개가 달린 것 같았어. 그래서 통도사 강원을 졸업하고 전국 각 지방에 돌아다니며 포교를 할 때는 온통 내 세상과 같았어. 여러분도 이제 의사 면허증을 받고 전국 보건소에 다니며 의료봉사를 하게 되면 내 심정을 이해할 것이야."

전 대중이 박장대소를 하며 박수갈채가 쏟아졌다.

"나는 1925년부터 통도사 만일염불회를 30년동안 이끌어 오면서 극락세계가 서방에 있지 않고 바로 내 마음속에 있다는 것을 깨달았거든.

일염망심명료료(一念忘心明了了)　마타부재별가향(彌陀不在別家鄉)

통신자화연화국(通身自化蓮華國)　처처무비극락당(處處無比極樂堂)

한 생각 놓아 마음까지 잊어버리면

아미타불이 별 세계에 있겠는가

5온의 이 몸 터저 꽃이 피면
곳곳이 그대로 극락이라네.

아미타불은 무량수, 무량광이다. 모양 없는 마음을 깨달으면 죽고 사는 것이 없으니 무량수요, 거기서 항상 밝은 빛이 쏘다져 나와서 어둡고 캄캄한 세계를 밝히니 무량광이 아니야."

또 박수갈채가 나왔다.

"오대산 한암스님과 서울 대각사 용성스님과 편지내왕을 하여 확인해 보니 틀림없다 하고. 1932년부터는 통도사 강원에 강주가 되어 50년간 후학을 지도하였지. 38년 통도사 주지도 하고, 41년 선학원 원장도 하고, 53년 극락 호국선원에 조실로 추대되어, 이젠 꼼짝없이 여기서 죽었지 다른 방법이 없어, 하하하."

하자 또 한 번 박수가 터저 나왔다.

스님은 인연 없는 부인도 거느리고 살았고, 없던 자식도 주어 길렀다. 어떤 수좌가 비연(非緣)에 인연이 되어 아들 하나를 낳으니 승려자격이 박탈되게 되었다. 그 딱한 사정을 듣고 갑자기 대중공사 가운데서,

"그 애는 내 아이요. 내가 인연이 되어 낳았으니 통도사 주지직을 그만 두고 그 애를 내가 기르겠오."

하여 그 아이와 어머니를 살리고, 더 나아가서는 그 스님을 외국유학을 보내 마침내 한국불교 호계위원으로 까지 만들어 마지막 생을 멋있게 회향할 수 있게 하신 선지식이다. 호걸스럽고 무애자재한 스님은 설통종통 언제나 궂은 일을 남에게 덮어 씌우는 일이 없었다. 내가 불교에 들어와서 남의 일을 통째 맡아 사형선고를 받은 분을 두 분 보았는데, 한분은 대은 김태흡스님이고, 다른 한분은 원광 경봉스님이다. 김태흡스님은 6·25사변직전 절 안에서 일어났던 살인사건을 스스로 책임지고 사형언도까지 받았다가 죽지 않고 되살아나 한국불교 포교에 큰 바람을 일으키신 분이고, 경봉스님은 절 안의 젊은 스님이 한 때의 잘못으로 애기를 가지자 "그 자식이 내 아이다"하여 대본산 주지직도 내 놓고 사람을 보호하였던 것이다.

56. 법시사 편집장 이희익 대선사

법시(法施)는 1972년 조흥은행장 정종원거사님께서 명자 그대로 "진리의 베풂"을 위해서 창간한 잡지다. 사단법인으로 허가가 났기 때문에 부이사장 이호성, 김인식을 비롯하여 김현갑, 김선필, 조서희, 김종오, 강창근, 전병극, 허복, 박두원, 송금엽, 백충흠, 이인식씨 등 재계, 경제계에 뛰어난 인물들이 한데 모여 법시를 운영하고 있었는데, 이희익선사는 상임이사로 법시의 편집장을 맡고 있었다.

오랜 세월을 두고 법시에 글을 쓰다 보니 막연한 처지가 되어 자주 만나 공양도 하고 차도 마시게 되었는데 그의 모습은 일본 선종 그대로였다. 일본에는 임제종과 조동종 두 가지 선종이 주류를 이루고 있는데, 조동종은 위빠사나를 중심으로 한 묵조선(黙照禪)이고, 임제선은 간화선(看話禪)을 배경으로 한 화두선이다.

당시 우리나라에는 선에 대한 관심은 많았어도 실제 선에 대한 이론이 거의 없었다. 그런데 선사께서 신심명(信心銘)·증도가(證道歌)·십우도(十牛圖)·좌선의(座禪儀) 등 선종 4부록을 내고 또 임제록(臨濟錄)을 발간하여 직접 강의를 함으로써 선에 대한 바른 이해를 돕게 되고, 삿된 길 마군이 길을 막게 되었다.

선방에 가서 한 철만 나도 도인을 자처하고 선사들 근처에 갔다가 한 말씀만 들어도 한소식 얻은 것처럼 자랑하고 다니던 사람들이 선사를 만나면 쥐죽은 듯 조용히 앉아 귀를 기우린다. 옛날에 전혀 듣지 못한 소리를 듣고, 보지 못한 경계를 이해할 수 있었기 때문이다. 까만 장삼에 황금빛 찬란한 낙자를 매고 단정히 서 있으면 10대스님처럼 보이지만 다실에 앉아 정좌하고 앉으면 백년 수행자처럼 그 모습이 의젓해진다.

“나는 소양인으로 성질이 급했는데, 선을 통해 그 마음을 교정하였고, 사람을 대하는 마음도 느긋해 졌습니다. 법사님은 언제 어떻게 선을 접하였습니까?”

“1956년 송광사 3일선원에서 살았는데, 보조국사의 수심결·정혜결사문을 보고 발심하였습니다.”

“영가 진각대사의 증도가나 곽암스님의 십우도를 보면 마음의 경계를 바로 이해할 수 있을 뿐만 아니라 깨달음의 단계를 알 수 있습니다. 누구나 앉으면 그냥 한 소식 얻은 것 같은데, 소식도 여러 가지가 있으니 사람소식인지 부처소식인지 판가름할 수 있는 능력이 있어야 할 것 아닙니까.”

하고 선종 4부록을 주셨다.

> “지극한 도는 어렵지 않지만
> 오직 가리는 것을 꺼린다.
> 미워하고 좋아하는 생각만 없으면
> 훤하게 밝아 지리라.”

3조 승찬대사의 신심명은 무엇을 믿고 어떻게 닦아야 할 것인가를 간단명료하게 이렇게 밝혀주고 있다. 또 영가 진각대사의 증도가는

> “배움이 끝난 도인은
> 망상을 제하지도 않고 참을 구하지도 않는다.
> 무명실성이 곧 불성이고
> 화화공신이 곧 법신이기 때문이다.“

하여 깨달음의 경지를 분명히 밝히고 있다.

그리고 십우도는,
① 소를 찾기 위해 나선 사람이

② 그 발자국을 보고

③ 소를 보고

④ 찾아

⑤ 소를 먹인다.

⑥ 소를 타고 집으로 돌아오는 장면과

⑦ 집에 돌아와서는 소를 잊고

⑧ 사람도 잊고

⑨ 본래의 상태로 돌아왔다가

⑩ 다시 세상을 향하여 포교하러 나가는 장면이 두드러지게 부각된다.

그런데, 만일 이렇게 되지 못했으면 어떻게 앉아 무슨 생각을 하고 도를 닦을 것인가 하는 문제를 가르친 것이 좌선이다.

사람들이 흔히 선을 "불입문자 직지인심 견성성불"이라고 하니 전혀 문자를 버리고 생각만으로 추정하는 경향이 있는데, 불입문자의 경지라도 문자를 통해 그 경지를 인증하고 나면 선지식을 찾아뵙는 것도 쉽게 될 것이다.

"사람마다 신발을 바르게 정리하는 모습은 모든 사람들이 본받아야 할 습의(習儀)가 아닌가 생각 됩니다"

오신 손님들의 신발을 나란히 정리하여 나갈 때 편이하게 신을 수 있도록 정리해 놓으시는 이희익스님. 항상 조심스럽게 법도에 맞게 말하며, 털끝만한 실수도 용납하지 아니했던 대선사의 향취가 새삼스럽게 들려온다.

57. 상언 고암대종사

고암스님은 조계종 제3·4대 종정을 지내신 분이다. 법명은 상언이고, 자호가 환산이다. 1904년 경기도 파주에서 태어나 적성보통학교를 나오고, 18년 해인사 재산스님께 출가하여 3·1운동 때는 개성과 서울 연락책으로 활동했다고 한다.

1922년 해인사 용성스님께 계를 받고, 25년 강원을 졸업, 39년부터 전국선원을 돌며 용맹정진한 뒤 해인사·표충사·범어사 조실을 지냈다. 58년 직지사 주지를 지내고, 78년 인도 성지순례를 다녀와 88년 하와이 대원사 조실로 계셨다.

필자와는 하와이 대원사에서 만났는데, 천진하기가 3척동자와 같았다. 새벽 3시에 일어나 아무도 몰래 공양주 채공을 겸하여 한상 씩 차려 놓으면 6시 예불에 참석하신 보살님들이 즐겨 먹으며 공양주를 찬탄한다.
"한국 음식 맛은 진짜 대원사에 와야 본다니까. 얼마나 부지런하면 새벽같이 일어나 이렇게 된장국을 맛있게 끓여 논담!"
스님은 아무 말씀도 하시지 않고 그저
"많이들 잡수세요."
하고 잘 먹고 가는 것만 고맙게 생각한다.

3척동자가 와서 절을 해도 언제나 큰 절로 답하시며,
"우리 아기 부처님께 절을 받으니 나도 마음이 젊어지는 것 같구나."
하시고 사탕 하나씩을 나누어 주시며
"성불 하십시오."
한다. 하와이 대원사 여덟 번 강의에 여섯 번은 같이 살았는데, 두 번은 본토에서 불사가 있어 출타하셨기 때문에 뵙지 못했다. 언제나 보면 작은 봉

투에 십 불짜리 서너 개 넣어주시며,

"객지에 나오면 씀씀이 헤프게 되니 조금이라도 보태 쓰게. 나는 자네 덕분에 불교 교리에 대한 새로운 인식이 생기게 되었어."

하고 손을 꽉 잡아 주셨다. 너무나도 다정하고 천진한 부처님, 이 부처님 때문에 하와이 불사가 원만히 회향되었다고 생각한다.

항상 미소 짓는 얼굴에 짜증석인 빛을 보지 못했다. 보살님이고 스님이고 좀 실답지 못한 사람들이 와서 괴롭게 하여 주지스님이 짜증을 내면,

"오죽하면 절에 와서 사정하겠나. 그래도 부처님 돈을 가져가면 더 이상 나쁜 사람은 되지 않을 것이야."

하고 그동안 신도님들께서 한두푼씩 모아 주신 것을 내 놓는다. 그렇기 때문에 스님 주머니에는 단돈 100불가지고 있을 때가 드물다. 신도님들이 용돈 주시며,

"약 값 하세요. 또 헛되게 쓰지 마시고."

"고맙소. 반듯이 병든 곳에 약으로 쓰지. 돈이라는 것은 이리 저리 잘 돌으라고 해서 돈이라 이름 지은 것이요. 그러니 내 주머니에만 꼭 들어있으면 그 자리에서 썩어질 것 아니어. 그 놈이 잘 돌기만 하면 가난한 사람을 배부르게 하고 헐벗은 사람도 아름답게 꾸며지게 하거든."

이것이 법문이다.

"스님, 법문해 주세요."

하면,

"내 법문 신도님들이 다 해놓고. 또 나 보다 무슨 법문 해달라고 하는 거요."

하도 천진하게 말씀하시기 때문에 그 천진성을 듣기 위해 자주 가 성가시게 한다. 누구고 사정하면 안들어 주는 일이 없다.

87년 본토에 계신 스님이 오셔서,

"섬에만 계시지 말고 본토에 오셔서도 포교해 주세요."

“말을 할 줄 알아야지.”

“스님은 가만히 앉아만 계셔도 포교가 저절로 됩니다.”

“그럼 가 볼까!”

하여 나섰다가 예기치 않은 교통사고로 1년 동안 고생하시다가 1988년 세수 90으로 돌아가셨다.

밑에는 땅이 있고
위로는 하늘이 있다.

하늘 땅이 모두 여기서 생겨났는데
여기를 알겠느냐.

하와이는 미국에 있고
백두산은 한국에 있다.
하 하 하

이것이 스님께서 나에게 마지막 들려주신 법문이다.

58. 한국의 원효 이기영박사님

이기영박사님은 1922년 황해도 봉산 출신이다. 45년 경성제대 사학과를 다니다가 57년 백이의(白耳義) 루뱅대학에 들어가 60년 철학박사학위를 얻고, 61년 WFB한국대표로 캄보디아에 참석하면서 불교와 깊은 인연을 갖는다.

박사님께서 말씀하셨다.

"내가 57년 빨리대학에 가니 한 신부님이 '기신론 강의'를 하면서, 해동소(海東疏)를 아느냐! 물었어요. 그래서 대답을 못하고 있으니, '당신나라 원효대사가 쓴 기신론소가 해동소인데, 그것도 모르는 사람이 여기까지 무엇 하러 왔소'하여 부끄럽기 짝이 없이 얼굴이 홍당무가 되었는데, 그 뒤 한국에 와서 원효전서를 찾아보고 새삼스럽게 놀라움을 금치 못 했습니다."

이것이 원효대사를 연구하게 된 동기가 된 것이다. 더군다나 일본에 가서 고산사라는 절에 원효대사의 영정과 의상대사의 구도기가 병풍으로 만들어져 신처럼 모시고 있는 것을 보고, "한국에서는 원효대사를 대처승 취급을 하고 있는데, 일본에서는 성인으로 받들어 모시고 있으니 참으로 놀랐다. 그래서 늦었지만 나라도 연구하여 원효의 시대를 말들어야 되겠다 생각하였다.

사실 박사님께서 유럽에 갔을 때 전공한 것을 보면 "불교 고전어", "불교사상사", "종교사"에 불과하였는데, 원효대사의 전적을 보고, 또 캄보디아, 베나레스 등 불교의 성지를 참배하고, 동국대학교 인도철학과 주임교수가 되면서 비교사상연구원 소장을 맡아 서울대 문리대·연대·서강대 강의를 하면서 불교학자로 더욱 두르러지게 들어났다.

우리와의 인연은 서울대학교 강사로 있으면서 박종홍교수님과 함께 종교 세미나를 할 때 자원봉사를 하면서부터인데, 대부분이 동국대학교 교수님들이 어학이 부족하고 국제 뉴스에 어두운데 반하여, 박사님은 이 면에 능하셨을 뿐 아니라 여러 종교에 대한 비교 발표를 잘 하였음으로 학생들에게 인기가 높았다.

특히 1963년 불교학보 제1호에 "정법 은몰설에 관한 종합적 비판"이 나오면서 박사님을 보는 견해가 두 패로 갈라지게 되었다. 보수주의파에서는 "불교를 지나치게 속화하고 있다"하고, 진보파에서는 "이러한 논문을 배경으로 새로운 불교운동을 일으켜야 한다" 하였는데, 장차 "한국불교연구원"이 만들어 지면서는 재가불자운동의 선구자로 낙인을 찍어 불교대학 학장을 시켜서는 안되다는 연판장까지 돌기도 하였다.

그러나 박사님이 쓴 "원효사상"은 60년대 최고 우량도서로 선정되고, 유네스코선정 한국 10대 명저의 하나가 되었으며, 한국도서관 협회가 선정한 1950년대서부터 30년동안 선정한 우량도서가 되어 서울시문화상을 받게 되자 누가 뭐라고 해도 이기영 박사님은 "한국의 원효"로 부각되고 말았다.

한때 동국대학교 총장의 물망에 올랐으나, 불교신도의 적이 없다고 하여 기준의 대상이 되지 않았다. 그러나 박사님께서는 미리 아시고 출마하는 것까지도 사양하였다.

"나는 다른 종교단체에서 장학금을 받아 유학하게 되었는데, 거기 가서 불교를 알게 된 것 마저도 다행인데, 그 신행적까지 말살한다는 것은 내 양심상 있을 수 없는 일이다. 불교는 깨달음의 종교이지 나·네 것을 가려 친·불친을 논하는 종교가 아니다."

만약 그 분이 총장이 되었다면 동국대학교는 그 면모가 달라졌을 것이라 생각된다. 국내학파만을 중심으로 한 동국대학교가 아니라 국제무대에 나아가 세계적인 학자들이 한 장소에서 강의하는 국제대학이 되었을 것이고, 한국, 일본, 중국에만 알려진 원효가 아니라 세계적인 원효가 국경을 넘어 날아가 소승을 대승화시키고, 대승을 일승화하여 온 세계를 한 불자 가정으로 만드는데 크게 기여하였으리라 생각된다.

내가 대학원 원서를 가지고 가니,

"거리에서 사는 사람이 왜 울타리 속에 들어오려 하는가. 한국불교가 원융불교가 되려면 앞으로 100년 세월은 더 걸어야 할 것이니 한생각 놓아 버리고 포교나 하게."

하였다. 사실 김동화박사님은,

"대학원에 들어와 내 교리발달사를 전공하게."

하여 원서를 가지고 갔었으나 이 말씀을 듣고 일생을 포교하는데 거리의 행자가 되기로 작정하고 김동화박사님께는 "불교교리발달사" 책을 내 드리는 것으로 결론을 내렸다.

59. 대각회 법주 광덕큰스님

금하 광덕스님은 재단법인 대각회 이사장이자 불광법회 법주로서 '불광' 잡지를 발행하여 많은 사람들의 뇌리에 깊히 깊히 박혀 있는 선지식이다.

1927년 경기도 화성에서 태어나 17세부터 6년 사이 아버지 어머니 사랑하던 누이까지 잃고 인생무상을 절감하고, 1950년 부산 범어사 동산스님께 귀의하였다. 53년 신소천스님의 "깨달음의 운동"에 동참하고, "금강경독송구국원력대"에도 동참하여 전국을 순회하였다. 54년 금정사에서 한 소식을 얻고, 부산 범일동에서 최초의 법등가족법회를 주일마다 열다가 56년 백용성스님의 정신을 계승하게 되었다.

58년 조계종 중앙감찰위원이 되고, 62년 총무국장이 되어서는 종헌·종법·불교재산관리법 등을 성안하고, 63년에는 대학생불교연합회를 만들었다. 65년 봉은사주지로 취임하면서 대학생법회에 참여한 것이 스님과의 큰 인연이었다.

항상 몸이 약해 틈만 있으면 혼자 계시기를 좋아했는데, 한번은 봉익동 대각사에서 그런 말을 하였다.

"나는 세상을 두 번 사는 사람이요. 숨을 제대로 쉴 수 없어 병원에 가니 폐를 자르기 전에는 살 수 없다하여 고민하였는데, 그날 밤 꿈을 꾸니 '네가 어머니 배속에 있을 때는 폐로 숨을 쉬지 않았다'하여 깨고 나서 생각해 보니 단전복기를 하면 나을 것 같아 수술 후에는 단전복기를 하여 폐를 무리하게 쓰지 않고 살고 있습니다."

그래서 그런지 같은 입장에 처해있는 수행승들이나 신도, 학생에 대해서 특별히 관심을 가지고 흔적 없이 도왔으며, 먹는 음식에 대해서도 본인은 드시지 않으면서도 특별한 음식을 마련하여 전해주곤 하였다.

항상 얼굴에 밝은 빛이 솟고 있었고, 마음 한 구석에도 그늘진 곳을 찾아볼 수 없었다. 그렇기 때문에 1971년 청담스님 돌아가신 뒤 총무부장을 맡아 총무원장 직무대행을 탈 없이 이끌었던 것이다. 94년 대각회 이사장이 되어서는 불광회를 창립하고 순수불교운동을 전개하면서 부터서는 10악 참회, 108참회로 모범적으로 뽄을 보여 모든 사람들에게 깊은 감동을 주었다.

79년부터 불광출판부를 개설하여 문서포교에 나섰으며, 92년 도서출판 '한강로'도 만들었다. 이렇게 중생을 다방면으로 교화하는 가운데서도 범어사에 금강계단을 만들어 선찰 대본산의 면목을 살렸다. 92년에는 세종문화회관에서 보현행원가를 발표하여 불교음악의 창작성을 높였다. 이렇게 일생을 상구보리하고 하화중생하시던 분이 1999년 2월 27일 열반에 드셨으니, 진실로 이 시대의 보살이요, 조사이다.

"나는 병이 들지 않았으면 감히 병든 사람들의 속을 알지 못했을 것이다. 내가 고민하지 않했으면 이 세상 고생하는 사람들의 마음을 이해할 수 없었을 것이다."

이것은 가까운 사람들 앞에서 조심스럽게 늘 하신 말씀이다. 이 세상에 받은 몸이 허약했기 때문에 참회·구도의 열정이 누구보다도 높았고, 집 한 채를 지어도 다른 데서 볼 수 없을 정도로 튼튼하게 지었던 것이다. 그분의 일생은 "명상언어집", "금강경", "만법과 짝하지 않는 자", "반야심경", "보현행원", "지장참" 등에 잘 나타나 있다.

나는 언젠가 강동구 천호동 쪽에서 전화가 와,

"우리 절 법회를 좀 보아주십시오."

하여 갔더니 바로 광덕스님의 큰 제자가 운영하는 절이었다. 신도의 조직이며, 법회의 절차가 법도 있게 운영되어 큰 스님의 영험이 대각사나 법안정사에만 그치지 않고 전국 곳곳에 이렇게 퍼져나가고 있구나 생각하였다.

동국대학교 이사들 가운데 10년을 넘긴 사람이 그렇게 많지 않다. 그런데 스님은 20년 동안 이사로 지내면서도 유리알처럼 맑고 깨끗하여 모든 사람들의 칭송을 받았다.

"연꽃처럼 깨끗한 분"

누구나 보면 절 잘하고, 칭찬하고, 공경 공양하여 살아있는 보현보살로 통했다.

> "어두운 곳엔 빛이 제일이고
> 배고픈 사람에겐 음식이 제일이다
> 보고 들은 이름과 모양은 모두가 거짓
> 진실은 실로 보고 들을 수 없기 때문이다."

이것이 스님께서 불광청년들에게 내리신 마지막 법어이다.

60. 한국의 용수보살 고익진교수

배는 불쑥 나오고 작은 키에 몸은 까장까장하신 양반이 학교 정문만 올라서면,

"아이구 숨차"

하고 한참 섰다가 걸었다. 1934년 전남 광주에서 태어나 전남대학교의과에 진학하였으나 병을 얻어 10년간 병상생활을 하였다. 병원에서 치료말기의 판정을 받고 산사에서 요양하던 중 반야심경을 3년간 연구하고 눈이 열려 동국대학에 입학하였다.

31세에 학교에 들어 왔으니 때가 많이 늦은 것이다. 대학과 대학원에서 남다른 연구성과를 보여 1980년 동국대학교 교수가 되었고, 동국대학교 출판부 일을 볼 때는 "한국불교전서" 편찬을 맡아 불후의 명작을 남기기도 하였다.

우리와의 인연은 "두토회"에서 만났다. 불교에 관심있는 친구들이 만나 모임을 가졌는데, 둘째 토요일에 모이기 때문에 "두토회"라 하였다. 지금도 이 회는 계속되고 있다. 우리는 모이면 그 동안 안부를 묻고, 한 달 동안에 일어났던 불교계 사건들을 진맥하고, 또 여기 알맞은 처방을 생각해 본다. 그러나 고교수는 늘 말한다.

"한국불교는 천만번 이야기 해 보았자 논리에 불과하다. 중요한 것은 실천이다. 원시근본불교사상에서부터 새롭게 시작하여야 한다. 걸사정신(乞士精神)이 부족하기 때문에 돈(절)과 사랑(명예)을 가지고 싸우고 있는 것이다. 아함경 법상을 봐라. 7가식을 하지 않고 오후 불식을 하지 않는 사람이 비구의 이름을 붙일 수 있는가. 그러니 남방불교스님들이 와서 보고 '한국에는 명자 비구뿐이다' 하고 핀잔을 주고 가지 않는가!"

"아함법상에 관한 체계적 연구", "삼법인설에 대한 비판" 같은 논문이 나

오면 모임 자체가 학술논문발표회가 된다. 나라가 불안할 때는 “불교사상이 신라 삼국통일에 미친 영향”, “종교간의 대립과 불교적 관용”에 관하여 많은 말씀을 하시고, “잘못하면 한국은 종교 때문에 망하게 된다” 하고 극렬한 논설을 펴기도 하였다.

특히 말년에는 원효대사에 관한 논문을 많이 썼다. “기신론 별기”, “진속무애관”, “실천윤리” 등은 모두 원효대사에 대한 연구이고, 박사학위논문은 “한국고대불교사상사”다. “원묘의 백연결사”와 “서명유식의 기본입장”을 발표할 때는 한국불교에 대한 차별의식이 뚜렷했다. 그러나 어떤 사람도 그의 주장을 반박할 수 없었다. 빨리어, 싼스크릿트, 한문, 일어, 영어 등 5·6개 국어에 정통하여 논리적으로 따지고 드는 데는 누구도 변명할 여지를 주지 않았기 때문이다. 그래서 한때는 “고익진불교”라는 별명까지 생겼으나,

“나는 내 불교를 고집하지 않는다. 부처님당시 불교에 우리 지역에 맞는 불교를 하되, 시대에 적응해야 한다. 신라나 고려 때 불교를 지금 와서 그 언어와 행습으로 강요를 하면 누가 따라올 수 있겠는가.”

그래서 그는 원시근본불교를 바탕으로 신라 원효불교를 양 옆으로 하여 이 시대에 알맞은 통불교·실천윤리를 강조한 것이 고익진불교다 하고 자신 있게 말하였다.

“사실 나는 전생부터 병이 없이는 공부할 수 있는 여건이 되지 않기 때문에 내 호를 병고(丙古)라 했는지도 모르겠다.”

어머니께서는 이제 학자노릇 그만 하고 고향에 돌아와 조용히 요양할 것을 바랬지만,

“한번 받은 몸은 언젠가는 가고 맙니다. 살아 있을 때 할 수 있는 일을 하다가면 그만입니다.”

하고 기필코 내려가지 않았다. 그의 학문은 시간이 갈수록 높고, 넓고, 깊어져 그 논문을 읽는 사람까지도 삼매에 빠게 된다. 누가 무슨 말을 하면 픽 웃으면서,

"그럴 수가 있간디. 더 좀 깊고 넓게 보지 않했기 때문에 그 같은 논리가 나온 거야. 한국분교는 이제부터 새로워져야 하니 자내들은 여러 말 말고 10년 공부에 우십년공부(又十年工夫) 해야 돼."

하고 늘 강조하였다.

그래서 그의 문하생 가운데 전재성 같은 분이 나와 빨알리어 경전을 새롭게 번역하여 아함법상의 논리를 시대에 맞게 가르치고 있는 것이다.

아인망처초삼계(我人忘處超三界)
대오진공증법신(大悟眞空證法身)
무영수두화난만(無影樹頭花爛慢)
청산의구겁전춘(靑山依舊劫前春)

61. 한국의 유마거사 장경호 회장

동국제강의 창업자 장경호거사님은 한국의 유마거사로 불려졌다. 1899년 부산 동래 초량에서 태어나 14세에 보성학교에 들어갔으나 17세에 동생의 죽음을 맞으면서 인생에 대한 회의 때문에 통도사에 들어가 구하스님으로부터 처음 불교를 접하게 되었다. 1920년 일본 유학을 마치고 와서는 "일귀하처(一歸何處)"의 화두를 가지고 몸부림치다가 돈을 벌어야 한다는 생각을 가지고 가마니 공장, 수산물 도매시장, 정미소 등을 운영하며 철사와 못을 생산하는 "조선선재"를 만들어 큰 돈을 벌게 되었다.

유엔대사를 역임한 둘째 아들 상문이 불사를 계승하고, 넷째 아들 상철이 동국제강을 성장시키자 아버지 대원거사는 전국 선방을 유행하면서 마음의 당금질을 끊임없이 하였다. 1967년 서울 견지동에 불서보급소를 설립하고, 70년 남산에 대원정사를 짓고 시민선방을 개원 불교의 대중화, 현대화, 포교화를 언행일치로 실천하였다.

1975년 한국불교진흥을 위해 거금 30억을 박대통령에게 헌납하므로써 문공부로부터 재단법인허가를 얻어 한국불교 중흥을 위한 대망의 첫발을 내디뎠다. 거사님은 언제나 대원정사에 나와서 옛날 통도사에서 용성스님·한암스님·한용운·동산·전강·경봉스님께 법문을 듣는 자세로 신진 불교학자들의 법문을 듣고, 통도사 마하연 무위암, 법수원 선방에서 안거를 지내는 마음으로 시간을 꼭꼭 지키며 정진하였다. 목적은 오직 "자아를 완성하여 이 세상을 불국정토"를 만드는 것이었다.

다행이 후계자들을 잘 만나 세속적인 사업체 동국철강이 국제적인 제강업체로 발전하였고, 장상문회장이 대원정사 이사장에 취임하면서 출세속적인 불교사업 또한 잘되어 다보수련원, 불교방송국, 대원복지재단을 설립하여 장학·복지·보호대상자 지원 사업을 전개하고 있다.

비록 일은 두 가지로 진행되고 있으나, 진속이 불이(不二)라 세속적인 사업은 호국불교운동으로 중생구제의 한 방편이 되고, 출세속적인 사업은 정신혁명으로 무명 속에 허덕이는 중생들에게 밝은 빛을 제공하는 불사였다.

비록 세속에 몸을 담고 있으나 수행은 출가 수행자보다도 더 철저히 하여 모든 불자의 귀감이 되었으니 진실로 추모하고 존경해야 할 어른이다. 나는 남산의 대원정사에서 여러 차례 뵙고 거사님께서 직접 창립하여 운영하는 대원불교대학 강의도 한 일이 있다. 그리나 최근에는 몽골 불사를 하면서 아드님께서 몽골까지 오셔서 장학생을 선발해 주셔서 여섯명을 동국대학교 대학원에 입학시켜 수료하였다. 또 불교진흥원에서 매월 1000불씩을 도와주어 몽골 어학당을 개설하고 어린이 청소년 법회를 보고 있다. 최근에는 고려사 명상센타를 만들어 교민들의 정신건강과 전통적인 몽골 불교에 지대한 영향력을 주고 있다. 진실로 감사드린다.

마지막으로 남산 대원정사에서 법문하고 국수 먹으며 들었던 법문이 기억 속에 새롭다.

"나는 20대부터 폭풍처럼 밀려오는 불교의 끌림에 정신을 몰두하게 되었습니다. 그래서 많은 불교서적을 읽고, 불교의 요체를 파악하여 바른 견해를 확립하고 세상을 바르게 보는 눈을 열게 되었습니다. 그래서 누구든지 쉽게 구해볼 수 있는 불교서적을 간행 보급하여야 하겠다고 생각한 것이 불서보급사였습니다. 그때는 책을 구하기가 힘들었으니까요. 그리고 책을 보고나서 이것은 그분들의 체험이니 나도 한번 도를 통해보아야 되겠다 생각하고 여러 선방을 돌면서 큰스님들의 법문을 들었는데, 큰스님마다 돈이 없어 불사를 할 수 없다 하시므로 큰 원을 세우고 사업을 시작한 것이 동국철강이 된 것입니다. 앞으로 불교 방송이 만들어진다면 자동차 타고 가면서도 부처님 말씀을 듣게 될 것이니 집집이 법당이 되고, 곳곳에 부처님이 나타나게 될 것입니다.”

과연 거사님의 원력은 헛되지 않아 마음먹었던 일들이 1·2대에서 형성되고 있으니, 장차 불교 TV까지 개국된다면 보는 것마다 부처님이 되고, 듣는 것마다 불음이 될 것이다.

오덕사(五德師)
육화여(六和侶)
이생위사업(利生爲事業)
홍법시가무(弘法是家務)

5덕사란 포마·걸사·정계·정명·파악 등 비구의 5行을 말하고,
6화여는 동계·동견·동행·자신·자구·자의 등 6화경행을 말한다.

62. 효행도인 정대스님

　정대스님은 1937년 전주출신으로 속명은 병식이고 법명은 정대이며, 법호는 월암이다. 62년 완주 위봉사에 갔다가 전강스님을 만나 통도사 월하스님께 계를 받았다. 용주사 중앙선원에서 수안거(首安居)를 하고, 망월사·덕숭산 수덕사 등에서 10안거를 성만한 뒤 69년 신륵사 주지가 되었다.

　여주 불교대학 법회에 갔다가 신륵사에 들리니 뒷방에 홀로 앉아 천수주력을 하다기 뛰어 나왔다.
　"우경법사 아니요?"
　"예, 그렇습니다."
　"그렇지 않아도 법사님 '천수경강의'를 읽고 어머니를 위해서 천수주력을 하고 있는 중입니다. 들어와서 차 한잔하고 가십시오."
　너무나도 평범하고 소탈하여 조계종 큰절 주지스님 같지가 않았다.
　"우리 스님 전강큰스님께서 법사님 이야기 하시는 것을 여러 번 들었습니다. 법사님께서 강의하신 초발심 자경과 치문경훈을 교재로 하여 저희들을 가르쳤습니다."
　"어떻게 하여 6·25 사변 후 이렇게 퇴락해 있는 사찰을 일신 할 수 있었습니까?"
　"어머님 덕분이지요."
　스님은 그런 말씀을 하지 않았지만 뒤에 들으니 원래 가정이 부유하여 전답이 많았는데, 스님이 출가하다보니 어머니까지 따라오셔 같이 모시고 살림하면서 조상의 땅 값으로 가람 일대를 일신하게 되었다는 것이다. 절에 들어와 절 돈을 얻어다가 집안 살림하는 사람도 있는데, 집안 살림을 팔아다가 절 불사를 했다는 말 듣기로는 금시초문인 것 같아 더욱 존경스럽게 느껴졌다.
　"우리 스님께서 몸이 허약하여 늘 걱정입니다. 그런데 일은 많고 새벽부터 일어나 살펴도 좀체 가닥이 나지 않습니다.”

어머니 또한 불심이 장하였다. 옛날 진묵스님이 어머니를 모시고 다니면서 봉양하였고, 중국의 지공스님이 어머니를 모시고 다니면서 포교했다는 말은 들었지만 어머니와 함께 살면서 퇴락한 절을 보수했다니 더욱 더 존경스러웠다.

그 뒤 서울에 올라와 총무원 사회국장, 재정국장, 규정국장, 총무부장을 할 때 나는 조계사 학생회 법회를 보았으므로 종종 길거리에서 만나 뵙고 중앙종회부의장, 88년 종회의장이 되었을 때에도 자주 뵈었다. 스님들은 선거 때마다,

“정대스님이야 말로 화합의 도사요, 일과 이치에 능수 능난한 인격자.”

라고 칭찬하였다. 평상시 말이 없어 조용하기만한 스님이 입을 열었다 하면 파사현정이요, 이고득락이라 종단의 어려운 일들이 묘하게 해결되고, 잘못된 생각에 빠졌던 사람들까지도 모두 한 마음으로 돌아서서 박수를 쳤다. 이것은 오직 방외도인(方外道人) 출격장부(出格丈夫)인 전강스님을 모신 덕이라고들 말했다. 완주 위봉사에서부터 인천 용화사에 이르기까지 공양주, 채공 다공을 다 겪었고, 또 동산·효봉·청담 큰스님들과 함께 정진하면서 선교방편으로 대기설법하는 것을 많이 보았기 때문이라고도 말한다. 그러나 보고 듣는다고 다 되는 것은 아니다. 전생부터 익힌 습관과 위대한 원력이 있어야 그렇게 될 수 있다.

용주사 주지를 맡아 용주사를 새롭게 단장하고, 은사님께서 문을 닫았던 중앙선원을 다시 살려 선풍을 진작하고, 조계종 중앙종회 의장이 되어 불교방송국을 개원한 것이라든지, 평화통일자문위원·동국학원 이사로서 각각 10년간 활동하면서 불교포교와 학교발전에 기여한 것은 말로 다 표현할 수 없다. 99년 총무원장이 되어서는 중앙승가대를 김포로 이전하고, 조계사에 역사박물관을 착공하여 종단의 숙원불사를 한 걸음 더 나아가게 하고, 한일불교 교류와 세계불교 발전에 기여한 공 또한 크다.

어머니 최은수여사와 스님의 이름을 따서 "은정불교문화원"을 만들어 장학사업을 시작한 것도 특별히 기록할 만 한 일이다. 허약한 몸으로 일생을 중흥불사와 교육사업에 헌신하면서도 "이빨에 털 난 이치(板齒毛)"를 꿰뚫어 2003년 11월 18일 임종시에는,

"올 때에도 죽음의 관문에 들어오지 않았고
갈 때에도 죽음의 관문을 벗어나지 않았다."

하고 세수 67세, 법랍 42세로 입적하였다. 작은 고추가 맵다했는데, 맵지도 아니히면서 고추 노릇 잘하기는 정대스님이 일등이다.

등지삼현병사과(等地三賢並四果)
보살연각성문승(菩薩緣覺聲聞乘)
무색성중현색성(無色聲中現色聲)
대비위체이군생(大悲爲體利群生)

63. 한국불교의 중흥조사 운허대종사

불교를 중흥한다는 것은 절을 짓고, 종단을 만들고, 종도들을 양성하는 데도 있지만 불조를 바르게 이해할 수 있는 법보가 바로 서지 아니하면 아니 되는 것이다. 그런데 우리 한국불교는 1700년의 역사를 가지고 있으면서도 중국의 한문을 대본으로 한 경전을 읽고 있었기 때문에 특별한 관심을 가진 대학자나 전문적인 불교신도 스님이 아니면 가히 접할 수 없는 난관이 있었다.

그래서 조선조에 세종대왕이 한글을 만들어 번역해 보기도 하였지만 한계에 부딪쳐 20여종에 불과하였고, 해방 후 卍상회를 중심으로 몇몇 서점과 사찰에서 경전을 번역한다고 하였지만 모두가 하늘 가리는 부채에 불과하였다.

그런데 일찍이 한학을 전공하여 후학들을 가르치다가 독립운동에 앞장 서 만주 땅에 갔던 스님께서 모처럼 불가에 입산 한 뒤 교육과 역경 두 곳에 원력을 세워 광동 중·고등학교를 세우고, 한편 동국대학교에 역경원을 설립하여 거국적인 불사를 실행함으로써 명자 그대로 8만 대장경이 우리 눈앞에 한글로 나타나게 되었으니 이 일이야 말로 한국불교를 중흥하는 일에 쾌사라 아니할 수 없다.

내가 운허스님을 처음 만난 것은 불교사전을 편찬하고 계실 때, 그 자료를 구하기 위해서 성북동 청룡암을 찾았을 때이다. 기산 노사께서는 필생의 작업으로 완성한 금강경 원고 8천매를 통째 내 주시면서, "필요한 대로 쓰시고 보내주십시오"하니 "너무 고마워 할 말이 없다"하고 책이 나온 뒤에는 불교사전 두 권을 직접 가지고 오서 감사인사를 하는 것을 보았다.

그 뒤 불교통신대학 교재를 편찬하기 위해 자문을 구했더니, "다른 선생님들의 모임이 있으면 나도 참석하겠다"하여 1972년 상락향 수도원에서 김동화박사님과 김대은 스님을 함께 모시고 "초·중·고·대"의 20여권 통신교재를 편찬하도록 가르침을 주신 일이 있다.

"학교교육도 중요하지만 전통교육도 무시할 수 없으니 두 가지를 병행해서 교재를 편하되, 초·중과(1·2학기)에서 불교신자의 자질을 갖추게 하고, 고등과 대학과(3·4하기)에서 전문교육을 실시하는 것이 좋다."

하였다. 그래서 통신대학교재가 스님의 말씀대로 편찬되었다.

그 뒤로 김교남선생(광동학교 교장)님과 함께 한번 오시고, 한번은 그냥 혼지 오서서 상락정에서 두어시간 홀로 앉아 계시다가 점심공양을 하셨는데, 그 때 나직한 말씀으로 "부끄러운 중노릇을 하고 있다" 피력하였다.

"나는 가족이 있거든. 그런데 비구승 측에 있다 보니까 자식들이 마음 놓고 아버지 소리 한 번 하지 못하고 있어. 불법이 좋긴 좋으나 나는 거짓된 중노릇을 하고 싶지 않거든. 그런데 그것이 마음대로 되지 않는단 말이야."

참으로 가슴 아프고 무거운 짐을 안겨주는 것 같은 기분을 느꼈다. 특히 스님은 "나 같은 옹색한 처지에 놓여있는 사람들이 법을 핑계하여 거짓 행위를 하는 사람들이 나타나지 아니할까."

걱정하셨다. 그래서 기산스님은,

"운허스님 같은 양심가가 없어. 오늘 대처승이 내일 비구가 되어서 남의 절 빼앗으러 다니는 사람도 있는데!"

하셨다.

실로 스님회갑 때 스스로 지은 게송을 보면 스님 마음을 잘 이해할 수 있다.

    빈 털털이 처량하게 안겨드는 나그네에게
    조촐한 환갑상을 차려주니 그래 고맙구려

충성을 다하던 처음의 뜻, 꿈결로 돌아 갔는데
부처를 섬기려든 반평생도 헛 이름만 빚졌네
아내와 유명을 달리한 일 못내 가슴 아픈데
전쟁터에 죽어간 아들 소식 가장 마음에 걸리는구려
지나온 60년 일을 돌이켜 보노라니
울어야 할지 웃어야 할지 나도 진정 모르겠구려

제자들을 사랑하고 가족들도 생각했지만 특히 국가를 생각하는 마음은 말로 다 형언 할 수 없다. 이후락씨가 특사로 북한에 갔을 때 거의 철야정진하시며 조국의 평화통일을 염원하고 기원하셨으니 말이다.

64. 꽁초도인 오상순 선생

조계사에 화통(火桶)도인이 살고 있었다. 백송 옆 다 찌그러져가는 요사채 수위실에서 연속 연기가 솟았기 때문에 한 때는 불자동차도 왔었다고 한다. 이 도인이 있으면 방안 빈자리가 없다. 그런데 그 틈에서도 공초선생은 두 다리를 뻗고 고개를 꼿 세운 채 잠이 든다. 머리맡에는 아침부터 피웠던 담배꽁초가 명자 그대로 공초(空超)를 이루고 있다.

흰칠한 미간에 육계가 불룩 솟아오른 머리는 언제나 말끔히 청소되어 있다. 끝으로 갈수록 숫이 많은 눈썹, 오뚝한 코에 가무스레한 눈에서는 별빛보다도 더 맑은 빛이 쏟아진다. 메기입처럼 쭉 째진 입에 보조개가 두드러지게 나타나 500나한 가운데 한 분임이 틀림없다.

1894년 서울에서 태어나 어의동(효제)학교를 나와 13세에 경신학교를 졸업하고, 12년 일본으로 건너가 18년 도시샤대학을 졸업한 후, 19년 교회 전도사가 되었다. 그러나 얼마 있다가 불교로 개종, 21년 중앙불전을 나오고, 보성학교 교편을 잡다가 전국 사찰을 전전하며 참선 염불로 세월을 보냈던 운수객이다.

언제부터인가 그는 시인이 되어 1920년에는 폐허동인으로서 폐허 속에서 개벽을 꿈꾸는 선각자가 되었다.

"아세아의 마지막 밤에 태어나서
여명에 이르는 동안
영원처럼 살다 가신 당신
평생 무일푼의 적빈도인으로
몸에 지닌 것은 물뿌리 하나뿐이었지만

언제나 가난을 모르고 살아왔던 당신
당신은 공산명월이었습니다.”

누구나 만나면 먼저 손을 내밀고 “반갑습니다”, “기쁩니다”, “고맙습니다” 인사하던 모습이 선연하다. 폭 퍼져나가는 연기 속에 온갖 번뇌망상 다 날려버리고, 허공까지도 삼켜버린 공초도인을 사람들은 그 얼굴만 쳐다 보아도 눈물이 난다고 하였다. 밥만 먹으면 나간다.

“어디로 가십니까?”

“직장에 가지. 따라 갈테야?”

따라가면 으레 명동의 청동다방이다.

“6·25전에는 푸라워 혜성이 내 직장이었는데, 수복 후엔 청동이야.”

그림자만 나타나도 사람들은 “꽁초다”하며 제각기 악수를 청한다. 그러면,

“반갑습니다. 기쁩니다. 고맙습니다.”

하고 천진난만한 어린이처럼 죽었다 깨난 아버지가 자식을 안아주는 것 같이 기쁨을 안겨준다.

한번은 구상시인을 만나,

“야! 임마. 나는 기독교에 내 스스로 들어갔다가 내 스스로 나왔고, 불교에 들어갔다가 불교에서도 뛰쳤다. 부처님이 불교를 불교 아니라고 해서 말이다.”

그래서 당시 불교를 대표하는 시인은 공초이고, 기독교를 대표하는 시인은 구상이란 평이 나오게 되었다.

그러나 그는 종교보다 더 사랑하고 아낀 것은 자연이다. 자연이 없이는 종교를 배태한 인간도 살아 갈 수 없기 때문이다. 그래서

“그래. 도라는 것이 있을 때는 자연이 남이고, 도라는 것이 없을 때는 자연이 나이다.”

하는 유명한 말을 남겼다. 사람들은 숙연히 머리를 숙이고 법문을 듣는다.

그러면 너털웃음을 웃으면서,

　"무엇들 하고 있는 거여. 멀쩡한 사람도 자세히 들여다보면 병신 아닌 사람이 없으니 대충보고 말라구."

　하면서 또 한 모금 들이킨 뒤에 하늘 높이 내 품었다.

　이것이 1961년 일이니, 공초선생이 하직하기 2년 전이 아닌가 생각된다.

　　　주현성월야개일(晝現星月夜開日)
　　　하견빙설동견홍(夏見氷雪冬見虹)
　　　안청비관이능어(眼聽鼻觀耳能語)
　　　무진장중색시공(無盡藏中色是空)

65. 춘봉 나병기 거사

선지식은 선지식만이 선지식이 아니다. 선지식을 섬기고 받들어 선지식의 정신을 계승한 사람 또한 서지식이다.

1992년 벽허 김재수씨와 함께 상락향을 찾아온 수도산인 나병기씨는 강남 봉은사 1세 주지 나청호스님을 그대로 빼어 닮은 선지식이었다. 80여년을 수도산 속에 살면서 불괴비첩(不壞碑帖)을 중심으로 봉은사의 역사를 고스란히 간직하고 있다가 뒤에 사람들에 물려주고 그의 자취를 감추었으니 알 수 없는 보살이요, 처사요, 거사다.

나청호스님은 1875년 뚝섬에서 태어나 1934년 삼청동에서 열반하실 때까지 한국불교를 위해서 혼신한 보살이다. 을축년 대홍수 때 한강에 떠내려가는 708명을 구제하여 불교의 자비가 무엇인가를 보여준 스님이시다.

1910년 원종 종무원이 일본 조동종과 손을 잡고 일제화 하려하자 오성월, 한용운 스님 등이 임제종을 만들어 원당(圓黨), 임당(臨黨)으로 분리되자 "조선불교는 조선불교로 서야지 일본, 중국불교 가지고는 조선인을 살릴 수 없다"하여 먼저 한국 전통의 사찰 봉은사 주지가 되어 정법도량으로서의 승가람을 모범적으로 중건하고, 황무지 10정보를 개간, 년간 200석을 거두어 드리는 농·선 일치의 불교를 실천했으며, 1915년에는 임야 53정보를 측량 사유지(寺有地)를 만들어 놓고, 1922년 선가의범을 편집하여 원조기재(遠祖忌齋)를 설판하자 10만 인파가 동원되었으니, "말로만 떠들던 산중불교가 이제야 명실 공히 도시 불교로 탈바꿈하고 있다"고 칭찬하였다.

생각하면 이 넓고 광활한 땅이 누구에 의해 어디로 다 팔려나가고 지금은 수도산 한 자락에 납작하게 서 있는지 알 수 없으나 봉은사를 지나가는 사람들은 나청우스님의 피어린 정성과 용맹정진, 그리고 당시 사부대중의 호법 정신을 잊어서는 아니 될 것이다.

그 뒤 각황사(현 조계사) 법사가 되어 10년 동안 포교하면서 "새벽 석 마치면 성상께 우러러 예배하고, 향화 나부끼는 밤중에는 경서를 익혔다" 하니 자비의 비는 뭇 중생들을 축여주고, 진리의 빛은 요사한 마음을 없애주었을 것이다.

언젠가 봉원사 법회에 갔다 찾아보니 다 찌그러져가는 매심당(청호스님의 살림방)에서 길이 11cm, 넓이 9cm, 두께 1.5cm 되는 청죽에 색여진 "항상 정전백수를 보고 3독을 제하고, 늘 법화경을 읽으며 4은을 갚는다"하는 청호스님의 어점(책갈피에 꽂는 판)을 놓고 공부하고 있었다.

"청호스님은 원효스님을 좋아했습니다. 학자적인 기질을 가지고 있으면서도 학자에 머물지 않고, 김삿갓처럼 천지를 유랑했으나 먹고 노는 것 때문이 아니라 일체 중생들의 고통을 함께 나눈 원효스님을 좋아했습니다. 그래서 스님은 늘 "眞俗無染 圓融無碍"의 액자를 걸어 놓고 원효스님의 원융불교를 실천하고자 노력했습니다. 특히 원효대사의 십문화쟁론과 기신론을 많이 읽으셨습니다.

언제 어디에서나 가장 훌륭한 일을 하시고
두루 모르시는 바 없이 다 알며
그 모습 자유자재하여
세상을 구하고자 자비를 베푸시는 부처님,
그 몸과 모습
참되고 한결 같음이 저 바다와 같습니다.
한량없는 공덕을 갈무리고
사실대로 수행하시는 스님들
모든 사람들의 외혹을 없애고

그릇된 고집을 버리고
대승의 바른 믿음을 일으켜
부처님의 종자가 끊어지지 않게 하겠습니다.

거사님은 이렇게 기신론 귀경송을 읊으며 우리 시대 모든 불자들이 어떻게 믿고 살아갈 것인가를 확신하게 하였다.

청호스님이 700명이 넘은 이재민을 구제한 이야기는 이렇다.

비오는 날 새벽 아침 예불을 마치고 뚝 섬에 산책을 나가니 강물에 떠내려가는 한 여인이 관세음보살을 부르며 살려 달라 몸부림쳤다.
"쌀 한가를 줄 터이니 누가 저 여인을 구해 오너라."
사람들은 너도 나도 배를 가지고 나가 그 여인 뿐 아니라 수백명을 물속에서 건져와 큰 방에 불을 때고 죽을 쑤어 먹이다가 마침내는 밥을 하여 수천명을 먹여 살리니 한국에 산 부처님이 탄생하였다고 황제까지 친히 오셔 격려하였다.

이때 서예문인화가들이 보내온 격려편지가 장차 봉은사 중흥불사에 큰 자본이 되었다 한다.

66. 송광사 춘곡대화상

춘곡스님은 승주군 송광면 장안출신이다. 일찍이 출가하여 이력을 마쳤을 때는 우리나라에서 몇째 안가는 인쇄체 대가였다. 글씨를 써 놓으면 인쇄를 해 놓은 건지 손수 쓴 것인지 구분이 되지 않으므로 누구나 그 필 끝에서 눈을 때지 못했다.

"참으로 구름 속에서 벗어난 해와 같네."

"가을 못 속에 드리워진 달입니다."

마치 물 먹은 꾀꼬리가 푸른 하늘을 나는 것 같이 아르답기 그지없다. 2m가 넘는 키에 솜털처럼 부드러운 손발. 2500년전 부처님의 손발이 그렇게 생겼을까. 사람들은 만져보고 10대 소녀 같다고 칭찬했다.

"우리 어머니가 이것 하나는 잘 낳아놨어."

하고 너털웃음을 웃으면 조개산이 들썩들썩 할 정도로 소리가 크다. 사미가 와서

"큰 손님 오십니다."

하면,

"주지 스님께 아뢰어라."

하고 하얀 모시 장삼에 빨간 가사를 입고 나와 주지스님 뒤에 서서 손님을 맞는다. 그러면 손님들은 총무스님이 주지스님인줄 알고

"큰 스님 절 받으세요."

하고 3배를 한다.

손님을 접대할 때는 절식은 절식대로 엄하게 하여 아무리 큰 손님이 오셔도 작은 상에 밥상을 놓아 행자들 맨 끝에 앉혀 대접하고, 밖에서 대접할 때는 속가의 법에 따라 환희심으로 대접하였다. 그러므로 한번 다녀간 사람은 늘 스님을 찾아 환담을 즐겼고, 글씨 한 장 받아가는 것을 큰 영광으로 생각하였다.

"'靑山白雲', 이것이 무엇입니까?"
"푸른 산은 흰 구름을 붙들지 않고, 흰 구름은 푸른 산을 괴롭히지 않습니다."
" '淸風明月'은요?"
"맑은 바람에 밝은 달. 이렇게 세상을 살면 얼마나 좋겠오."

이것이 스님의 포교정신이다. '청산'은 움직이지 않는 것이니 주인이고, '백운'은 흘러가는 것이니 손님이다. 청산과 백운이 한데 어울리면 한 수의 시가 된다. '靑天에 白雲이 萬里에만 通하게 된다'면 그들이 만난 보람은 끝도 갓도 없으리라.

'맑은 바람'은 아내요. '밝은 달'은 남편이다. 어두운 세계에 밝게 빛나는 달빛처럼 밝은 사람과 거기 크게 들어나지 않고 맑은 바람 역할을 하는 사람이 있다면 그 집이야 말로 곶감집안이 될 것이다.

고흥 능가사 주지를 지내면서 후배 이산스님과 같이 얼마나 따뜻하게 지냈던지,
"再榮再榮又再榮 春谷山川白花滿"
이라는 시를 지어 가지고 오셨다. 춘곡스님의 본 이름이 재영이다.

"재영재영 부르고 또 불러도 한 없이 불러지는 이름이여
봄 골짜기 산과 내에 흰 안개가 가득피어 오르는 것 같습니다."
하는 시다. 1958년 필자가 대처·비구 분쟁하는 것을 보고 갈등하자,
"내 제자되어 그런 것 보지 말고 살아가자."
하여 스님의 제자가 되었다. 그 뒤 기산스님을 만나게 해 준 것도 스님이고 동국대학교에 다니게 된 것도 스님의 힘이 컸다. 1962년 봄 필자가 동국대학교에 입학하자 친히 올라오셔서 교재 일체를 다 사주셨는데, 식을 마치고 돌아오는 길에 미아리 고개를 넘게 되었다.

"애야! 너 거기 잠깐 섰거라."

하고 들어가시는 곳을 보니 선술집이었다.

"앗차 늦었구나. 왜 이리 미련하단 말이냐."

하고 따라 들어가 음식을 시켜려 하니,

"아서라. 중옷을 입고 이런데 들어오면 못쓰는 것이여. 그러니 어서 절에 가서 밥 먹자."

하고 막걸리 한잔을 달게 드셨다. 지금 돌아가신 뒤에는 재사 상에 막걸리 한통씩을 올려놓지만 그때 한잔만 못한 것 같다. 무슨 일이든지 때와 장소에 맞추어 알맞게 행하는 것이 약인 것이다.

스님은 언제나 중 노릇하는 것을 큰 자랑으로 생각하였다.

"天下叢林飯似山이요 鉢盂到處任君餐이라."

하고 크게 읊으며 만족해 하시던 모습을 보면 세상에 이 보다 더 큰 부자가 없다. 중 노릇만 잘 한다면 어느 곳에 밥이 없고 옷이 없으리! 그래서 스님은 항상 넉넉한 마음으로 세상을 살으셨다.

살아 계실 때 친히 모시지 못한 것을 한스럽게 생각하고, 특히 병중의 사모님을 가차히 시봉하지 못한 것도 크게 뉘우치게 된다.

67. 보성 정두석박사님

보성스님은 태고종 제12대, 15대 종정을 지내신 분이다. 그러나 우리에겐 동국대학교 총장으로서 졸업증서를 수여해 주셨던 스승님이다.

1906년 경남에서 태어나 19세에 강원도 건봉사에 출가하였다. 경담스님은 모처럼 얻은 귀한 상좌에겐 일도 시키지 않고 오직 공부만 하게하여 22년 이력을 마친 뒤 32년 동경유학길에 오를 때까지 바로 선방에 들어가 20안거를 성만케 하고 중앙불전까지 마치게 하였다.

40년 일본대학 종교과 전문부를 졸업하고, 42년 다시 문학부 사학과에서 동양사를 전공하고 돌아올 때까지 모든 비용을 다 대었으며, 고국으로 돌아와 국화여자전문학교 교수, 동대교수 겸 교무처장, 육사교수, 숙대교수. 교무처장. 문리과 대학장이 될 때까지 경담스님은 환희 속에서 뒷바라지를 하셨다고 한다.

한말 "중은 무식한 놈. 부모처자 없이 빌어먹다 중이 되어 윤리도덕도 모르는 놈들"하여 얼마나 깔보고 없인 여겼던지 "내 배우지 못했어도 상좌라도 가르쳐서 출세시키면 이 같은 없인 여김은 덜 당할 것이 아닌가"하고, "설사 그가 중노릇은 하지 않는다 할지라도 중 출신이 출세하게 되었으니 이것보다 더 즐거운 일이 어디 있느냐?"하면서 "동량을 해서라도 가르쳐야 된다"고 강조하였다.

보성스님은 그 뒤 동국대학교 총장이 되어 한국불교교도회 회장이 되었지만, 늘 은사스님의 가슴 아픈 말씀을 뼈저리게 느껴 마침내 출가하여 태고종 종회의장, 종정을 두 번 씩이나 역임하였지만 그렇게 하심할 수가 없었다.

어떤 사람이 와서 절을 해도 그냥 앉아서 받는 법이 없고, 꼭 함께 절을 했으며, 설사 사미행자가 와 인사를 하더라도 하대하는 말을 쓰지 않했다.
"스님, 말씀 낮추세요. 이제 갓 출가한 행자입니다."
"그런소리 마세요. 속에는 황금부처를 담고 있으면서."

1998년 9월 3일 세수 92세 법랍 79세로 열반에 들어서는 원주 보림사에서 다비하였는데, 사리를 거두지 말라 명령하시고, 탑을 세우지 말라 하셨다 한다. 한 가지 세속생활에서 가슴 아파하신 것은 독일 유학간 아들이 이북간첩으로 몰린 사건인데 세월이 지나니 그 허물이 저절로 벗겨져 지금은 대한항공 파리지부장을 지내고 있다. 병온 남북분단이 병이다. 멀쩡한 유학생들까지 간첩으로 몰아 수십명이 희생되니 괜히 그 가족들은 돈 버리고 죄인이 된 셈이다. 그 대가를 어디에서 찾아야 한단 말인가.

조주 옛 늙은이가
앉아서 천성의 길을 끊듯
보성스님 얼굴에 취모검을 들이 댔으나
온 몸에 구멍 한 점 나지 않았네.

여우와 토끼 밤새도록 날 뛰다가
사자후 한 소리에 뇌관이 터지니
태고의 맑은 바람
태고에 휘 날리네.

평상시 마명거사의 역사설화를 즐겨 읽으시더니 '불교설화대전' 한권을 내어 포교자료로 만들고, 말없이 필자의 "불교설화대사전"을 많이 응용했다고 미안해 하셨으나 그 인연으로 스님의 문집은 큰 상좌와 함께 필자가 정리하게 되었다. 세상 인연은 겹치고 또 겹치는 것 같다.

검은 안경태 넘어로 잔주름 안개처럼 피어나며 미소 짓는 그 모습. 이것이
말년에 우리에게 항상 보여주시던 모습니다.

　　　여래진실지(如來眞實智)
　　　비민제중생(悲愍諸衆生)
　　　원지건성례(願知虔誠禮)
　　　수해작증명(垂哀作證明)

68. 법운 이영무교수님

이영무교수님은 원융불교의 실천자다. 특히 원효대사와 태고 보우국사를 중심으로 유마경의 불이정토사상을 널리 선포하였다.

1922년 충북 괴산에서 태어나 1970년 건국대학교 교수가 되어 인문과학연구소 소장이 될 때까지 대학생불교연합회에 큰 관심을 가지고 강의해 주셨으며, 장차 그 학생들이 대학을 졸업하고 요직에 앉아 정치·경제·사회·문화, 여러 분야에 니아 갔을 때 그들에게 철학을 심어주기 위하여 유마경 원전과 원효대사의 열반경소를 가지고 본격적으로 강의하였다. 항상 따라다니는 제자들이 3·40명에 달하여 속칭 원효파와 유마파라는 말을 듣기도 하였다.

"내가 1937년 석왕사에서 중이 되어 석왕사 강의를 마치고 강남 봉은사 강사로 취임하였을 때만하여도 청년들의 열기가 삼동의 얼음도 녹여낼 수 있을 정도로 펄펄 끓었다. 나라를 사랑하는 마음, 백성들을 보호하는 생각, 가정의 혈맥을 계승하는 정신이 강하였는데, 6·25 이후 서양문물이 들어오면서 개인 자유주의 사상에 물이 들어 술에 술 탄 듯, 물에 물 탄 듯, 상하·전후·좌우가 모두 없어져 버렸으니 이것이 민주화하는 것인지 알 수 없다."

스님의 목소리는 조용조용하면서도 끈기가 있다. 귀를 기우리지 아니하면 들을 수 없으므로 청강생들은 누가 말을 하지 아니해도 저절로 조용해진다. 스님의 전공이 역사학이었기 때문에 동국대학교, 경북대학교, 단국대학교, 조선대학교, 건국대학교 등에서 스님의 강의를 들은 사람들이 골고루 모였다. 불교도 불교이지만 한문공부를 하기 위해서 모여온 사람도 많았다.

“내가 한문 실력만 가지고 역사학을 전공하다보니 영어 잘하는 사람들을 보면 정말로 무섭더라. 학자는 자기 분야가 아니어도 세상에 크게 유행하는 언어에 대해서는 관심을 가질 필요가 있다. 특히 불교를 하는 사람은 동양 3국어는 말할 것도 없지만, 빨리어·산스크리트에 능해야 된다. 한국불교가 중국불교를 계승하여 한문 일변도로 공부하는 악습도 있지만 오히려 불교경전을 통해 한문공부도 겸하게 되었으니 얼마나 다행한 일인가!”

이렇게 난제를 오리혀 호제로 만들어 후배들을 길렀다.

원효대사가 십문화쟁론을 통해서 세계의 평화를 주장한 것이나, 열반경종요에서 무상 속에서 영원을, 고통 속에서 즐거움을, 부자유 속에서 자유를, 더러움 속에서 청정을 실천하는 방법을 제시한 것은 이 같은 난관에서 얻어진 철학이 아니었겠는가 깨우쳐 주었다.

나이들어 불이성 법륜사 법사가 되고, 묵담스님에게 계를 받아 태고종 법규위원, 종회의원, 고시위원을 거쳐 총무원장, 승정의 위에 오르고, 동방불교대학장까지 겸한 것은 태고보우국사의 원융불교를 실천하기 위한 방편이었다고 늘 강조하였다.

“한국불교는 아만·아집 때문에 망쳤다. 유생들이 골육상쟁한다고 욕하지만 그들은 현실사회에 뛰어들어 권력과 이익을 가지고 싸웠지만, 중은 닭 벼슬만도 못한 주지 직을 가지고 아귀다툼을 하였으니 이럴바에야 차라리 없애버리는 것이 났다고 생각한 것이 정도전이었다. 정도전, 이성계, 모두가 보우국사 제자 아닌가. 그런데 명나라 패들이 원나라와 연관있는 스님들을 깎아 내리고 죽이니 그럴바에는 아주 없애버리는 것이 좋다고 생각한 것이 당시 유생들의 생각이었어.”

78세가 되어 돌아가실 때까지도 그 생각은 변치 않했다. 몸이 불편하여 단식하고 계신다는 말씀을 듣고 찾아가니,

“나는 나를 이기기 위하여 스스로 고행을 체험하고 있네. 내가 직접 40일 단식하고 나니 부처님 6년 고행을 조금은 이해할 것 같네.”

하고, 금방 다시 살아나 좋아 하시던 붓글씨도 쓰고 시도 읊어 주셨다.

"서래의 한 곡조 아는 이 없으니
백아는 있어도 종자기가 없는 격.
홀로 고요히 앉아 밤 지내니
주렴 뚫고 남은 달
장삼에 비치네."

상락향에 조종현 원장님이 지으신 "友耕 韓定爕"의 시를 손수 써 액자까지
해 기지고 오셔 지금도 현관에 걸려있다.

題 友耕 韓定爕

동에 뻔쩍, 서에 번쩍
縱橫無盡 雲雨說法
듣는 이 우쭐 우쭐
法喜禪性이 아닌가
매마른 오늘의 강산
흐뭇하기 그지 없네

69. 김관호 법사님

김관호 법사님은 만해 한용운스님의 정신적 아들이다. 앉으나 서나 만해스님 이야기고, 틈만 나면 탑골공원이나 심우장을 찾았다.

"보라구. 그 분의 집이 어찌하여 이렇게 북향을 향하고 있는지. 첫째, 조선총독부가 보기 싫어서였고, 둘째는 남북통일의 갈망에서였어."

다 허물어져 가는 심우장 마루에 앉아 또 그 옛날 그 말씀을 꺼내신다.

"스님은 1879년 8월 충남 홍성에서 태어났거든. 어려서 서당에서 한문을 배우다가 16세에 동학혁명을 계기로 형과 부모가 관가에 끌려가 피살된 것을 보고 96년 동학군 잔여세력에 가담하여 의병활동을 하다가 설악산 5세암에 들어가 피신하였다. 이때 민중들의 고통을 실감하고 이렇게 총부리만 겨누고 뛰어 다닌다 해서 나라가 독립될 수 없다는 생각을 가지고 29세에 백담사 연곡스님께 득도하였다. 여기서 학암스님께 기신론·능가경·원각경을 배우고, 유점사 인학스님께 화엄경을 본 뒤 직접 5세암 선방에 들어가 선수행을 하였다. 어느 정도 마음이 가라앉자 원산을 거쳐 시베리아에서 수년동안 방랑생활을 하다가 다시 석왕사 선방에 이르러 참선하셨다."

"법사님, 오후 2시가 되었는데 배고프지 않으세요?"

"무슨 소리요. 시베리아에서 방랑하고 계신 용운스님도 있는데!"

피식 웃으면서 아래 국수집에 들어가 국수가락 같은 길고 긴 이야기를 또 늘어놓는다.

1908년 전국 사찰 50인중의 한사람으로 원흥사에 원종(圓宗)을 만들고, 일본에 들어가 일본 유학생들과 함께 연관을 가지고 최린선생과 함께 귀국한다. 1909년 조선불교유신론을 발표하고, 10년 한일합방이 되자 독립군 군관학교에 나아가 독립사상을 고취시키고, 독립운동을 하다가 총을 맞아 파킨스 환자처럼 고개를 떠는 증세가 생겼다. 그래서 양양 낙산사에 가서 기도하고 꿈속에서 꿀물 한통을 얻어 드신 뒤 말을 잘하는 언변을 얻어 왜경이 잡으러 오면, "내 강연이 끝난 뒤 나를 체포하라" 해서 놓아두면 얼마나 말을 잘 하던지 잡는 것 까지도 잊어버려 3·1운동까지는 잡아가지 아니했다고 한다. 1911년 송광사에서 승려대처제를 발기하고, 부산 범어사에 임제종 본산을 만든 뒤 18년 서울에 와서 '유심'잡지를 만들었다. 원종 종무원사람들이 일본불교와 연합하여 한국불교를 먹으려 하였기 때문이다.

1913년 불교대전을 편찬 근본불교사상을 전국에 포교하고, 19년 3·1독립 선언문을 수정 "조선 독립의 서"를 집필 한 뒤 3년 징역을 받고, 22년 출옥한 뒤 다시 조선불교 청년회 총재로 취임, 25년 "님의 침묵"을 출간하면서 서양문학에 앞장섰다.

"서대문형무소에 계실 때 이야기다. 남은 한 끼 한 그릇의 콩밥도 먹지 못하고 옆에서 굶고 있는데, 어떤 부유한 독립지사가 배고픔을 참지 못해 감옥에서 구걸하자 6,7개월 이상을 하루에 한 끼니씩만 드시고 나머지 밥을 그들에게 주어 배고픔을 면하게 하였다 한다. 27년 신간회 중앙집행위원이 되고, 30년 월간지 "불교"를 편집하여 대중에게 불서를 보급하는 한편 독립정신을 고취시켰다. 37년에는 여러 신문에 소설을 개제하면서 비밀결사대 만당사건으로 체포되었다가 44년 심우장을 짓고 이사오니, 이 집이 몇 년이여. 우리는 죽었다 깨어나도 이 집을 잊어서는 안되는데, 배고픔을 못 참고 국수 먹자고 하는 거여. 자 가자고."

"어디로 갑니까?"

"파고다공원으로 가야지."

파고다공원에 오면 한용운스님 비석 앞에 서서 합장한 뒤,

"이 비가 어떻게 해서 세워진지 알아. 1967년 경봉스님께서 세우신 것이여. 시비는 백담사에 세웠거든. 1962년 정부에서 건국공로훈장을 받았으나 이 또한 좋아하지 아니했을 꺼야. '내가 내 나라를 위해서 일한 것이 뭐가 그리 장하다고 훈장을 받는단 말인가'하고 말이야."

　이렇게 김관호 법사님은 자기 말은 한 마디도 않고 만나는 사람마다 한용운 스님 이야기를 하여, 누구나 보면 "한용운선생 오신다"하고 반겼다. 서울에서 태어나 동아일보 논설위원을 지내고, 불교거사림회 발기자가 되었으나, 절대 상을 내지 않고 오직 국가와 사회 그리고 민족을 위해서 울분 속에서 한 세상을 사신 분이다.

대쪽보다 곧고 얼음속 보다 맑고 깨끗하신 분
법과 질서를 위해서는 잠시도 불의를 보지 못하시는 분
천재 손자를 두어 열다섯 살에 미국 대학에 입학시키고
이젠 우리도 세계의 두뇌를 가지게 되었다고 자랑하시던 분
오늘은 어느 곳에 가서
심우장 자랑을 하고 '님의 침묵'을 노래하십니까.

70. 일등포교사 이종익 박사님

이종익 박사님의 호는 법운이고, 별명은 한국신흥불교 제조창이다. "미륵신앙과 용화세계", "사명대사·의상대사·무학대사" 등 수 많은 전기소설을 쓰면서 헤아릴 수 없는 신통과 비화(秘話)를 써서 사람들을 흥분시키고 "백장미의 꿈", "청춘의 비밀" 같은 문예소설을 써서 실감미나는 새로운 인생을 구상하여 창조하였기 때문이다.

언세나 손에는 책이 떨어지지 않고, 작은 검정 가방 속에는 몇 편의 원고가 담겨져 있었다.

"박사님은 고향이 어디 이십니까?"

"암하노불(岩下老佛)이지. 그래서 힘이 없어."

"늙은 부처가 한 번 일어나면 앉을 틈이 없다 하던데요."

"돌에 부딪쳐 일어 날 수나 있는가. 나는 1929년 금강산 운악스님을 은사로 출가하였지. 37년 일본 교토 화원중학을 필두로 일제전문학교, 다시쇼(大正)대학을 졸업하고, 45년 귀국하여 불교혁신운동, 청년운동을 주도하였으나 건강이 잘 따라 주지 않아 큰일은 할 수 없었어."

"경기상업학교, 단국대학교, 건국대학교, 동국대학교 교수를 거쳐 다시쇼대학에서 문학박사 학위를 받으시지 않았습니까?"

"그랬어. 모두가 학구병이지. 보조사상 연구로 조계종학을 정립하고, 고려불교와 동양철학을 위해 나름대로 노력은 하였으나 성과는 거두지 못했어. 원효스님처럼 거시적인 세상을 살아야 하는 건데, 급한 성미에 눈앞에 일을 달성코자 하니 멀리 보는 눈이 작았지."

이렇게 91년 나이 80세로 입적하실 때까지 계속 읽고, 쓰고, 말하기를 쉬지 않았다. 그러나 자신의 노력에 비하면 성과가 크지 못하다는 말씀이다.

학문에 비하면 목소리가 작아 그의 기량을 마음껏 펴내지 못했다. 그래서

사담이나 논단에 있어서는 일보의 양보함이 없는데, 막상 높은 단 위에 올라
가면 대중을 압도하는 힘이 부족하였다.

　박사님께서는 스스로 자신의 단점을 잘 아셨다.
　"내 한 가지도 부족한 점이 없는데, 바로 이것이 부족하여 기가 죽는단 말
이야. 화엄경에 포교사가 되려면 열 가지 덕을 갖추어야 한다고 하지 않았
어.
　① 잘 법을 알고
　② 능히 잘 펴고
　③ 대중가운데 서도 두려움이 없고
　④ 말이 끊어지지 않고
　⑤ 선교방편력
　⑥ 법대로 실천하는 힘
　⑦ 위의 구족력
　⑧ 용맹정진력
　⑨ 신심무진력
　⑩ 성취중생력이 그것인데, 나에게는 위의 변재력이 부족하단 말이야."

　그러나 박사님은 늘 말로 부족한 논리를 다시 글로 써서 승부를 겨루곤
하였다. 이렇게 박사님께서는 항상 스스로 부족한 점을 가지고 후배들을 지
도해 주셨다. 반대로 김어수 법사님은 위의 적정한 덕과 사교 능란한 덕으로
포교를 하셨다. 우리시대 불교 포교사 가운데 이종익 박사님만큼 많이 아시
는 분도 드물었다. 특히 용맹정진력으로 부족한 기력을 살려가면서 위력을
성취코자 노력하였던 위대한 포교사다.

　특히 초기 조계종단, 법상종, 천태종, 미륵종 같은 데서는 자신들의 종학에
제일가는 대변자로 이종익 박사님을 내 세웠다. 특히 진관사의 역사를 밝히
고 불국사의 비화를 써서 효행불교와 해원상생의 불교를 강조한 일은 누구

도 잊을 수 없을 것이다.

　나는 지금도 흥분하시며 독서당 문인들의 삼각산 시를 읽는 모습을 잊지
않고 있다.

> 누가 이 세상 혼돈의 껍질을 깨고 최초에 태어났던가
> 삼각산 봉우리 늘 푸르고 구름위에 우뚝 솟아섰네
> 그윽한 골짜기에서는 봉황이 날고 흰 호랑이 뛴다
> 그러나 흰 구름은 말 없이 하늘을 덮고
> 촉촉이 땅 위에 비바람을 나리고 있네.

71. 몽월 차만석대화상

"마음에 등불을 밝히세요. 부처님의 등불은 꺼지지 않습니다."

만나는 사람마다 등불 이야기를 하시는 스님. 그 스님의 이름이 차만석스님이다.

한의사 영은스님은 45세에 삼막사에 출가하여 경기 일원의 공의로 활동하셨는데, 쌍둥이 둘을 한꺼번에 출가시켜 부처님 제자를 만들었다. 그러나 당시 스님들은 너무도 가난하여 밥도 먹기 어려웠기 때문에 종종 건립패를 조직하여 동량을 나가기도 하였다. 그러나 아버지 덕분에 동냥을 나가지 않고 단골신도들에게 공양미를 받으러 갔다가 자기보다 훨씬 나이가 많은 노스님께 반말하는 유생을 보고 때려눕혀 몰매를 맡고 죽을 뻔 하기도 하였다고 하였다.

한번은 노량진 극락정사에 가니 서창원씨 부부가 와 있었다. 담배를 손에 들고 있는 스님 앞에 두 무릎을 꿇고 있는 부부는 진지한 마음으로 법문을 듣고 있었다.

"자네는 개인적으로 볼 때는 훌륭한데, 그러나 남의 일 보다가 망신당하는 일이 있으니 조심하게. 명예와 돈이 사람을 망치거든."

"예, 욕심내지 않고 세상의 고통과 재난을 위해 열심히 살겠습니다."

과연 그 뒤로 국회의원이 되어 훌륭한 인격을 형성하였다. 그러나 지금 와서는 더욱 귀에 생생하게 들릴 것이다.

무슨 일이고 자신만만하였다. 안양교도소 법회에 가면 떡을 다섯 가마니씩 하여 한때라도 속에 꽉 차도록 먹게 하였으며, 재소자뿐이 아니라 그들과 함게 일을 하고 있는 교도관 가족들에게까지도 떡을 따로 싸가지고 갔다.

"저분들 덕분에 먹고 살고 있으니 바르게 지도하여 밝은 사회를 만들어 갑시다."

안하면 몰라도 무의탁자들의 영치금까지도 넣어주었다.

"세상은 꿈이야. 깬 꿈도 꿈이지만 꿈은 잘 꾸워야 꿈을 깨달을 수 있다고. 내가 꿈을 꾸어보니까 꿈은 실다운 형상이 없데. 천강에 비친 달이 마음이 없는 것 같이 말이여. 형상도 없고 마음도 없는 것이 부처이니 꿈을 깨고 나면 온 천하가 훤히 밝아질 것이야."

스님은 어느 곳에서나 반말이다. 반말 듣고 두들겨 맞은 유생에게 배운 것이다. 스님을 가르친 김일후스님은 당시 박한영, 진진홍, 변설호스님과 함께 한국 4대 강백의 한 분으로 법문도 잘하고 강의도 알기 쉽게 잘 하였기 때문에 그 풍을 그대로 살려서 무엇이고 걸리는 것이 없었다고 하였다.

지금까지 극락정사에는 불공채가 없고, 기도비도 따로 없다. 무엇이고 정성껏 갖다놓고 기도하면 아니 되는 일이 없다. 단지 중요한 것은 정성이다.
"기도하고 절 하세요. 기도하면 속이 비워지고, 절하면 하심하게 됩니다. 껍데기 마음 비워버리고 누구고 가리지 말고 공경하면 가는 길에 장애가 없어집니다. 전생일 알고 싶으면 현재 나를 보고, 내생을 알고 싶으면 현재 나 하는 일 보십시오. 이것이 <인과경> 말씀입니다."
이것이 스님의 교훈이고 법문이다.

문하에는 상좌, 법상좌, 수계상좌, 참회상좌, 손상좌 20여명이 가족처럼 단합하여 모든 회로애락을 내일처럼 보살피고 있다. 무슨 일이 있어 말씀드리면 무조건하고 "사랑하라" 하신다. 사랑하면 없는 자식도 낳는데 이 세상 아니 되는 일이 무엇이 있겠느냐 하신 말씀이 만석대존자 몽월대선사의 법문이다.

불신충만어법계(佛身充滿於法界)
보현일체중생전(普賢一切衆生前)
수현부감미부주(隨現赴感靡不周)
이항처차보리좌(而恒處此菩提座)

72. 용봉 이재복선생님

태고종 선지식 가운데는 많은 학자들이 계셨으나 중년층 선지식으로는 대전보문학교 교장선생인 이재복선생님과 광주 정광고등학교 교장이셨던 최태종선생님을 쳤다.

이재복 교장선생님은 선비이기 전에 문인풍이 몸에 베였고, 최태종교장선생님은 철저한 철학자이면서도 종교적 구도자였다. 두 분 다 1960년대부터 1980년 때까지 수 수차례 만나 뵙고 강의도 많이 들었다.

"나는 1918년 충남 공주 계룡에서 태어났네. 생후 5개월 만에 부친을 여의고 어려운 형편 속에서 보통학교와 중등교육을 마쳤으나 당시는 일제강점기라 조선사람으로서는 길이 없었지. 그래서 15세에 공주 갑사 이은허스님을 은사로 출가하여 마곡사, 대승사, 대원암, 봉선사, 금용사 등으로 돌아다니며 불연을 맺었지. 1935년 일본시찰단에 참여하였다가 일본불교가 한국불교보다는 앞섰다는 것을 느끼고 '불교성극단'을 조직하여 전국을 순회공연도 하고…"

이 말씀은 필자가 대학 1학년 때 현 태고종 총무원장 운산스님과 함께 하계순회강연을 갔다가 대전보문학교에서 강연을 마치고 들은 이야기다.

"대륜큰스님과의 인연은 언제부터였습니까?"

"1939년 내 나이 22세 때지. 대륜스님 덕분에 박한영스님, 김동화박사님께 공부할 수 있었지. 24세 때부터서는 육당 최남선선생 서재에 머물며 정인보, 이광수 등 문인들과도 교류할 수 있었고. 그 때 나는 능금나무에 대한 시를 이렇게 지었어."

'죽음이란 또한 능금나무가지에서
한 알의 능금이 눈 감고 떨어지듯
고요한 거리. 그 거리를 두고 인생은
참꽃처럼 취해 있느니'

선생님은 눈을 지그시 감고 마치 죽음을 체험한 듯 한참 있다가 눈을 떴다.

그때 교감선생이 옆에 있다가 말했다.

"1945년 해방이 되면서부터 충남불교청년회를 조직하고, 마곡사 등 여러 사찰을 동참시켜 보문중고등학교를 설립한 뒤 줄곧 30여년을 외길로 교육사업에 종사해 오셨습니다."

선생님은 항상 교육을 통한 인재불사에 불교의 생명이 달려있다고 강조하였으니, 틈나는대로 문인활동을 통해서 불교포교의 길을 넓혀갔다. 요즘 들으니 그동안 포교활동시 법문테이프가 3천여점, 문학작품이 1만여점이 넘는다 하니 가히 그 열정을 되새겨 볼만하다.

사람들은 삭발염의하고 출가 입산한 사람만이 출가한 스님으로 아는데 이렇게 유발대처하고 가무음곡을 하는 선생님들 속에도 진짜 스님의 기질이 있다는 것을 잊어서는 아니 될 것이다.

잃어버린 인간성을 회복하고 무너진 도의를 재건하며 퇴폐한 사회를 정화하고, 변질된 청소년을 교화하는 데는 불교지도자 여러분이 각자 분수 따라 종교적 활동을 모범적으로 실천해야 한다고 강조하셨다.

훤출한 키에 곤색 양복을 입고 붉은 넥타이를 매고 나오면 60노인이 40대 장년으로 보인다. 글씨 또한 깔끔한 인상처럼 단아하여 써서 아름답기 그지없다. 지금 사간동 법륜사 뒤뜰에 가면 대륜 큰스님의 비문을 써 그 유품이 남아 있다.

이대자비위체고(以大慈悲爲體故)
구호중생위자량(救護衆生爲資糧)
어제병고작양의(於諸病苦作良醫)
어실도자시정로(於失道者示正路)

73. 월하 최태종대종사

월하 최태종대종사는 정광학교교장선생이다. 1919년 전주 출신으로 동진출가하여 일찍이 백양사강원, 일본유학을 마치고 동국대학교 불교대학을 졸업하였다. 만암스님의 원력에 따라 전남 5대본사 주지회의에서 학교법인을 형성 목포 정광사를 인수 학교법인 정광학원을 설립하여 정광중·고등학교를 설립, 송정리로 이전하여 일생동안 교육사업에 헌신하셨다. 그뿐 아니라 광산중등교육회장, 교육감, 여천교육감을 거치면서도 광주교도소 교화대책위원, '호남불교지' 발행하여 내외포교에도 심혈을 기우렸다.

1980년대 상락향수도원에서 연 3회에 거쳐 태고종 전국승려교육을 실시한 바 있다. 한번 시작하면 8시간씩 원고없는 강의를 하여 박수갈채를 받은바 있는데, 이것이 장차 태고종 중앙종회 부회장, 의장, 승정에 추대된 동기가 되었다.

우리 불교계에서 원고없이 몇일씩 연작강의를 하신 분은 김포광박사님 다음으로는 월하선생님을 들 수 있다. 더 잘하는 만담가도 있고 야담인들도 있지만 체계있게 정리하고 철학적·문학적·종교적 의미가 풍부한 종교강의로는 불세출의 1인자라고 해도 과언이 아니다.

동서신학, 진화론, 불교 윤회론을 인생문제로 설명하기 시작하여 영육 양면에서 그 가치를 캐고 다시 유물론적 유심론으로 세계의 심원한 가치를 평가한 뒤 깨달음의 철학을 한 없이 추구해 나간다. 존재의 구성요소, 구성과정을 물질적으로 그리고 정신적으로, 한편 동서사상의 흐름을 따라 대소승불교의 발전사를 중심으로 체계있게 정리하여 마치 천하(泉河)의 방울 물이 바다에 들어가 다시 하늘을 타고 천지를 촉촉이 축여주듯 백가지 법을 손바닥 위의 구술처럼 마음대로 굴리며 보여주신다.

청강자들은 남녀노소에 구분 없이 숨을 죽이고, 어떤 사람도 조는 사람을 보지 못했다. 그래서 전남대학교에서 배출된 학인들이 학술원, 라이온스, 중·고등학교, 대학 교수를 지내면서 대종사의 정신을 마음껏 펴고 있는지도 모른다. 그러므로 정암스님은,

"은사님의 인생행로가 정광교육의 발전과 정비례한다."

고 말하고,

"불철주야 노심초사하면서 가난한 집 맏며느리처럼 근검절약으로 집안을 중흥시켰다."

한 것이다.

사실 선생님께서 살아계실 때의 우리 불교계의 풍토는 외세의 도전보다는 내부의 항거가 거세서 무엇 하나도 똑 바로 살려갈 수 있는 여건이 못했다. 그런데도 그것을 원망하지 않고 부처님 정신에 입각하여 호남 지방 불교를 살려 갔으니 한국불교의 교육지표를 다진 선구자인 동시에 포교의 뿐이 된다 할 수 있다.

상좌에는 이종복, 성암도가 있다. 이종복 선생은 정광중·고등학교 교육사업을 계승하였고, 암도스님은 조계종 포교원장으로 만담식 법문을 잘 하기로 한국에서 제1이다.

    수궁삼제(數窮三際)

    횡변시방(橫遍十方)

    지법뇌(震法雷)

    명법고(鳴法鼓)

    광부권실교(廣袟權實敎)

    대개방편로(大開方便路)

74. 김제 춘명대선사

1950년대 불교분쟁이 생긴 이래 1960년대 불교정화가 확실히 이루어지기 전까지는 각 지역마다 특출한 인물들이 있어서 그 지역 불교를 담당하고 있었다. 각 지역의 절들은 아수라장이 되어 있었기 때문이다. 예컨대 전라남도 지방에서는 최태종교장선생님, 충청도지방에서는 이재복교장선생님 하듯이 전라북도지방에는 춘명스님이 자리를 잡고 있었다.

춘명스님은 구룡사 주지 정우스님의 은사로 태고종 승적을 가지고 있으면서도 조계종 거물을 키워낸 훌륭한 스님이시다.

1960년대 동국대학교에서 장학생을 뽑는데, 각 지역 사찰에서 추천한 학생들을 골고루 뽑아 장학금을 주었다. 63년 재단이사가 바뀌면서부터 내 종단 사람이 아니면 아니 된다고 하여 생으로 은·법사 갈이를 한 사람들이 많았다. 그러나 춘명스님은 백학명노스님으로부터 청정비구 매곡스님에 이르기까지 지녀온 가풍이 있기 때문에 내 종단, 네 종단 사람을 가리지 않고 사람들을 추천하여 공부하게 하였고, 전국사찰을 순회포교하면서 어리석고 몽매한 불자들을 깨우치는데 심혈을 기우렸다.

1987년 전주불교 총연합회장에 피선되어서는 불자의 화합에 총력을 기우리되, 이왕에 결혼한 스님들은 가족과 함께 불교를 하고, 독신수행자들은 청정비구가 되도록 길을 인도하였다. 말하자면 태고종 스님으로 계시면서도 상좌를 조계종 강원에 보내 새로운 법사스님을 정하도록 하여 그의 앞길에 장애가 없도록 해 주었으며, 화엄종스님들과 함께 전북불교 영산보존회를 구성하여 전통불교의식을 살려 1988년에는 전국민속경연대회에서 대통령상을 받기도 하였다.

국내 불교뿐 아니라 일본, 대만, 중국불교에도 관심을 가져 틈만 있으면 선배, 후배들을 모시고 성지순례에 가서 국내외 불교를 비교할 수 있도록 길을 터 주었고, 큰 절, 작은 절 가림 없이 무슨 일이 있으면 내 일처럼 살펴 그 공덕을 기렸다.

> '富興山頂古基庵　新築寶宮生瑞氣
>
> 　爲法忘軀大功德　萬古光明長不滅'

　옛 절터 산 봉우리에 조그마한 암자를 지은 어떤 스님 절에 가서 위법망구의 정신으로 부종수교(扶宗樹敎)하는 것을 찬탄한 글이다.

　스님은 만나는 사람마다 신화동주(身和同住)하고 구화무쟁(口和無諍)하며 의화무위(意和無違)하여 같은 견해로 같은 계를 지키며 똑 같이 이익을 나누어 잘 살도록 하지고 강조하셨다.

　특히 '수륙재연기'와 '천혼축원문'들을 작성하여 불교의식을 새롭게 개발코저한 공적은 널리 칭찬해야 할 점이다. 사실 종교의 생명은 의식에 있다. 전통적인 불교의식을 현대화하여 대중 가운데서 살려 나간다면 민족문화예술도 더불어 살려 가면서 우리 불교를 더욱 빛낼 수 있을 것이다.

> 십신무애(十身無碍) 사지원성(四智圓成)
>
> 오안원명(五眼圓明) 십호구족(十號具足)
>
> 이생희사(利生喜捨) 만물동체(萬物同體)

　화엄경에 보살이 ① 보리신 ② 원신 ③ 화신 ④ 역지신 ⑤ 상호장엄신 ⑥ 위세신 ⑦ 의생신 ⑧ 복덕신 ⑨ 법신 ⑩ 지신의 몸을 나타내서 부처의 행을 보이면 전5식은 성소작지가 되고, 제6식은 묘관찰지가 되며, 제7식은 평등성지, 제8식은 대원경지가 되어 ① 천안통 ② 천이통 ③ 타심통 ④ 숙명통 ⑤ 누진통을 형성하여 여래·응공·정변지·명행족·선서·세간해·무상사·조어장부·천인사·불·세존이 되며 자비로써 만물을 접하고 희사로써 중생들을 이롭게 할 수 있다면 만물이 동체할 것이다.

75. 소산 우정상교수

소산 대선사의 본명은 우정상(禹貞相: 1917~1966)이다. 1960년대 우리들이 동국대학교에 들어갔을 때 가장 패기있고 명성있는 교수가 여러분 계셨지만 역사학자로서는 우정상교수를 치고, 교리담당으로는 황성기교수를 손꼽았다.

"나는 사천사람이며, 1936년 20세로 양산 통도사 구암스님께 득도하고 거기서 강원을 나왔기 때문에 중앙불전과 혜화전문을 거쳐 일본 교토 임제대학을 구경하게 되었지."

텁텁한 농주에 얼굴이 불그스레 했지만 6.25사변 피난 때 일까지 안 나오는 것이 없다. 그래서 우리는 그 말씀을 듣고 싶어서 더 자주 자리를 마련하고 스님을 모셨다.

"내가 이번에 큰 일 날 뻔 했거든. 불교문화연구소 간사로 있으면서 8만대장경 영인본을 만들고 있는데, 무슨 글자가 잘못 된 것 같아 고쳐놓고 일어서려는데 갑자기 책 더미가 무너지면서 머리가 깨졌어. 주르르 흐르는 피를 지혈시키고 나를 친 책을 찾고 보니 바로 그 책에 그 경전의 원문이 있어 대조해 보니 글자가 틀리지 않았단 말이야. 옛 사람들이 경전을 만들 때는 필수가 있고 교정인이 있고 또 증사가 있어 몇 번씩 교정하였는데 짧은 생각에 의해 고쳐놓고 보니 여러 선배들이 나를 야단쳤어. 그래서 그 뒤부터는 절대로 사사로운 견해로 경전을 보지 않네."

경기대학교 부교수로 있으면서 동국대학교 교무과장을 역임하였는데, 이듬해(1955) 육군사관학교 불교부가 생기면서 지도교수가 되기도 하였다. 이것이 장차 10년 후에는 군승불교가 창설되게 된 동기이다.

교수님은 불교문화연구소 간사, 중앙도서관장을 맡으면서 많은 저서를 남기게 되었는데, 특히 조선전기불교사상과 고려대장경 영인본 편집은 불후의 작품이며 파고다공원 탑 배경, 이조불교 호국사상연구는 후배들에게 깊은 감명을 주었다.

한번은 원각사 사지에 직접가서 13층탑의 사상적 배경을 원각경 12보살을 가지고 설명하는데 모든 사람들이 감격했으며, 남한산성 의승군 방번철에 대한 연구를 발표할 때는 의분의 눈물을 흘리기도 하였다. 성급하면서도 소탈하고, 세밀하면서도 스케일이 광대원만하여 선교양종을 두루 공부하셨기 때문에 그렇지 않는가 생각 되었는데 불행이도 1966년 50세의 짧은 나이에 열반에 들어 후배들을 안타깝게 하였다.

"이태왕은 불교신자다. 어떤 사람은 이태왕이 배불정책을 썼다고 하는데 정도전처럼 진명파 학자들 때문에 배불정책이 이루어지게 된 것이다."

이 말씀을 듣고 북한산 태고사 태고보우국사 비문을 찾아가 보니 정몽주, 정도전, 이태조까지도 태고보우국사의 제자로 되어있었다. 세종대왕이 내불전을 짓고 비구니스님들을 청해 법문을 듣고 장악원에게 찬불가를 지으라하고 손수 지은 찬불가곡 27종은 현재까지도 살아있다.

회룡사에서 무학대사와의 이야기는 일찍이 세상에 널리 알려진 일이지만 조선조 500년 역사 가운데 거의 300년 역사가 안(불교), 밖(유교)이 다른 종교 신앙을 했으나 진짜 종교로서의 면목은 태조, 세종, 세조의 역사를 보아야 안다고 하였다.

이태조가 성총스님을 시켜 불교 내전과목을 편찬하게 한 것은 조선불교를 보다 새롭게 정립코자 할 목적이었다. 그러나 불교 내부의 갈등과 유생들의 불같은 성화 때문에 성사를 이루지는 못했으나, 그래도 그 때 조직된 교과목이 지금까지 사찰 강원교재로 사용되고 있는 것을 보면 불교의 철학과 사상이 얼마나 깊고 견고한가를 짐작할 수 있다 강조하셨다.

세종대왕의 한글창제도 유생들에 의해 이루어진 것 같지만 사실은 신미대사(信眉大師)의 가르침을 받아 범어문자(梵語文字)에 이두(吏頭) 향가(鄉歌)가 큰 역할을 하였다고 하였다.

76. 남하 운학대화상

근대 영암출신 불교학자로서 김지견박사님, 길철진교수 등 여러분을 손꼽고 있으나 운학 김강모스님이 먼저 테이프를 끊은 셈이다.

운학스님은 조선대학을 중퇴하고 나주 다보사 지효스님을 은사로 출가하였다. 57년 현대문학에 '공자의 문학관'을 발표하여 주목을 끌면서 64년 고대 국문과를 졸업하고 66년 동대불교과를 졸업, 73년 일본 고마자와(駒澤)대학에서 문학박사 학위를 받았다.

껀쩡한 키에 검정 태 안경을 끼고 깡마른 얼굴에 푸르스름한 입술을 가져 스님보다는 학자적인 기질이 더 강했다. 74년 현대문학상을 받고, 불교문화예술원 원장에 취임하면서 78년 국제 펜클럽 한국본부 위원이 되었다. 그러다보니 젊은 나이에 산처럼 쌓인 원고를 밤새도록 처리하고, 또 종단행정, 학교(동대) 강의, 행정업무에 까지 관여하여 격무로써 1981년 48세로 돌아가시게 되었다.

필자와는 한국불교 의식을 현대화하는데 함께 뜻을 모으자하여 권상로박사님과 함께 동참한 일이 있다. 이 때 번역된 것과 한글 천수경이 모두 "정구업 진언 수리수리 마하수리 수수리 사바하" 할 때 정구업 진언을 "구업을 깨끗이 하는 진언"이라고 제목까지 번역하느냐, 아니면 번역하지 않느냐 하는 문제로 한참동안 고심한 바가 있다.

특히 스님의 향가에 관한 논문은 일본불교와 문학계까지 깊은 관심을 가지고 있었다. '향가에 나타난 불교사상'과 '신라불교의 특수성', '균여의 문학적 위치'는 알기 쉬운 문학을 통해 대중불교를 일으켰던 신라 고덕스님들의 역할을 크게 살렸고, '향가와 일본가요 가사와의 관계'를 통해서는 일본 노래가 한국 향가의 영향을 많이 받은 것으로 이해되었다.

그래서 스님의 학문은 난해한 글 보다는 이해하기 쉽고 즉흥적인 노래가 포교에 큰 도움이 된다고 강조하였다. 평론에 있어서도 어떤 범주에 갇혀있는 이야기 보다는 차 한 잔 마시며 금강경 오가해를 읊는 자율정신으로 평론을 하는 것이 좋다고 하였다.

　옛말에 '천재는 요사'라 하더니 한국의 불교문학에 씨앗을 뿌려놓고 아직 막 흙을 덮기도 전에 된서리를 맞는 것 같은 느낌을 가져 스님의 죽음이 안타깝게 생각 되었다.

　　"임금은 아버지
　　신하는 어머니
　　백성은 자식이라 생각하면
　　백성들이 그 사람을 알리라

　　꾸물거리는 중생들을
　　먹여 살려 다스리면
　　이 땅 어디를 버리고 가려하겠는가

　　나라 안이 유지되려면
　　아아, 임금답게, 신하답게, 백성답게 하라
　　나라 안이 태평해지리라."

　이렇게 노래하고 춤추는 사람이 나타나면 스님은 충담스님의 안민가를 높이 읊으며 춤도 추고 노래도 불렀다. 사람이 사람답게 살아가기 위해서는 교육을 받지 아니하면 아니된다 하지만, 중이 중답게 살아가는 데는 세상과 중생을 이해하지 아니하면 아니된다 하였다.

　문학과 철학을 통해 지성불자를 양성하며 이성적 불교를 사실적 행동에 옮기려 노력했던 스님, 현대불교에 한막의 연극을 연출하다 가신 스님이 김운학스님이다.

77. 이름없는 전주보살

송광사 신당에는 오직 여성불자 서너명이 모여 어려운 살림을 꾸려가고 있었다. 서울에서 오신 서울보살, 전주에서 오신 전주보살, 옷배장사를 하는 김일순 보살님, 벌교에서 오신 벌교보살 네 분이 살고 있었다.

벌교보살은 6방예경으로 하루 일과를 보내고, 서울보살은 독서삼매에서 하루 일과를 보내며, 나머지 보살님들은 한 번 나가면 보름 내지 한 달에 한 번씩 들어왔는데, 오실 때는 반드시 미리 연락하여 낙수(뻐스종점이 있는)까지 사람들(지게꾼)을 보내 달라고 하였다.

그러하면 절에서는 부목(나무하는 일꾼)들만 보내는 것이 아니라 몇몇 행자들까지도 따라 보낸다. 거리가 10리가 넘는지라 해질 무렵 막차를 타고 온 보살님은 어디서 가져 오는지 알 수 없지만 쌀 서너 가마, 보리 두어 가마, 참깨 들깨 고춧가루 등 작은 수레에 실어도 한 수레가 될 지경이다. 어김없이 지게꾼들 입에는 눈깔 사탕이 물려지고 행자들 손에는 토란같은 계란이 쥐어진다.

이렇게 30년동안 살아 왔다는 전주보살은 그날 밤 늦도록 가지고 오신 물건을 사중에 들여놓고 갔는데, 이튿날 새벽 신당에서 돌아가셨다. 계룡스님이 화장실 나왔다가 신당에 불이 났다고 해서 가 보니 몸을 차악 접어진 이불에 기대고 108염주를 손에 든 체로 산사람처럼 떠났는데, 온 방안에서 향기가 진동하였다.

취봉스님을 중심으로해서 합원대중이 뜻을 모아 장사지냈는데, 나는 처음으로 그분에게서 호박사리가 나온 것을 보았다. 하얀 백옥같이 맑고 깨끗하여 스님들은 그것을 "골사리"라 불렀다.

어린 나이에 대밭 한 가운데 집이 있어 무서워서도 가지 못할 것인데 그 뒤 부터서는 자주 들려 서울 보살님도 뵙고, 벌교보살님 그리고 김일순보살님도 찾아 뵈었는데, 이분들은 모두가 이름없는 화주보살로 포교사들이었다. 포목을 가지고 다니면서 권선하고 부적도 들고 다니며 포교하여 거기에서 얻은 쌀과 보리로 대중스님들을 공양하고 있었다.

그뿐 아니라 의지없는 스님들 병수발도 거의 이분들이 했으며 힘없는 노스님들의 빨래주인이 되어주기도 하였다. 말이 많은 세상이지만 이분들은 그 말에 좌우되지 않고 오직 화엄 53선지식의 행을 몸소 실천하고 있을 뿐이었다.

내가 병들어 죽게 되었을 때 김일순보살님께서 친어머니처럼 보살펴 주었다. 열이나면 얼음찜질을 하고 코피를 흘리면 삐비꽃을 훑터와 한 지개는 삶아 마셨을 것이다. 순천이 집이라 때로는 순천에까지 데리고 가서 생선을 조리고 곰국을 끓여 먹여주신 것은 죽어도 잊을 수 없다.

한번은 얼이 40도롤 오르내려 헛소리를 하다가 죽었는데 2시간 후쯤 해서 살아나니 서울보살과 벌교보살님이 한 자리에 앉아 관세음을 염송하고 있었다. 뜨거운 몸을 가누지 못하고 다시 잠이 들었는데 석가모니 부처님이 지구덩어리 위에 서서 가사자락을 팔랑하는 바람에 "아이 추워 이불주세요"하니 숨이 끊어진 뒤 두 시간 가량 되었다고 하면서, "불쌍해서 어쩌나"하고 울었다고 하였다.

아마 그 인연으로 그 때 죽었던 몸이 다시 살아나 태국, 몽골불교를 편력하며 국제포교를 하고 있는지 알 수가 없다. 사람은 모두 인연 따라 산 다고 하지만 이 분들에게는 인연이 따로 없는 것 같았다. 만나는 사람마다 부모요, 형제며, 섬기는 사람이 그대로 부처요, 보살이기 때문이다.

나는 이로부터 불도를 닦는데 남녀노소가 따로 없고 출가 재가가 따로 없다고 믿고 있다. 깨달은 사람이 선지식이고, 행하는 사람이 부처이기 때문이다.

　　　보현신상여허공(普賢身相如虛空)
　　　의진이주비국토(依眞而住非國土)
　　　수제중생심소욕(隨諸衆生心所欲)
　　　시현보신등일체(示現普身等一切)

78. 보문종 종정 천혜안스님

혜안스님은 대한불교 보문종 제7대, 8대, 9대 종정을 지내신 분이다.

만나면 항상 초대, 2대 종정을 지내신 긍탄스님과 3대, 4대를 지내신 명주스님, 5대, 6대를 지내신 일조스님 이야기를 들려주었다.

"긍탄스님의 당호는 설월당이고, 성은 이씨인데 서울 왕십리에서 태어나 7세에 어머니의 권유로 보문사에 출가하였다. 그의 어머니도 철원 보개산 석대암으로 출가 하셨거든. 18세에 금강산 장안사에서 벽하스님에게 사미계를 받고, 이듬해 동학사에서 4집과를 수료한 뒤 1912년 보문사 주지가 되어 자그마치 돌아가실 때 까지 33년간 계시다가 세계에서 유일무이한 비구니종단을 만드시고 80년 8월 96세로 입적하셨어."

장수도 장수지만 하신일이 많았다. 부처님의 이모 마하파자파티를 종조로 하고 구원실상인 석가모니 부처님을 본존으로 하며, 화신 관세음보살의 행을 실천하도록 하는 것이 보문종의 종지였다.

보문사는 고려 예종 10년 담진국사가 창건한 이후 조선 숙종 때 묘첨스님, 영조 때 보안스님, 고종 때 금훈스님 등이 대웅전을 중건 중수하고 좌우 승당을 건축하여 서울 시내 여승방으로 뿐만 아니라 세계적인 불교의 요람으로 널리 알려진 사찰이다.

"명주스님은 살아 있는 보살이었어. 어디서 초상이 나면 보따리 보따리 싸들고 가서 상제들의 옷과 초상일체를 주관하고 잘 곳이 없으면 재봉틀 위에서도 잤거든. 전주사람들은 산 부처로 섬겨왔지. 돈만 생기면 경전을 편찬하여 인쇄하고, 그 책이 나오면 유명한 스님들을 모셔다가 특강을 하지. 우리나라 이름난 스님치고 전주 정혜사에 와서 법문하지 아니한 분이 없지. 일조스님도 마찬가지였어. 그렇게 그 정신이 살아서 어린이 집들이 수십개 운영되고 청년회, 학생회, 나눔마을을 운영하며 전미개오·구세도생에 심혈을 기우리고 있거든. 그리고 이들 큰스님들이 궁중에 드나들며 법문을 하셨기 때문에 4대문 안에 남자스님들은 얼씬도 하지 못한 가운데서도 장안불교가 살아 있었어.”

생각하면 부처님 당시부터 비구니스님들은 불교를 안팎으로 보호하여 절 안의 스님들 가운데 낙오자가 생기지 않도록 노력하였고, 밖으로 행정, 사법 등 모든 기관을 통하여 외호자가 되도록 교화하였던 것이다.

나는 미타사나 보문사에 강의를 가게 되면 필히 들려 인사를 드리고 법문을 들었는데, 자신에 대한 이야기는 털끝만큼도 하지 않는다.

“내가 뭘 아나요. 학자처럼 공부를 했어, 선사들처럼 참선을 했어. 큰스님들 따라 다니면서 시봉하다가 어깨 너머로 배운 것 밖에 없어.”

99세가 되어서

“내년이면 100세 기념들을 해 준다고 야단법석이지만 나는 그런 것이 부럽지 않습니다. 오히려 귀찮은 일입니다. 남에게 신세만 지게 되니 말입니다. 그래도 옛 스님들이 배고프게 설던 세월에 비하면 많이 좋아져 의식주가 걱정 없게 되었으니 얼마나 다행인지 몰라.”

항상 스님은 장삼입고 법당에 서서 오는 손님 기쁘게 맞아주시는 것으로 일과를 삼았다. 스님의 제자들이 지금 보문종을 지키고 있지만 20세기가 여성시대가 된다는 것을 19세기부터 알고 여성불교종단을 만든 것이다.

어떤 분들은 비구니는 비구에 소속된 대중인데 독립하여 종단을 만들었으니 불교가 아니다 하지만 그분들의 행을 보면 오히려 비구스님들도 배워야 할 점이 적지 않다는 것을 마음속으로 늘 깨우쳐 왔다. 외롭고 쓸쓸한 가운데 한국여성불교의 핵심을 키워주신 분들, 이분들은 비록 이 세상을 떠났지만 멀리서도 그의 후학들을 보호하며 반드시 말세중생들의 길잡이가 되도록 키워주실 것이라 믿어 의심하지 않는다.

　　　　일엽홍련재해중(一葉紅蓮在海中)
　　　　벽파심처현신통(碧波甚處現神通)
　　　　작야보타관자재(昨夜寶陀觀自在)
　　　　금일강부도량중(今日降赴道場中)

79. 수덕사 원담대선사

덕숭문중에서 경허·만공선사가 나타나자 캄캄했던 한국불교가 새 빛을 발하게 되었다. 일본 총독을 '지옥종자'라 꾸짖을 정도로 대담한 스님이 살아계신 것을 보고 사내총독은 "30본산 주지는 다 썩은 송장이고 오직 한 분만이 살아있는 부처니 이리 모시고 오너라"하여 부처님처럼 떠받든 일이 있다.

경허·만공스님, 그 스님들을 직접 옆에서 시중을 든 분이 원담스님이다. 1926에 태어나 27년 서천으로 이사, 33년 이모인 비구니스님을 따라 열살에 벽초스님을 은사로 출가하여 만공스님께 계를 받았다. 그리고 벽초스님을 따라 일생을 선농일치사상으로 덕숭문중의 가풍을 형성하였다.

자그마한 키에 당차게 생긴 스님은 83세의 나이에도 항상 천진동자와 같았다.

> "올 때에도 한 물건 가지고 온 것이 없고
> 갈 때에도 한 물건 가지고 가는 것이 없다.
> 가고 오는 것이 본래 일이 없어
> 청산과 풀은 스스로 푸르도다."

그러므로 만공스님이 그 마음을 인정하고,

> "참 성품에는 본래 성품이 없고
> 참 나는 원래 내가 아니다.
> 성품도 나도 아닌 법이
> 일체의 행을 총섭하고 있다."

하고 '진성'이란 이름을 내렸던 것이다.

스님은 어려서부터 예술·문화·서화에 뛰어나 의제 허백련, 비공 장욱진, 고암 이응로 화백과 교류하면서 각자의 작품을 서로 평하고 취사선택하였으니 진속이 불이의 경계였다.

'精進'이란 두 글자를 크게 써 놓고 항상 논에서 밭에서 일생을 일하는 것으로 업을 삼았으니 "이것이 무엇인가. 대관절 이것이 무엇이여!"는 스님의 화두이자 밥 그릇이었다. 왜냐하면 제불조사와 일체중생이 모두 그 가운데서 태어나 죽었으며, 그 가운데서 성불히고 제도하였기 때문이다.

스님은 특히 서예에 뛰어나 일본 선면예술협회 회원으로 세 번이나 장려상을 받았고, 국제서도전에 입선하였으며, 86년에는 일본산업경제신문이 주최한 국제서도전에서 대상을 탔다.
서래의 가풍을 진작하시면서도 조국에 대한 사랑 또한 적지 않았다.

槿花滿開三千里　檀木淸香半萬年
무궁화 꽃이 3천리에 가득히 피고
박달나무 맑은 향기 반만년을 이어 오네

참으로 멋있는 말씀이다.

필자가 원담스님을 직접 뵈온 것은 서울 기원정사에서 처음이고, 다시 수덕사에 가서 친견하고 하룻밤을 묵었으며 또 숭산스님의 '천강에 비친 달'을 내고 크게 칭찬을 받았다.
"나는 세상 일이 알쏭달쏭 도무지 알 수가 없단 말이야!"
"그 알쏭달쏭한 것이 불법 아니겠습니까!"
"그랴. 자네는 좋겠네. 세계 각국을 날아다니며 마음대로 포교하고 있으니.

내 숭산스님께 자네 말 많이 들었거던. 나도 좀 구경시켜 달라고!"
　하시던 말씀이 아직도 귀에 쟁쟁한데 벌써 스님 떠나신지 1주년이 지났다니 진실로 세상은 무상한 것인가 보다.

　땅땅한 키에 호박처럼 둥글둥글, 한 곳도 어그러진 곳이 없다. 거기에 항상 만담, 대소(大笑)가 그치지 않으니 햇님처럼 밝은 모습이 늘 그늘진 세상을 밝혀주었다.

　　금곡 영선암 법처를 갈 적 마다
　　圓覺山中生一樹　開花天地未分前
　　非靑非白亦非墨　不在春風不在天

　라고 한 선절(禪節)을 보면 그 주련 속에 스님이 살아 춤추는 것 같다.

80. 태고종 총무원장 지암 대종사

지암스님은 태고종 총무원장을 두 번이나 지내신 분이다. 국묵담·박대륜·안덕암스님들께서 창종해 놓은 태고종을 가장 조용히 흔들림 없이 건설적으로 운영해 오신 스님이다.

법명은 재윤(在允)이고, 법호는 지암(芝菴)이며, 속명은 영지(靈芝)이다. 1912년 충북 진천에서 박윤희(朴允熙)옹의 독자로 태어나 서당에서 한문공부를 하다기 세교육 바람이 불어 옥동보통학교에 들어가 12세에 졸업하고, 3·1 독립운동의 바람을 따라 밖으로 나갔다가 충북 속이산 법주사 명우스님의 제자가 되었다.

용허스님에게 계를 받고 불교전문강원에서 이력을 마친 뒤 혜화전문학교에 들어가 32세에 졸업하였는데, 이재복·황성기박사님과 동기이다. 32세에 법주사 재무·교무를 역임하고 35세에 충북교구 감찰원장을 지낸 뒤 52세에 제천 원각사 주지가 되었다. 중앙총무원장이 되어서는 종립동방불교대학을 설립하여 태고종 인재양성에 전 힘을 기우렸다.

심성이 온유하고 자비하여 가난하고 어려운 사람들을 보면 때를 거르면서도 흔적 없이 돕고 특히 나이 많은 어른들을 지극히 받들어 제천 노인회에서는 잊을 수 없는 은인으로 생각하고 있다.

특히 스님은 가족들을 조석예불에 동참시켜 가족불교를 부담 없이 형성하므로써 오늘날 스님의 자제 원명스님께서 제천불교연합회 회장을 지내고 있으며, 태고종 중앙교육원에 큰 도움을 주고있다. 누구고 공부하고 싶어하는 자가 있으면 장학금을 만들어 후원하고 병들어 고생하는 사람들에게 의약을 제공하여 명자 그대로 어두운 길에 밝은 빛이 되었다.

88년 12월 31일 세수 77세, 법납 65세로 입적하실 때는 상좌의 무릎을 베고 "진속이 둘이 아니고 생사가 둘이 아니니 생활불교에 전력하라" 하시고, 조용하여 내려다보니 그만 자는듯이 임종하셨다.

원명스님은 이에 자극을 받아 동대 불교과에 들어가 공부하고 스님의 뒤를 계승하여 아버지께서 원력을 세워 하고 싶어 하시던 불사를 완성 제천에서는 제1가는 가람을 건설하였다.

아버지와 자식은 세속윤리로써도 중요하지만 이미 혈맥을 넘어 법맥을 잘 계송하고 있는 원명스님을 보면 그대로 지암스님을 빼어 닮았다 생각된다.

구위오탁안변주(俱爲五濁岸邊舟)
진작삼도혼처월(振作三途昏處月)
능이묘수집연화(能以妙手執蓮華)
접인중생향락방(接引衆生向樂邦)

81. 석남사 인홍스님

석남사 인홍스님은 한국 비구니 총재를 지내신 분이다. 인상이 남달라 여자이면서도 남자같은 기질을 가지고 태어나 일찍부터 여장부로 알려졌다. 경북 영일에서 태어나 어머니 진양 하씨가 백마를 탄 장군을 보고 낳았는데, 어려서도 여자 아이들과는 놀지 않고 남자들과 잘 어울렸다고 한다.

1941년 33세의 나이로 세상무상을 깨닫고 월정사 지장암에 출가하여 상원사에서 3안거를 마치고 금강산 신계사 법기암에 들어가 영가천도법을 전수받고 그곳에서 참선정진하였다.

45년 안국동에서 동산율사에게 비구니계를 받고 수덕사 만공스님 처소를 거쳐 다시 오대산 한암스님께 갔다가 6.25를 만나 월내 묘관음사로 와 정진하다가 그곳에서 한 소식을 얻었다.

> "해동에 천고 밝은 달은
> 강남 만리 천을 비추고 있네
> 저 맑은 달빛은 본래 피차가 없거니
> 참선자는 분별망상 떠나야 하리"

이로부터 청풍납자가 구름처럼 몰리자 태백산 홍제사로 갔다가 대구 동화사에다가 전국 비구니총림을 계획했다가 파정하고 1957년부터 20년간 언양 석남사에 머물면서 대웅전, 극락전, 정수선원, 심검당, 건원동을 보수하고 3층 대탑을 보수 진신사리를 모셨다.

이렇게 77년까지 중창불사를 마치고는 다시 본분회상으로 돌아가 칠불암, 상무주, 대원사 등을 거쳐 마지막 80고령으로 3년 결사에 들어가 1997년 4월 14일 세수 90으로 열반에 드시니 한국불교 4부대중의 기린아였다.

> "3세불조 가던 길을 나도 가야지

우민생애 사바의 길 꿈길만 같네
일엽편주 두둥실 떠가는 곳이여
공중에 둥근 달은 밝은 빛 뿐이네"

　필자와는 스님의 상좌 한 분이 통신대학에 입학하여 공부를 잘 했으므로 부산 동래에서 한 여름 동안 수련을 마치고 석남사에 찾아가니 그 위용이 대단하였다. 신라 헌덕왕 16년, 서기 824년 도의국사가 창건한 이 절은 한국 9산 선문의 하나로서 남정네도 살기 어려운 곳인데 어떻게 험한 골짜기를 개간하여 중창불사를 이루었는지 알 수 없다.

　그때만 해도 나이 80이 다 되어 거동이 불편하면서도 대원사 선방에 있다가 해제하여 오셨다고 하였다.

　"우리 불교는 너무 무식해 큰 일이여. 직지인심 견성성불로 도만 깨달으면 다 될 것 같은데 부처님이 나오시더라도 운전을 배우지 아니하면 차를 몰 수 없지 않는가. 학벌도 없는 가운데서 일만 배우다 보니 또 고집까지 불통이거던. 젊은 사람이 통신교육을 한다 해서 내 애들보고 공부하라고 하였으니 잘 가르쳐 주시기 바랍니다."

　하고 깍듯이 격려해 주었다.

　스님의 주장은 도인도 배워야 한다는 것이었다. 요즈음 말로 하면 니모콘을 쓸줄 알아야 TV도 보고, 비디오을 틀드시 비행기, 기선, 기차를 타지 않고 어찌 먼 길을 가며, 길가에서 만난 사람 제도하려면 무식해서는 안된다는 것이었다. 일본사람을 제도하려면 일본 말을 잘 해야 하고, 미국사람을 제도하려면 미국말을 잘 해야 하기 때문이다.

겁중소유제불현(劫中所有諸佛現)
실개승사진무여(悉皆承事盡無餘)
함이청정신해심(咸以淸淨信解心)
청문호지소설법(聽聞護持所說法)

82. 여주 선인(仙人) 이경현선생

내가 대학 1학년 때 대한문 앞 광장에 앉아 도덕경을 보고 있으니 진주 국회의원 아들 최대우씨가 보고 물었다.

"그걸 어디에서 배웁니까?"

"도덕회라는 단체가 있는데, 이 아래 국무총리 집 자택에서 이경현선생이 가르치고 있습니다."

"나도 같이 가서 배웠으면 좋겠습니다."

그래서 같이 가서 인사를 드리고,

"제 이름은 최대우입니다."

"도를 가히 도라고 부르면 그것은 상도가 아니고, 이름을 이름하여 부르면 진짜 이름이 아니다."

"그러면 그 이름은 어디서 나왔습니까?"

"이름 없는데서 나왔지. 천지가 시작되고 이름이 생긴 이후로 만물이 생겼다."

하고 노자 도덕경 5천자 81장을 도와 덕으로 나누어 일목요연하게 설명해 주었다.

지금까지 우리가 듣고 본 유교와는 천지의 차이가 나는 것 같았다. 유교는 예의의 도로서 인·의·예·지·신을 강조하는데, 도교에서는 무인·무의· 무예·무지·무신으로써 상대적인 개념을 중시하지 않았다. 왜냐하면 그와 같이 상대적 개념을 가지면 세상을 경쟁시키고 투쟁하는 장소로 만들어 갈 염려가 있기 때문이다. 실은 도는 무위자연한 가운데서도 항시 하지 아니함 이 없다. 그래서 하늘은 도를 본받고, 도는 자연을 본받아 만물을 생성발전 시키고 있는 것이다.

2학기때는 장자 33편을 가리쳤는데, 내편이 7편이고, 외편이 15편이며 잡편이 11편이었다. 내편에서는 내성외왕(內聖外王)의 도를 체계 있게 가르쳤다.

"형해(形骸)를 벗어나고 교지(巧智)가 끊어져야 인생 일신이 공명에 속박되지 않고 무아를 터득 9만리 장천을 봉황처럼 날 수 있다."

세상 사람들이 모두 형해를 꾸미고 교지로써 영예와 이득을 얻으려 하는데 남화 장자경에서는 이렇게 엉뚱한 말씀을 하고 있었다.

제2 재물편(齋物篇)에서는 천경만논이 다 그런 것은 아니지만 그릇이 그렇고 그 양이 그 정도 밖에 되지 않으므로 그 같은 사람이 나오는 것이다 하였다. 이것은 마치 원효대사가 십문화쟁론에서 대소·편협을 하나도 버리지 않고 화쟁하는 것과 같았고, 용수대사가 생·사, 거·래, 일·이, 단·상을 일정 중도로써 평정하는 이치와 같았다.

이경현선생은 자가용이 있어도 타지 않고 천천히 일반교통을 이용했으며, 드시는 것은 주, 육, 5신채를 뺀 순 채식중심이었으므로 일반식당으로 한 번도 모시지 못했다.

"남의 피를 많이 먹으면 몸이 기름져서 등공(登空)을 할 수 없거든."

선생은 자신이 허공에 오르는 것을 희망하는 것은 아니었지만 육식을 즐기는 호랑이나 사자는 사납고 명이 짧으며, 채식을 본위로 하는 소와 말은 순하고 거대한 몸체를 가져 죽은 뒤에까지도 중생의 양식이 되고 있지 않는가 하고 강조하셨다.

1952년에 손우현선생이 부산에서 창립한 일관도 계통의 도덕회에 나와서 강도를 하기도 하였지만 어떠한 종교나 종파에 구애되지 않고 도를 닦는 사람이 있으면 아낌없이 가르쳐 주고 격려하였다.

"도가 성하면 세상이 복되어지고 도가 망하면 세상도 망한다."

하시고, 또

"서양 문물이 동양에 들어오면 동양 사람들은 서양에 반하고, 동양 문물이 서양에 들어가면 서양 사람들이 동양에 반할 것이다."

하시더니 지금은 미국에 가서 도덕경을 가르치고 있다는 말을 들었다.

83. 원불교 조전권여사

1960년 부산 누님 집에 가니 원불교에서 도통한 여자가 와서 강도(講道)를 하는데 참으로 잘 한다 하였다. 초량 교당으로 찾아가니

"어서 오십시오. 어디서 많이 뵈온 것 같습니다."

하였다.

"이리본부에서 뵈웠던 초연입니다."

하니 깜짝 놀라면서 반겨주었다. 20분 후 강연이 시작되었는데 초량교당 내외가 발 들어 놓을 틈이 없을 정도로 꽉찼다.

"원불교는 1916년 전남 영광 백수면 길룡리 박중빈(소태산) 대종사께서 일원상의 원리를 깨닫고 창종한 종교입니다. 원불교는 그 연원을 불교에 두고 있으나 외면상 숭배의 대상이 다르고 교단운영에 있어서도 재래 사찰운영과 상당히 차이가 있습니다. 이 세상에 태어난 사람은 누구나 천지·부모·동포·법률의 은혜를 입고 있으니 그것을 알고 그 은혜를 갚도록 하자는데 원불교의 취지가 있습니다. 원래는 불교의 <금강경>·<42장경>·<반야심경>·<현자오복덕경>·<업보차별경>·<수심결>·<목우십도송>·<휴휴암좌선문>을 통하여 자기 수행을 하였으나 사람은 욕심 때문에 본성을 잃는 경우가 있으므로 정신을 수양하고 사리를 연구하여 취사선택을 잘하면 성공할 수 있고, 그렇지 아니하면 패가망신하게 되므로 소태산께서는 자력양성과 지자본위, 타자녀교육, 공도자숭배로 사회를 개혁할 수 있는 길을 제시하였으니, 이것이 원불교 경전인 <대종경>이고 <예전>인 것입니다.

구체적인 이야기를 여러 가지로 설명하지 않아도 일목요연하게 설법하니 보고 듣는 자들이 잠간도 눈을 때지 않고 귀를 기우렸다. 달빛 같은 얼굴에 검정치마 흰 저고리를 입고 혈기 발랄한 몸짓으로 대중을 위압하니 그에 절복되지 않는 사람이 없었다.

"원불교가 새로 난 종교이기 때문에 최재우, 강일순이 주장한 천도교나 대종교와 같은 것으로 알았는데 완전히 후천세계를 개벽코자 새로 창안한 종

교로구만……."

하고 여기저기서 자기 나름대로 평가하며 비판하고 찬양하는 사람이 나타났다.

불교가 2500년을 넘어 세계종교사상을 지배하였다 하더라도 독선기신으로 세상을 보살피는 일에 소홀하다 보니 원불교와 같은 새로운 종교가 각광을 받게 되었다 라고 찬탄하는 사람도 있었다.

나는 3일 동안 강의를 듣고 느낀 바가 많았고, 또 여사와는 특별한 관계를 가지고 자주 만나게 되었다.

"나도 13세에 보통학교를 졸업하고 전주 기전여학교에 입학하였으나 가정 형편이 어려워 중단하고 교회에 나갔었는데 독실한 기독교 신자인 아버지가 소태산 대종사의 제자가 된 것을 보고 따라서 출가한 것입니다."

소태산선생은 자기 집과 전답을 내 놓아 타자녀교육과 공도자숭배의 이치를 실천하자 하니 종교와 사상이 다른 사람들도 서로 자신의 재산을 내 놓아 그것으로 진개만개 들을 막고 농토를 개간했으며, 거기서 나오는 쌀로 엿을 만들어 6.25 후 고물들과 바꿈으로써 보화당이란 약방을 만들고 원광대학을 세워 세상을 복되게 하는 일에 앞장섰다. 이로써 오늘날 원불교가 빛을 보게 되었다는 것이다.

가난에 찌들기는 누구나 마찬가지다. 그런데 그 가난을 누구를 위해 어떻게 충족시켜 나가는가에 따라 공사의 관념이 달리 나타난다는 것이다. 생각하면 100년 후에 일어날 자연보호운동과 복지사업을 원불교는 일찍부터 깨닫고 실천했던 것이다.

정각정행(正覺正行)
지은보은(知恩報恩)
전법도생(傳法度生)
각행원만(覺行圓滿)

84. 동산반야회 김재일 법사

덕산 김재일법사는 한국 대중불교운동의 선구자다. 1949년 전남 영암에서 태어나 20대 청년시절부터 조계사 청년회에서 활동하다가 82년 무진장스님을 법주로 모시고 동산반야회를 창립, 일반불자들을 위한 혁명적인 교육에 앞장섰다.

92년부터 개설한 동산불교대학에서는 처음에는 교리강좌로부터 시작하였으나 장차 불교미술·한문·다도·장례의식·사찰음식·불교음악·무용에 이르기까지 종합적인 불교센타로 발전했으며, 신라시대부터 내려오던 염불만일회를 결성하여 보고 듣는 자는 누구나 "아미타불 관세음보살"을 모르는 사람이 없게 포교하였다.

특히 제4차 한일불교문화교류때 부터는 일본 호까이도에 있는 양원사와 자매결연을 맺고 매년 30-40여명씩 단체 예술공연을 교류해 왔으며, 어린이집·청소년 독서실등을 운영함으로써 불교복지사업에도 헌신적으로 노력하였다. 특히 세계기아난민돕기운동에 앞장서 인도와 네팔에 싯달학원과 능인중·고등학교가 설립되어 석가족들이 잊어버렸던 옛 조상의 얼을 되찾게 하였다. 대부분의 석가족들이 힌두교에 몰두하여 능인석가를 힌두신의 하나인 비쉬누신의 제8대 화신으로 인식하고 있었기 때문이다.

뿐만 아니라 전국 각 호텔에 영어·일어·한국어로 된 불교성전을 수십만권 보급하여 세계 각국에서 여행오는 사람들에게 불교에 대한 관심을 보여주기도 하였다. 이렇게 한 몸으로 너무 많은 일을 하다보니 과로와 빈혈로 중병을 앓게 되어 수년동안 고생하였지만, 열반의 그 날까지 잠시도 쉬지 않고 포교하였다.

특히 합창단의 노래, 예술단의 법고, 다도학과의 육법공양은 불교의식을 대중화·현대화하는데 일조를 했으며, 4.8행사를 앞두고 시가행진 할 때는 천태·진각종에 이어 조계종의 거수(巨樹)로써 눈길을 끌었다.

언제나 몸에는 헐렁한 한복을 입고 손에는 염주를 들고 입에서는 아미타불이 그치지 않아 무심사 보광스님은 "서방의 일납자가 홀연히 출연히여 동방으로 왔다가 다시 백련을 타고 고향으로 돌아갔다" 하였고, 무진장스님은 "이 시대의 보현행자요, 불보살의 화현"이라고 칭찬하였다. 지금은 그 정신을 안동일법사가 계승하여 그 지혜와 열정을 손색없이 계승해가고 있으니 동산불교대학은 한국 재가불자의 요람이 될 것이다.

중국의 5조 홍인스님은 동산에서 법을 펴다가 6조 혜능을 만나 본래 무일물의 반야불교를 혜능에게 전해 주었는데 한국의 동산불교는 석가모니 부처님의 철저한 깨달음과 달마대사의 직지인심을 염불만일에 붙여 서울 한복판에서 전하고 있으니 참으로 신통한 일이다.

특히 동산불교대학은 한국불교신지식 친견도량으로 알려지고 있다. 다양한 교과목에 여러 분의 전문교수·스님·법사님들을 골고루 초청하여 친견시키고 있기 때문이다.

아무쪼록 그 정신이 세계 만방에 널리 퍼져서 혜일(慧日)처럼 밝아지고 달빛 처럼 내외표리(內外表裏)가 없이 비쳐지기를 손 모아 빈다.

먼 산에 가물 가물 등불을 보고
승속에 관계없이 법사가 되니
나한의 신통에 보살의 자비
천년 얼음이 한꺼번에 녹아나네

85. 캐나다 삼우스님

토론토 삼우스님은 경남 진주출신이다. 1941년 범어사 동산스님께 출가하여 장설봉스님께 선을 배우고 66년 일본 임제종 평림사와 광덕선사에서 지내다가 67년 8월 샌프란시스코를 거쳐 뉴욕에 들어가 무연대비(無緣大悲)의 정신으로 세 가지 원력을 세우고 미주포교에 나섰다.

첫째는 바른 생각과 정직한 행동으로 개척불교에 앞장선다.

둘째는 서양불교 개척은 나의 역사적 사명이다.

셋째는 기독교에 대한 바른 이해로 대화와 친선을 통해 세계평화를 실현한다.

UPS 배달회사에 들어가 밤일을 하며 멘하탄 42가에 아파트를 얻어 미국사람들에게 참선을 가르쳤다. 이렇게 선방을 먼저 개설한 것은

첫째 선은 말이 필요 없고 행동중심이기 때문에 쉽게 따라 올 수 있었고,

둘째 들뜬 생각만 가라앉히면 성적등지(惺寂等持)의 평화세계를 체험할 수 있기 때문이었다.

그런데 어떤 사람들은 자기를 발견하는 마음공부를 위해 찾아오는 지식인도 있고 예술인들도 있었지만, 한편 징병을 고민하여 해외로 도망치려하는 청년 학생들도 있었다. 그리고 때로는 정신분열증에 걸려 오는 사람도 있었다.

"전쟁이 진실로 싫으면 법을 어기고 도망갈 것이 아니라 전쟁이 끝날 때까지 감옥에 들어가 참선을 하거나, 아니면 범평화운동가들과 함께 반전운동을 하는 것이 좋지 않겠는가."

하니 이 말을 들은 학생들의 마음이 당장 안정되어 자기 학교 교수님까지 데려오고, 정신병자들도 규칙적인 생활을 할 수 있었다. 이와 같이 언어이전의 행을 통해 사랑을 보이면 시간이 걸려서 그렇지 모두가 안정을 되찾아

정상적인 생활을 영위하게 된다는 것을 깨달았다.

그런데 문제는 여권이었다. 여권만기가 되면 미국에서는 어떤 조건이 있기 전에는 반듯이 일단 국외로 나가야 한다. 프랑스 소르본대 룰만교수가 콜롬비아대학 게리 제갸드 종교학과 교수와 호레이스 포리스 박사에게 소개하여 한국선불교의 필요성을 느끼게 하였으나 이것이 실현되기 전에 미국을 떠나야 하였으므로 삼우스님은 68년 2월 캐나다 몬트리올로 와서 멕길대 철학과 교수들과 반전운동을 하다가, 바로 그 곳에 시민선방을 만들었다.

토론토로 옮겨서는 지하 아파트를 한 칸 얻어 뉴욕 소시알리스트로부터 연구비를 받아 2년간 한국선불교를 연구하면서 때로는 식당, 우체국에서 아르바이트도 하였다. 그러나 불행이도 후두결핵으로 인해 요양원에 수용되자 그곳에 있는 12명 환자에게 말없는 행동으로 자타불이·진속불이·생사불이의 도리를 가르쳐 생활 속에서 불성의 개발을 하도록 하였다. 스님은 한 달 열흘만에 요양원에서 돌아와 선불교 연구원을 포기하고 3년 결사에 들어가 하루 하루를 평화스럽게 지냈다. 이것이 곧
" '평상심의 도' "라는 것을 확증한 뒤 땅을 빌려 농사를 지으며 찾아오는 사람들에게 참선을 가르치고 한국동포들을 위로하게 되었다고 한다.

그런데 뜻밖에 문제아들이 젊은 층에 많이 있다는 것을 알고 토론토 우범지대에 헌 집을 사 정신병자 15명과 함께 사업현장에 나가 노동을 하였다. 매일 5시에 일어나 108배를 하고 참선예불하니 잠이 오지 않아 약을 먹던 사람도 잠을 잘 잤다.

삼우스님은 한국에 오실 때 마다 상락향수도원이나 청량리 기로원을 찾아와 우리들의 선농일치사상과 기로사업을 점검하고 이런 이야기를 한 없이 해 주었다. 제자들은 헌 인쇄기를 사서 'SPRING WIND'라는 잡지를 만들어 내고, 어떤 사람들은 두부, 방석, 공예품, 기념카드 같은 것을 만들어 팔고,

세상 사람들이 버리는 폐품들을

　재활용하여 이것이 사회운동으로 번지자 선연사에서는 이 같은 대중을 길러내기 위한 "미륵승가대학"이 생겨 국제불교운동에 앞장 서게 되었다는 것이다.

　스님은 지금도 세계평화와 인류 고통을 구해낼 승려·법사 양성에 주력하고 있으며, 노인불자를 위해서는 공예부락, 장수마을에 들어가 평화교원에 들어갈 때까지 안심입명할 수 있는 길을 가르치고 있다.

　대부분 한국사람늘이 재미교포를 중심으로 나누어 먹기 식 불교운동을 하는데, 삼우스님과 숭산스님은 서양제자들을 양성하여 도리어 베풀고 권선하는 생산적 불교, 시민운동을 전개하고 있다.

86. LA 관음사 김도안 스님

미국불교는 1910년 전설적인 봉은사 개화파 월봉스님이 한일합방과 동시 일본을 거쳐 미국에 들어온 이 후 약 1백년 사이 사찰이 100개가 넘었고, 포교방법도 법회중심에서 도서출판·신문·TV·인터넷·이메일·젠 센타·복지·의료 등 다양한 방법으로 펼쳐지고 있었다.

1930년 범태평양불교대회에 한국대표로 참석한 도진호스님은 최남선 선생의 논문을 대독하여 한국불교의 위상을 높인 뒤 43년 한민족대회에 재미통합한국위원의 중심 멤버로 활동, 기록영화 ‘무궁화동산’을 만들었다고 한다.

1942년에는 하버드대 박사과정에 유학하였던 범명 미상의 스님(홍씨)이 있었고, 69년 필라델피아 템플대학교에서 박사학위를 받은 서경보스님이 있는데, 이 스님을 시봉하고 있던 고성스님이 워싱턴 DC에 한국절을 세우고 선종대학을 만들어 150여명의 미국 제자들에게 선을 가르쳤다.

북미에서는 삼우스님이 뉴욕에 선연사를 개원했다가 68년 미시간주 안아버로 옮겼다가 72년 카나다 토론토로 옮겼다. 그 뒤 덕산 이한상 거사가 카멜에 삼보사를 개원하고 숭산스님이 72년 프라비덴스에 홍법원을 개원하였고, 법안스님이 90년도 하버드대학에서 박사학위를 받음으로써 한국불교에 세 번째 경사가 생겼다. 75년 페이지교수의 초청으로 하와이에 와서 대원사를 건립한 대원스님에 대해서는 페지교수편에서 이미 설명한 바 있다.

76년에는 한계정스님이 LA에 수도사를 개설하고 그 뒤 토론토 대각사, 시카고 불타사를 재건하여 미주 전체를 순회포교한 채인환스님의 공로 또한 크다. 그리고 72년부터 77년까지 UC버클리대학에서 박사과정을 마치고 뉴욕 스토니브룩대학에서 한국불교강좌를 시작한 박성배교수, 74년부터 79년까지 순천 송광사에서 스님생활을 한 UCLA 동아세아 언어문학과 교수 로버트 버스웰 박사(혜명), 82년 위스콘신대학에서 한국불교를 강의한 화공스님(능가스님의 제자), USC대학 종교학 과장으로 재임하고 있는 종매스님 등이 미국에서 활동하고 있는 분들이고, 미국 학위를 취득한 지명스님(US 버클리), 홍선

스님(유니온), 법타스님(96년) 등은 한국으로 돌아와 후배 양성과 시민불교운동에 심혈을 기우리고 있다.

그런데 도안스님은 개인사찰(관음사)을 운영하면서도 미국불교협회를 창설하고, 불교 TV를 운영하면서 한국의 동산불교대학 지부를 설립하여 많은 지성불자들을 양성하였다. 뿐만 아니라 스님은 한미불교봉사회, 한글학교, 어린이학교를 운영함으로써 교민사회에 막대한 영향력을 주었다. 그리고 하와이 기대원스님과 함께 민족통일운동에 앞장서고 불교평화문제연구소를 운영하였다.

새벽 3시에 일어나면 저녁 10시가 넘도록 잠시도 자리에 앉을 틈 없이 동분서주하는 모습은 매우 안타깝게 여겨졌지만 초창기 미국불교개척자로서는 어찌 할 수 없는 실정이었다. 특히 LA 다운타운에 거대한 유대인교회를 인수한 이후부터서는 경제적인 핍박을 많이 받았다. 하는 일이 너무 많다보니 들어오는 돈만 가지고는 거의 감당할 수 없어 많은 고통을 겪었다. 그러나 여러 신도분들의 열성어린 후원과 가족들의 도움으로 그 역경을 하나하나 정리해가며 유치원, 청소년지도, 라디오, TV에 이르기까지 1인 7역, 8역을 담당하고 있었는데, 불행이도 건강이 좋지 않아 이별의 종소리를 울리게 되었다.

스님이 한국에 있을 때는 적조암주지로 계시면서 학교공부(동국대학)에 정성을 다 하였고, 신도들의 애환사를 빠짐없이 살피며 보살행을 실천하였다. 자신을 위해서는 한 없이 인색하면서도 불교와 세계중생을 위해서는 위법망구정신으로 살았으니 비록 그 몸은 갔으나 그 마음은 한국과 미주 불자들에게 고이 간직되어 있으리라.

　　　진묵겁전조성불(塵墨劫前早成佛)
　　　위도중생현세간(爲度衆生現世間)
　　　외외덕상월륜만(巍巍德相月輪滿)
　　　어삼계중작도사(於三界中作導師)

87. 청룡사 윤호 비구니스님

　윤호스님은 1907년 광주에서 태어나 다섯 살에 청룡사 주지 상근스님께 들어와 금강산 관음암에서 자랐다. 12세에 상근스님이 청룡사 큰 방을 짓게 되어 따라와 시봉하였는데, 나이가 드니 금강산이 그리워져 21세에 다시 신계사 법기암에 들어가 석주 탄월스님 밑에서 선을 익혔다.

　23세 때는 마하연으로 내려와 만공스님을 모시고 세 철을 지냈는데, 만공스님께서 '白蓮'이란 호를 내렸다. 25세에 다시 청룡사로 와서 스님을 시봉하며 포교하였는데, 30세에 선학원 일붕스님께 비구니계를 받고 35세 때는 선지식을 찾아 전국 순례를 나왔다가 오대산에서 방한암스님을 뵙고 '妙覺'이란 법호를 받고 한 철을 난 뒤 다시 청룡사로 돌아와 노쇠해진 상근스님을 시봉하였다

　은사 상근스님은 14세에 출가하여 여러 곳에서 이력을 마치고 금강산에 들어가 선을 익힌 뒤 서울로 돌아와 한용운, 백용성, 백초월, 이종욱, 신상원스님 등 기미독립운동 33인을 도와 민족운동을 남의 눈에 띠지 않게 하였다.

　말년에는 도제 양성과 가람수호에 전력을 다하고 회갑되는 해에는 스스로 모은 돈을 가지고 청룡사를 새롭게 건축하고, 또 나머지 돈을 금강산 마하연, 장안사, 표훈사, 신계사와 수원 용주사, 예산 정혜사, 서울 개운사, 오대산 월정사 등에 무상보시하는 것을 보았기 때문에 윤호스님께서도 불사하는 일에는 아까운 생각이 없었다.
　그래서 스님의 뜻을 따라 극락전과 시왕전을 중창하고, 산신각, 심검당, 우화루를 중창하였으며, 절 주위 아홉 사람의 땅 600여평을 사서 사지(寺地)를 분명히 한 뒤 임야 2정 4단을 구입하여 바깥 경계를 구축하였다. 청룡사는 개인의 절이 아니라 고려 태조가 도선국사의 유언을 따라 창건한 절이고, 공

민왕 왕비 혜비가 출가한 절이며, 단종의 정순왕비가 출가한 절이고, 이성계의 제2왕비 소생인 경순공주가 출가하여 득도한 곳이기 때문이다.

원래 이 절에는 신라 28대 진덕여왕 때 조성한 철원 심원사 3천불전의 3존불이 이곳에 모셔졌던 것이기 때문에 영조대왕이 '정법원'이란 현판을 내려 지금도 그 비석이 살아 숨 쉬고 있다.

조선조 500년 갖은 핍박과 법난 속에서 근근히 지켜온 호국사찰을 비구도 아닌 비구니가 어렵게 어렵게 지켜오면서 갖가지 불사를 일으키니 동대문 일대의 선남선녀들이 동참하였으며, 최근에는 타허스님이 <신화엄경>의 대작불사를 이곳에서 완성하기에 이르렀다.

일생을 일만 하다 가신 스님. 그러나 그 일을 통하여 새록 새록 삼세인과를 깨달을 줄 알아, 방한암스님은 '了達三世悉空寂'이라 하고, 만공스님은 '頭頭白蓮笑'라 하였던 것이다.

그런데 이 근래 종단과 국가가 같이 조사해 놓고 보니 현재 존재하는 문화재만도 400여점이 넘었다. 이를 지키고, 갈고 닦고 있는 스님은 현 청룡사 주지 진우스님이다. 그러므로 영조대왕은 1771년 현판을 내리기를

'前峰後巖 於千萬年'

이라 하였던가 보다. 천만년 가더라도 그 이름은 영원히 없어지지 아니할 것이다 하는 말이다.

진우스님은 매주 초 하루 화엄신중기도를 들여 호국안민과 불일증휘를 기도하고 있다. 이것은 고려태조 이후 청룡사가 지켜온 룰이다. 동방이 밝아야 서·남·북이 밝아지기 때문에 동방 청룡으로부터 호국안민을 기원했던 것이다. 호국불교의 맥을 정신과 물질 양면에서 지켜온 청룡사, 이 절이야 말로 역대 비구니스님들의 뼈저린 절개 속에 민족의 혼과 정신이 살아있는 절이다.

나는 이 절에서 5년이 넘도록 정기법회를 보았다.

88. 동양학박사 조좌호선생

동국대학교에서 동양철학과 동양사상에 대해서는 김용배교수와 조좌호선생을 쳤는데, 김용배교수는 하얀 수염에 흰 두루마기를 입고 나와 마치 함석헌선생과 같은 인상을 주었고, 조좌호선생은 붉은 테 안경에 런던포구를 입고 다녀 멋쟁이 가운데서도 멋쟁이었다.

강의실에 들어서면 5백 쪽이 넘는 동양사 교재는 그만 두고 3황5제, 하·은·주, 춘추전국시대, 진나라, 전한·후한, 위·촉·오의 도면을 그려놓고 물 흘러가듯 이야기했다.

"어느 나라고 해와 달, 산과 물이 없이 문명이 이루어지는 법은 없습니다. 중국문명은 황하문명으로 5천년전부터 이 일대에 사람들이 모여 들어 신석기 문화를 형성하였는데, 특히 채색토기로 용산문화의 핵심을 이룹니다. 신석기 시대가 지나면 청동기 문화가 발달합니다."

3황5제의 이상적시대를 지나면 하·은·조 시대가 나타나는데, 귀신이야기와 장사이야기는 은나라에서 나온다. 만물에는 모두 영혼이 있기 때문에 점을 쳐 박수·무당·만신으로 소원을 빌며 악신을 물리치고 선신을 불러들여 소원을 성취할 수 있다고 믿었다.

그래서 문자를 통해 점치는 방법을 개발한 것이 갑골문자이다. 뿐만 아니라 그들은 천체물리학에 밝아 성력(星曆), 달력(月曆)을 발전시키는데 많은 자료를 제공하였다. 주나라에 들어와서는 주역이 발달되면서 봉건제도가 확립되고 육예(禮·樂·射·御·書·數)가 성행하였다.

이러한 사상들을 배경으로 무위자연의 도가가 발달하니 제자백가가 비 온 뒤 죽순처럼 나타나 진나라로 통일되나 3대를 겨우 지나면서 항우가 죽자 한나라로 재통일된다.

불교는 한나라 명제 때 들어오는데, 도교와 상쟁하여 이기므로써 도불이 한데 융합될 뿐만 아니라 수·당에 이르러서는 5호16국 사상이 함께 짬뽕되어 근본을 찾기가 어려울 정도로 변화가 많아진 것이다.

"그러므로 여러분들은 중국불교 역경사를 통해서 여러 종파분열의 경위를 잘 이해하고 장차 선불교가 중국불교를 대표하게 될 만한 이유가 어디 있는가를 철저하게 공부하여야 될 것입니다."

조좌호선생은 어느 누구에게도 함부로 하대하는 말을 쓰지 않았다. 명자 그대로 동양인의 인·의·예·지가 몸에 꼭 배어 있었다. 이로 인해 나는 인도 부파불교 분열에 관한 연구를 게을리 하지 않았고, 또 중국의 5가7종이 화엄·천태·삼론과도 무관하지 않다는 것을 알게 되었다.

집안 일은 속에서 보면 잘 보이지 않지만, 외국에 나가서 보면 나라 안 소식이 더욱 분명하게 나타나듯 불교도 자기 고집만 가지고는 통일불교를 이루지 못할 것이다. 부처님 돌아가신 뒤 100년까지는 일미불교로 상좌·권속 관념이 없이 공도로 운영되던 불교가 상좌·대중 두 파로 갈리고, 서로 흉보아가며 닮아가다가 급기야는 20부파를 형성, 마침내 선교 양종에 현밀교해까지 생산하니 그런 뜻도 잘 모른 한국불교가 무조건 큰나라 것이면 좋다고 받아들여 지금과 같은 다종파 불교를 형성 불협화음을 일으키고 있다는 것이다.

진실로 조좌호박사님은 부처님 말씀 따라 종도 없고 파도 없고, 권속관념·사찰관념도 없이 오직 일불제자로 살아왔던 분이다. 그렇기 때문에 불교학교에서 가르치던 교수가 장차 성균관대학 총장이 되어 서양에 까지 유교를 수출하게 된 것이다.

보살제화헌불전(菩薩提華獻佛前)
유래차법자서천(由來此法自西天)
인인본구종난시(人人本具種難恃)
만행신개대복전(萬行新開大福田)

89. 전 동대불교학자 홍정식 박사

홍정식교수는 1970년대 동대불교대학장을 지내신 분이다. 대대로 집안이 불교를 믿어와 어려서부터 절간에서 살다시피하여 학교를 갈 때에도 불교와 관계없는 대학을 가고 싶어 했지만 삼촌 홍원식께서 기필코 불교대학에 가야 한다고 하여 불교학과를 지망하셨다고 한다.

박사님의 지론은 불교 교리만 전공한 사람들이 너무 많아 중노릇이 아니면 써먹을 곳이 없는데 억지로 불교를 배워 뭘 할 것이냐는 것이었다. 그래서 논문을 쓰실 때도 불교의 정치관이라든지 불교 윤리도덕관에 관한 것이 아니면 대승불교사상을 중심적으로 써서 불교정신에 의해서 사회과학을 실천할 수 있는 인재를 양성해야 한다고 주장하였다.

이 때문에 대전보문중고등학교를 비롯 새로운 교육사업에 손을 대고 불교대학에 들어와서도 오래토록 한 자리에 앉아 있지 않고 자주 자리를 옮겼는데, 이것은 오직 후배들을 위한 자리 양보에 원인이 있었다.

"참되어라·쓸모있어라·끝까지"의 보문학교 교훈은 바로 홍박사님께서 지은신 것이다.

"밥을 먹기 위해, 명예를 얻기 위해, 돈을 벌기 위해서 불교를 한다면 이것은 속인들만도 못한 생각입니다. 절에 사는 사람들이 신도들 모아다가 돈을 내라 하면서 자기 주머니에 한번 들어가면 잘 나오지 않는 것을 보았는데, 이것이 소승이요, 불교를 팔아 빌어먹는 방법입니다. 그래서 나는 불교를 목에 걸어준 명예직을 별로 좋아하지 않습니다. 이름만 가지고 죄만 짓기 때문입니다."

그 때 당시 불교 사정을 생각하면 능히 이해할 수 있는 성훈(聖訓)이다. 그래서 미당 서정주 시인께서는 "천년을 맺힌 시름을 출렁이는 물살도 없이 고은 강물이 흐르듯 학이 나른다"는 회갑시를 지어 주셨다.

박사님은 동대도서관장직을 끝으로 78세에 세상을 하직하셨지만 특히 도서관에 계시면서 목정배·권기종·김영태 같은 젊은 교수님들에게 기대를 많이 하셨으며, 한편 몸이 불편하면서도 학구열에 불타는 고익진교수를 무척이나 사랑하셨고 아꼈다. 우리는 대학 2학년 때부터 법화경강의 등을 들으며 종종 바둑으로 설법하시는 장면을 보았다. 청렴결백하기 눈서리와 같았으며, 그 나마 한 푼 남은 것으로 "미산장학회"를 만들어 불교학생들의 교육에 헌신하였다.

특히 법화경의 공덕품에 대한 것을 확신하고 있었는데, 여래의 수명이 한량없는 이치를 반듯이 믿고 따르면 삶이 지루하지 않고 근심걱정이 다 없어진다 강조하였다.
무량수(무량수) 무량광(무량광)을 믿으면 영원한 생명속에서 어떠한 공포도 사라지기 때문이다.

역천겁이불고(歷千劫而不古)
항만세이장금(恒萬歲而長今)
다경해악상천(多經海岳相遷)
기견풍운변태(幾見風雲變態)

90. 강릉선생과 이신남친구

　이신남은 동국대학교 불교학과 동기로서 별명이 달마대사다. 노트 한 권 들고 와서는 뒷 자리에 우두거니 천장만 처다 보고 앉았다가 그냥 나가기 때문이다.

　할머니가 동국대학교 건립에 큰 공이 있어 가능한 한 손자 하나를 키워보기 위해 보냈으나 대학 4년을 무위(無爲)로 보냈으니 실망이 크셨다. 그러나 학교 동기나 선후배 가운데서는 그가 복지를 즐기는 가운데서도 남의 돈을 쓰지 않고 인심이 후하다는 것을 알아 종종 베푸는 자리에도 따라가 예술가 구경을 하는 사람도 있었다. 그런데 그의 생각 속에는 남다른 생각이 있었다.

　베푸는 집을 가도 가난한 집, 영업이 잘 안되는 집, 연예가를 들려도 손님이 잘 오지 않는 곳을 골라 가서 은혜를 베푸는 것이다.
　"요즈음 지내는 것이 어떻습니까?"
　"말이 아닙니다."
　"그렇다면 이것으로 밑천을 하여 새 살림을 차려 보시지요."
　하고 학교에 내야 하는 등록금을 통째로 보시하고 오는 것이다. 할아버지 할머니가 화가나서 나무라면,
　"할아버지 할머니께서 좋은 일하고 살라 하시지 않았어요."
　하고 도리어 반문하였다.
　"야 이놈아, 불쌍한 사람 도우라 하였지 그런 곳에다 돈 주라 하였느냐?"
　"할아버지, 오죽하면 그런 직업을 가지고 살겠습니까. 부처님께서 베푸는데 사람 차별하지 말라 하였느니 걱정하지 마세요. 좋은 일 생길 것입니다."
　하면 아무 말 못하고 애꿏은 담배만 한없이 태웠다.

내가 상락향수도원을 건립할 때는 봄부터 가을까지 동내 일꾼들과 어울려 6개월 이상을 함께 지냈다. 가랫줄을 잡고 삽질을 하다가 칡뿌리가 나오면 종일토록 칡을 씹으며 재미있는 이야기도 해주곤 했는데, 이듬해 갑자기 군대에 가게 되었다. 사실그는 병으로 군대를 가지 못하고 있었는데 뜻밖에 자연 치료가 된 것이다.

요사 1동을 짓기 위해 돌 사이에 진흙을 이겨 쌓았는데 한 달이 넘어 걸려 겨우 지붕을 이어 놓고 보니 지붕을 덮을 돈이 없었다. 그때 나는 매주 토요일 을지로 5가 통일예식장에서 토요법회를 보는데 대학청년회 법회를 박서영, 김만귀법사와 함께 담당하고 있었다. 그날 사 말고 비가 올 것 같아 집단도리를 하고 나가느라 시간이 늦어 옷도 가라 입지 못하고 진흙투성으로 나갔는데 뒤에 있던 어떤 사람이 물었다.

“법사님은 어디서 무엇을 하는데 옷 모양이 그렇습니까?”

“가평에 수도원을 짓고 있는데, 형편이 매우 어려워 손수 꾸미다 보니 이렇게 되었습니다.”

“나는 강원용 목사의 사촌 동생으로 금강슬레이트회사 전무인데, 이신남친구의 고등학교 동기입니다. 법사님 말씀을 여러 번 들어 한 번 나와 본 것인데 공감하는 바가 많습니다. 일본에서 들어온 28푼 되는 강철을 슬레이트 기계에 눌러 경동역까지 운바하여 부처드릴테니 쓰십시오.”

그래서 이튿날 기차로 운반된 슬레이트를 올려 집을 완성하고 나니 소낙비가 쏟아졌다. 그 뒤 그는 월남에 가서 고철을 수집하여 강철회사를 건립하고, 지금은 미국에 가 있다. 낙성식 때는 강원용목사가 사준 둥근 상 하나를 가지고 와서 전해주어 지금까지도 유용하게 쓰고 있다.

재시와 법시는 원래 무상으로 하는 것이지만 중생들이 두려움 속에 빠져 있을 때 종교도 다른 사람이 친구 말을 듣고 거금이 드는 철판을 보시하여 세상의 두려움을 없에 주었다는 것은 누구나 잊지 못할 무보시 가운데 하나이다.

신남씨는 강룡선생을 따라 미국에 가 있었는데, 불행이도 단명하여 지금은 없다. 제 자신은 담배 한가치 물지 않으면서도 동네 일꾼들을 위해 골련을 한 푸대씩 싸 짊어지고 고리짝 술을 한 말씩 가져와 동네잔치를 베풀던 모습, 영영 잊혀 지지 않는다.

세상의 자식 가운데는 이렇게 부모생각과 다른 사람도 더러 있으나, 부모님께서는 도리어 자식을 통해 큰 깨달음을 얻게 되나니 자식이 부모요 스승이기 때문이다.
"신남아, 잘 있어. 나도 그대 있는 곳에 가서 동네잔치 한번 베풀테니!!"

91. 무궁정도교 교주 김종기

일본 무궁정도교 교주 김종기씨는 전남 신안 사람이다. 주역에 밝으며 지리학에 능통한 사람으로서 1925년 비금면 통소리에서 태어나 23년 28세로 단신 일본으로 건너가 대판 생야구 학교 2정목 12-7에 자리를 잡고 공부를 시작하였으니, 일본 사람 이름으로는 가내모리 요시오(金盛良夫)다.

39년 대판 통도곡 제2소학교를 졸업하고, 41년 학교 고등소학교를 나와 48년 대판시에서 봉제공장을 경영하였는데 이해 6월 11일 꿈 가운데서 몽득경을 얻었다.

'해와 달빛이 밝고 밝을 때
음양이 4시 8절을 형성하여
5행 6갑이 밝고 밝게 나타나게 되면
일체 귀신들이 모두 소멸하게 된다.
와(井) 가(十) 아(一) 홋(止)'

그 뒤로 다시 '무극전도주'를 얻으니 이것을 기초로 하여 무궁정도교를 신청하니 처음에는 일본사람이 아니라 하여 받아주지 않고, 두 번째로는 진리성이 박약하다하여 받아주지 아니 했다. 그리하여 직접 문부성에 들어가 하늘과 땅, 산과 바다의 이치로서 설명하니 그 자리에서 단독법인체를 내주어 1985년 10월 30일자로 허가를 받았다.

이렇게 한일문화교류의 한 장이 개설되어 많은 사람들을 일본에 초청 갈 길을 정해주었다. 통신대학 출신 박법사가 그곳에 들어가 한국불교 교화원과 자매결연을 맺게 되었으므로 인연을 가지게 되었는데, 일본에 들어가서 보니 거류민단 생야구 감찰원장으로 재일교포를 위하여 여러 가지 좋은 일을 많이 하고 있었다.

　문맹인들에게는 눈과 손이 되고, 걸을 수 없는 사람들에게는 발과 다리가
되어 코리아민족공동체를 만들고, 대동영묘원을 운영하여 죽어가는 사람들에
게 안식처를 마련해주고 있었다. 자신은 봉제회사와 화성산업을 창설하여 자
손들에게 맞기고 오직 의지 없는 교민들을 위하여 갖가지 고난사업을 대행
하고 있었다.

　생야구 일대는 우리나라 영등포 뒷골목 같은 곳으로 장차 재개발만하면
우리 거류민들은 올데 갈데 없게 되어 있는데 김교주의 변호와 간호로써 생
계를 유지해 가고 있는 사람들이 부지기수였다.

　종교자체로 보면 일종의 민속종교에 불과하지만 그 같은 법인의 법적증거
를 가지고 우리 교민들을 위해서 좋은 일을 하고 있다는 것으로 볼 때 크게
상찬해야 할 일이었다. 슬하에 자제분들이 여럿이 있고 또 한국에서 처음 결
혼했던 부인과 일본에서 새로 결혼한 부인이 있지만 나라 사랑 때문에 그렇
게 된 것이기 때문에 서로가 형님동생하며 사랑하며 살아가고 있었다.

　만나면 늘 나라 일을 걱정하며 시를 읊었는데,

　　"석가여래 떠나신지 2천년
　　미륵보살의 탄생되기 천년전
　　사바세계에 말세가 와서
　　대낮에 도적이 산 사람 눈을 빼갈 것이다."

　백발성성한 머리를 휘날리며 백두산 연변에 가서 조국통일을 기원한 일이
며, 북경 사회과학연구소에 가서 황심천씨를 만나 세계평화를 논한 일은 일
반사람으로서는 보기 드문 일이다.

92. 태국 불교승왕과 부승왕 담와라라자

　태국에는 근본불교사상을 배경으로 하는 상좌부 불교와 대중불교를 표방한 대중불교가 있으나, 하나의 승왕청 아래 다 같은 계율을 지키며 화합하고 있다. 태국에는 승왕 제도와 부승왕제도가 있어, 행정 각부에 승·속이 참여하여 내부의 일은 대부분 스님들께서 처리하고, 외부의 일은 신도님들이 처리하고 있었다.

　또한 일반 스님들도 자기를 보증할만한 단나(檀那. dana. 시주자)가 있어 죽을 때 까지 책임지고 있었으며, 스님 개개인 사이에 정인(淨人)이란 일반신도가 있어 그의 일거일동을 감찰하면서 보호하고 있었다.

　태국승왕 푸라나냐 삼와라 썸뎃은 우리나라 동국대학교 김동화박사님과 거의 비슷하게 생겼다. 키도 그만하고 걸음을 느릿느릿 걷고 말씀하는 것 까지도 거의 비슷했다.
　"내가 풍기(風氣)로 거동이 불편하여 직접 보살피지 못한 것을 이해해 주게. 모든 것은 부승왕 담와라자라에게 부탁하여 두었으니 좋은 단나가 생겨 공부하는데 지장이 없게 될 것일세."
　하시며 <행복경> 일부를 읽어 주었다.

　"어떤 사람이 행복한 사람인가. 어리석은 사람 사귀지 않고 슬기로운 사람 가까이 하며 존경받을 만한 사람 공경하면 이 사람이 행복한 사람."

　앉은 자세로 3배를 올리고 나오니 부승왕께서 단나 타이라이씨를 소개해 주었다. 이분이 곧 먼저번 승왕 비서였던 사람인데 지금은 렌트카사업을 하고 있다 하였다.

부인과 함께 와서 점심식사를 대접한 뒤 따로 떨어진 집 한 채에 한국스님들을 나누어 살게 해 주었다. 삭발하고 계를 받기 전까지는 스님들께서 얻어온 밥을 얻어먹고, 삭발수계한 뒤부터 서는 선배스님들을 따라 탁발식(托鉢食)을 하였다. 아침 일찍 발우를 들고 나가면 수 많은 시주들이 진수성찬을 싸가지고 와서 서로 공양코자 하였다.

나는 계사 푸냐가모 노스님 뒤를 따라 가기도 하고, 삭발사 다위나뇨스님을 따라가 기도 하였는데, 종종 길 거리에서 공양을 하고 상담하는 사람들이 없지 않았다. 그러면 스님들은 좋은 말로 타이르고 정히 해결할 수 없는 문제면 출가하여 수행하면서 생각해 보자고 하는 사람도 있었다. 태국은 출가를 일곱 번까지 승낙해 주기 때문이다.

태국에는 상좌제도가 따로 없었으며 들어오는 대로 선후배가 결정되는데, 나가지 않고 오래 산 사람은 2~30대에서도 큰스님 대접을 받았다. 3개월, 5개월, 8개월, 1년, 3년, 10년 순서로 연한이 정해져 있는데 한 기한이 지나면 동네 사람들이 잔치를 베풀어 중노릇 잘 한 것을 크게 상찬하였고, 1년 이후부터서는 학교공부가 되었건 승려공부가 되었건 모두가 국비로 이루어지기 때문에 학비 걱정이 없이 공부할수 있었다.

담와라자 큰스님은 교육담당 부승왕으로 불교대학 한 곳과 나라의 공주가 운영하는 장애인학교 그리고 어린이 집 등 네 개의 큰 학교와 두 개의 사찰을 관리하고 있는데, 진실로 방안에는 아무 것도 가지고 있는 것이 없어 3의 1발로 겸손한 생활을 하였다.

아침 다섯시에 일어나면 저녁 8시까지 수많은 사람을 접하면서도 짜증내는 일이 없고 오직 대중스님들과 의논하여 흔적 없이 모든 일을 처리해 가고 있었다. 한국에도 여러 번 초청되어 수계법회를 가졌는데, 출가 후 무소유 생활의 뿐은 거기서 영향 받은 바 크다.

93. 인도불교의 개척자 암베드카르(Ambedkar)

인도불교가 멸망하게 된 동기는 이슬람 세력의 침입에도 원인이 있지만 불교 교단의 자체분열과 후기 대승불교의 밀교화에 큰 원인이 있다고 볼 수 있다. 그러나 1천년의 황무지 속에서 다시 싹을 트게 된 것은 다르마팔라의 대각회운동과 암베드카르의 신불교운동이 한꺼번에 나타남으로써 승속 양면에서 차차 어두움이 밝아지게 된 것이다.

다르마팔라의 대각운동은 스님들을 중심으로 시작된 것이다. 특히 외국(스리랑카) 승려에 의하여 불을 붙이게 된 것이지만 암베드카르의 신불교운동은 재가불자들을 중심으로 새롭게 일어나고 있었다는데 큰 의의가 있다.

인도는 사상적으로 힌두교를 믿는 계급과 인종들이 직업의 분활을 중심으로 4성계급을 주장, 귀천 빈부의 역사를 창조하는 가운데서 불교는 자연 쇠퇴해지고 천민들은 더욱 가난해졌던 것이다. 그런데 다행이도 민족해방운동가 가운데 비베카난다(1863-1902), 타고르(1862-1941), 간디(1869-1948), 네루(1889-1964) 등에 의해서 불교의 재발견이 언급된 이후 다르마팔라의 대각회운동이 적극적으로 전개되어 불교 유적지에 새로운 사원을 짓고, 불교유적지의 관리와 불탑의 보호를 시작하고 세계 각국에 불교성지순례를 호소하므로써 도서관·박물관·의료시설 등이 새롭게 탄생하고, 나란다 팔리연구소, 파트나의 자야스와르연구소, 델리대학에 불교학강좌가 개설되었던 것이다.

그런데 암베드카르(1891-1956)는 인도 빈민출신으로 유럽에 유학하여 법률과 경제를 공부하고 귀국 후에는 봄베이 주정부 요직에 근무하다가 인도가 영국으로부터 독립하자 중앙정부 법무장관이 되어 5천년 역사를 가진 마누법전을 불태워버리고 인도의 헌법기초위원회 위원장에 임명되어 불교의 평등정신에 의해 새 인도 헌법을 정하는데 공헌하고, 인도불교협회를 만들어 봄베이와 오랑가바드에 불교대학을 설립하였다.

그래서 여러 민족독립운동가 가운데서도 네루와 간디는 힌두교를 개혁하여 민족운동을 실천하자고 주장한데 반해 타골과 암베드카르는 사성평등을 먼저 선포하고 해방운동을 실천하여야 인도가 살아날 수 있다고 주장하였는데 결국 간디와 네루에 의하여 힌두교의 개혁운동이 먼저 실천되게 된 것이다.

그러나 암베드카르는 스리랑카에서 직접 자신이 불교를 체험한 뒤 낙푸르에서 불교로 개종하면서 10만명 이상을 불교에 귀의케 하였다. 그래서 현재는 전 인도에 약 1억 가까운 불교신도가 생기게 되었다. 14억 인구 가운데 1억 인구란 새발에 피에 불과하지만 그는 항상 자신있게 예언하였다.

"걱정하지 말라. 인도가 민주화 되는 날에는 불교는 저절로 민중의 별이 되리라."

그는 이렇게 주장하며 숨을 거두었는데, 전 인도에는 부처님과 그의 동상이 1만여개 이상 건립되어 있고, 그를 추종하는 백성들은 날로 불어나고 있다. 그러나 이같은 운동은 14억 인도 국민을 하루 아침에 불교로 귀의시키기는 쉽지 않다. 전국의 90% 이상이 힌두교와 이슬람인데 반하여 불교와 뜻을 같이하고 있는 기독교는 겨우 10분의 1도 되지 못하기 때문이다.

대각운동이 중국·미얀마·타이 등에 지부가 형성되어 전세계적으로 퍼져가듯 암베드카르의 신불교운동도 전세계적으로 퍼져나가 끊임없이 후원을 받아야 할 것이다. 500명 국민대표자 가운데 불교신자는 겨우 10수명에 불과하기 때문이다.

그러나 나는 분명히 보았다. 암베드카르가 죽은 지 반백년이 되어 가는데도 인도 전역에서는 암베드카르의 정신이 새롭게 불타고 있는 것을!

작은 불씨는 크지 못하지만 결국 그것이 가을 산천에 엉클어진 숲을 태우듯 인류의 번뇌망상은 그 불씨에 의해 밝아 질 것이다. 하늘에서 내리는 방울물은 눈에는 잘 보이지 않아도 그것이 모여 강물을 이루면 장차 모든 중생의 땟국을 깨끗이 청소하듯 암베드카르의 불교정신은 장차 모든 인도인들을 부처님의 횃불로 밝히는 좋은 계기가 될 것이다.

94. 올 코트 대령과 아나가리카 다르마팔라

　인도불교는 암베드카르와 같은 성자에 의해 개척되기도 하였지만 사실은 올 코트 대령과 아나가리카 다르마팔라에 의하여 실질적인 복원이 이루어졌다.

　올 코트 대령은 미국 뉴저지 주 오렌지 카운티에서 1832년에 태어나 뉴욕대학과 콜롬비아대학을 거친 엘리트이다. 과학적 농업에 관심을 가지고 정기간행물과 연관을 가져 뉴욕 트리뷴 신문사의 일을 보다가 남북전쟁당시 입대하여 대령으로 제대하였다. 그 뒤 변호사로서 특히 링컨 대통령 암살사건을 취재하면서 인생에 큰 회의를 느꼈으며, 1878년 블라바르치부인과 다양한 종교연구를 시작하면서 힌두교·이슬람교·불교 등 아세아 종교에 큰 관심을 가지고 세계신지학회(神智學會)를 설립, 1879년 봄베이에 이르러 300년 이상 영국지배를 받고 있는 인도와 스리랑카에 대하여 연민의 정을 가지고 독립운동과 불교 부흥운동에 큰 힘이 되었다.

　아나가리카 다르마팔라는 스리랑카 출신으로 신지학회 사무총장을 맡아 세계종교대회에 참석하였다가 서양인들의 불교에 대한 관심에 큰 자극을 받고 바로 부처님 성지를 순례하였는데, 돼지우리간이 되어 있는 초전법륜지 녹야원과 힌두교 사원으로 변해있는 붓다가야를 보고 몸을 바쳐 성지를 복원하겠다 서원하였다.

　태국·미얀마·캄보디아·라오스·부탄·티베트 등 불교와 연관있는 모든 나라를 순방하며 불적복원을 호소하였으니 큰 반응을 얻지 못하여 낙망하였다가 하와이에서 메이리 엘리자베스 포스터 부인을 만나 희망의 창구를 열었다.

원주민 왕과 가까운 친척으로 당시 은행장 부인으로 있던 포스터 부인은 자신의 화 잘 내는 병을 부처님의 말씀 한마디로 고치고, 죽을 때 까지 있는 재산을 송두리째 보내주어 돼지 우리간에 묻혀 있던 부처님의 법륜탑과 신성한 이시빠따나에 불교사원을 지음으로써 인도불교의 재건을 선언하였다.

마하트마 간디를 만나 인도국민회의에 불교의 위대성을 강조하였으며, 힌두위원과 사교하여 이미 빼앗긴 성지들을 찾아내고, 세계적인 종교 지도자들과 만나 종교가 세계평화를 위해 해야 할 일들을 피력함으로써 세계평화와 인류 행복을 위한 전도사로서 널리 알려졌다.

진정한 제자 데와쁘리야 빌리싱하를 만남으로써 숨을 거둔 뒤에도 그의 정신이 지구촌 끝까지 알려져 붓다가야가 복원되고 영축산·나란다·사위성·죽림정사 등이 불자들의 성지순례지로 되 살아 남으로써 명실공히 인도불교를 복원하였다.

베나레스 녹야원 마하보디 사원에 가면 사원 정면에 그의 동상이 모셔져 있다. 한편 그의 파란만장한 역사는 책으로 발간되어 뜻있는 사람들의 가슴을 울린다. 힌두교 왕국에서 자그마치 23년간 재판을 통해 부처님 성지를 되찾아 복원했다는 것은 실로 격어보지 아니 한 사람으로서는 알 수 없는 일이다.

베나레스와 붓다가야를 중심으로 4대 성지에 가면 그의 눈물어린 역사가 부처님의 정신을 빛나게 하고 있다. 진실로 감사한다.

95. 네팔불교의 선각자 난다스님

6, 70년대서부터 8, 90년대까지 룸비니공원을 방문한 사람치고 난다스님을 보지 못한 사람은 드물 것이다. 항상 노란 가사에 작은 부채를 들고 나와

"여기는 룸비니입니다. 우 탄트 유엔 사무총장이 세계문화유산으로 지정한 이후 네팔 정부에서 땅을 내놔 세계 불교사원들을 마음대로 짓토록 한 자유건축지역입니다."

룸비니에는 최초로 마야당이란 작은 법당이 있었고, 그 안에는 부처님께서 탄생하시는 모습이 조각되어 있었다. 그리고 그 옆에는 아쇼카왕의 돌비석이 있는데, 그것은 곧 부처님께서 탄생하신 곳이라는 것을 증명한 금석문이었다.

"성 아쇼카는 부처님께서 이곳에서 탄생하신 것을 기념하여 돌 비석을 세우노니 이곳으로부터 4방 8km 이내에 살고 있는 모든 백성들은 나라에 세금을 내지 말고 그 세금의 8분의 1만 가지고 이 자리를 잘 보호해 주기 바란다."

이것은 2400년전 아쇼카왕이 새겨 놓은 각문이다. 네팔은 힌두교 왕국이기 때문에 불교를 좋아 하면서도 혐오하였다. 그래서 이 자리는 당연히 황무지로 변해 있었고 도적의 무리들이 곳곳에 숨어 있다가 성지순례 오는 자들을 해쳤기 때문에 사람들이 함부로 왕래하지 못했다.

그런데 난다스님께서 정부지원을 받아 불당을 짓고 이곳에서 출토된 여러 가지 문화재들을 보관하고 구경시켜 주면서 이 자리를 보호하고 있었다. 그는 언제나 WFB(세계불교우의회) 네팔 대표로 참석하여 세계불교도들은 그를 모르는 사람이 드물었다.

난다스님의 룸비니 개발 원력에 힘입어 바로 그 옆에 테베트사원이 크게 지어지게 되었고, 장차 개발이 허락 되면서 중국·일본·한국·대만·태국·미얀마·캄보디아 등 20여개국 사찰이 지어지게 되었다.

이제 룸비니는 세계불교요람으로 변하였다. 부처님 탄생하신 곳에서 약 40km 쯤 가면 부처님 외갓집이 있었던 콜리국이 있다. 세계 각국 사람들이 자기나라 꽃나무를 갔다 심어 봄부터 가을까지 일 년 내내 아름다운 꽃들이 피어나고 부처님 탄생시 아홉 룡이 목욕시켰다고 하는 9룡지에서 흘러내리는 물이 큰 호수를 이루어 지금은 배를 타고 여러 나라 절들을 구경할 수 있게 되어있다.

부처님께서,
"내가 죽은 지 3천년이 되면 세계는 한 꽃이 되고 만민은 동체가 될 것이다."
하셨는데, 과연 그 예언은 사실적으로 맞아 들어가고 있다.

멀리 만년설이 우러러 처다 보이는 룸비니, 이곳은 과거 7불의 탄생지인 동시에 미래 성숙불(星宿佛)의 성장지가 될 것이다. 도둑들이 은거하고 있던 황무지 땅을 개간하여 세계 각국의 불자들이 마음 놓고 순례하게 해주신 네팔정부와 난타스님께 감사드린다.

지금은 난다스님께서 열반하신 뒤 다른 스님들이 그 정신을 계승하여 네팔사찰을 더욱 새롭게 단장하고 많은 스님들을 반가이 맞아 주고 있다.

룸비니 공원으로부터 32km 쯤 큰 길을 따라 내려가면 부처님께서 사셨던 카필라국이 있고, 어려서 목욕하고 놀던 강물도 흐르고 있으며 부처님 어머니와 아버지 묘지도 그대로 보존되어 있다.

96. 티베트 다라이 라마

티베트 다라이 라마는 비폭력·무저항주의자로 세계에 널리 알려져 세계 평화상을 받으신 분이다. 중국의 강압정책에 견디지 못해 지금은 인도 달람 살라에서 살고 있지만 세계 각국을 돌아다니며 적수공권으로 독제폭력에 항의하며 세계평화를 실현하고 있다.

나는 직접 만나 뵙지는 못했지만 티베트 관리들을 통하여 여러 가지 문한을 받은 일이 있으며, 세계불교대특집을 내서 그의 안타까운 마음을 국내외에 호소한바 있다. 한편 몽골국가에서는 제1회 국제평화상을 다라이 라마가 타고, 두 번째 필자가 받았기 때문에 그 행사가 있을 때 마다 티베트와 대한민국이 형제처럼 따라 다닌다.

유럽과 미국 서방국가들은 다 같이 티베트의 해방을 요구하고 있으나 중국의 막강한 힘의 정치 때문에 같은 이념을 가지고 있는 한국에서도 그의 방문을 허락해주지 못하고 있다.

지금 그는 "티베트인들에게 있어서 자유는 사치"라고 말하고 있다. 생존을 위한 투쟁이 계속되고 있기 때문이다. 넓은 땅덩어리에 소수 인구를 가지고 있는 티베트는 많은 인구를 가지고 있는 중국에는 좋은 밥거리가 되기 때문에 소련의 개방정책(글라스노스트)이나 개혁정책(페레스트로이카)에도 동조할 뜻이 전혀 없었다.

중국은 티베트 청소년들의 중국유학과 강제결혼을 통하여 티베트를 한족화하고 있으며, 또 중국 관료들의 티베트 이주에 특전을 베풀어 줌으로써 많은 한족들이 티베트로 들어오고 있다. 그러나 실제 티베트문화와 중국문화는 전혀 그 성격이 다르기 때문에 문화 자체로서는 섞일려야 섞일 수 없다. 그래서 유네스코에서는 이 두 문화를 구분하여 등재하고 있는 것이다.

생각하면 한국불교도 13세기 몽골의 침입으로써 라마교적 특징(밀교)이 다분히 수용되어 현재에 이르고 있다. 한국불교 미술의 중요한 부분인 단청,

탱화, 만다라는 모두가 티베트 라마교의 탕가에서 유래된 것이다. 뿐만 아니라 한국불교 의식에 사용하는 요령, 금강저 등도 모두가 그쪽 것이다. "라마"는 티베트말로 승려란 말인데, 코제이 서부지방으로부터 캄차카반도, 시베리야, 라다크, 시킴, 부탄, 네팔, 몽골, 만주 일대 등에서는 역사적으로 라마승들이 주로 이 지역 주민들을 다스리고 있었기 때문이다.

사실 티베트불교는 처음 4·5세기경에는 토속신앙 본교(笨敎)가 중심이 되었으나 지나치게 세속화되고 무술화(巫術化)하자 감포왕시대에 이르러 당나라 공주와 네팔공주가 함께 들어와 인도식 불교와 중국식 불교가 혼합하게 되었던 것이다. 그러나 탄트라의 여러 가지 의식은 힌두교 일파의 무드라가 중심이 되어 타락하게 된 것이다.

11세기에 이르러 아티샤가 카담파교단을 형성하여 새로운 불교운동을 일으켜 마르타와 밀라래파와 같은 성자를 배출했지만 실패하고, 현재 달라이 라마의 시조라고 볼 수 있는 쫑카파가 상좌부의 율장을 도입하여 개혁한 것이 현재의 라마교이다. 그러나 오랜 세월의 습이 하루아침에 없어질 수 없어, 그 속에는 눈에 보이지 않는 많은 바이러스가 팽창해진 가운데 오늘과 같이 티베트불교가 비극을 겪고 있는 것이다.

그러므로 불교도들은 겉에 나타난 숫자나 사찰, 신도만 가지고 그 세력을 평가할 것이 아니라, 그 속에 들어있는 사람들의 행동이 그 사회와 국가에 어떤 영향을 주고 있는 가를 보다 깊이 살펴야 할 것이다. 청정한 불도량이 세속화되고 무속화되면 대각의 부처님은 마왕의 신처럼 춤을 추게 되기 때문이다. 중국불교가 거대하게 팽창하여 가는 곳마다 대작불사가 이루어지고 스님들이 1백만명에 가까워지고 있지만 진짜 6조대사와 같은 생불이 나오기 전에는 절은 관광지나 유람지가 되고 스님들은 이념의 노예가 되고 말 것이다.

97. 대만의 성운대사

대만의 성운대사는 세계적인 고승이다. 1922년 중국 강소성에서 태어나 12세에 리흥 대각사 지개스님께 출가하여 호를 지개(志開), 법명을 오철(悟徹), 호를 금각(今覺)이라 불렀다. 뜻이 열리고, 깨달음이 철저하고, 지금 당장 깨달음의 행동이 나타나기 때문이다.

41년 서하단으로 가서 계를 받고, 불산 불학원에서 공부하고 백탑초등학교 교장, 월간 "노도" 등을 출간하다가 화장사 주지를 마지막으로 대만으로 건너왔다. 대만에 와서는 중력 원광사에 있으면서 월간 "인생"을 편집하고, 대만불교 강습회를 만들어 교무주임을 역임하였다. 52년 뇌음사 염불회 홍법단을 세워 포교하다가 59년 대북불교문화복무처를 만들고, 불교서적 출판과 록음테이프를 제작하였으니 문화사업에 일찍이 눈을 돌리신 분이다. 63년 고웅 노도사를 창건하고, 67년 불광산을 개산하면서부터 세계적인 고승으로 발돋움 하였다.

키가 커 9척 장군의 기상을 가져 누구나 보면 호감을 느끼게 되어있다. 중국불교연구소, 불교문화진열관, 불광정신양로원, 대자유치원, 불광출판사, 불광진료소, 보문중고등학교를 만들어 인재양성과 복지사업에 박차를 가했다.

필자와는 제자 의인스님이 동국대학에 유학 오면서 부터 인연이 되어 남녀학생 두사람을 유학 보낸 일이 있다. 남자는 성공하여 지금 미국 서래사에서 일을 보고 있으나 여학생은 중도에 포기하고 돌아왔다. 대만불교의 청정상, 고행상은 감히 어느나라 불교도 흉내 내기 어렵기 때문이다.

스님의 필명은 마가(摩迦)인데, 보통인생, 보통사람을 향한 법문으로 인간정신에 보살사상을 곁들임으로써 불교를 생활 속에서 실천하도록 하되, 가능한 한 전통문화를 계승, 새로운 문화를 창조하도록 가르치고 있다.

 불교강좌에 있어서도 부처님의 가르침에 옛이야기와 주변의 일들을 곁들이고, 또 거기에 현대인으로서의 생활에 적용할 수 있도록 맛을 덧부친다. 말하자면 부처님 말씀에 계율의 정신을 버물려서 맛이 나게 하고, 그것으로 육체를 튼튼하게 하여 복을 짓고, 덕을 쌓게 함으로써 구속된 인생을 자유방임하게 한다. 불교의 목적은 행복과 보은감사생활에 있으므로 사람들을 인과업보에 얽어 구속하려 하지 않고 설득시키는 특별한 화술을 가지고 있다.

 일찍부터 라디오와 TV를 통하여 방송했으므로 많은 사람들이 익히 알고 있으며, 또 사람들이 그저 보고 느끼게 하는 것이 아니라 1년이면 한 두 번씩 모여 직접 불교를 체험하고 봉사하게 함으로써 그 속에서 삶의 보람과 영광을 느끼게 하고 있다.
 원래 스님은 임제종 출신이었으나 석가전, 10대제자전, 옥림국사 등을 쓰면서 원시불교의 터전을 가지고 범불교와 초종파적으로 활약하고 있다는 것이 특징이다.

 수천명의 제자 가운데는 비구니가 3천명이 넘고, 비구가 2백명 쯤 되고 제가법사들이 다수를 차지하고 있다. 미국과 유럽 등 세계 각국에서 부실교육 단체가 나오면 이를 즉시 구입하여 불교사업도량으로 만들고, 정년퇴직한 고관대작이나 교육자들을 그 곳에 투입하여 제2의 인생을 복되게 살아갈 수 있도록 길을 인도하고 있다.

 대단히 좋은 아이디어다. 고급관리일수록 할 일이 끝나면 무료하게 되어 있는데, 세계 각국을 유람하며 특강을 시킴으로써 견문도 넓히고 신심도 고취시켜 나가는 것이다. 닭 백 마리를 키워 놓으면 그 가운데서 봉이 나오듯이 학자들 가운데는 세계적인 행정가, 교육가, 사상가들이 나와 성운스님께서 하시는 일들을 간접적으로 돕고 있다.

98. 호가이도 양원사 이즈모지 에이준(出雲路 英淳)

　고 김재일 법사님께서 일본 호까이도 양원사에서 주지 취임식이 있으니 같이 가자고 하여 동행하였다. 비행장에 내리니 현수막을 들고 나온 신도들이 반가히 맞아 주어 이들과 기념촬영을 하고 헤어졌다.

　정한 날짜에 식장에서 만나기로 하고 이왕에 왔으니 성지를 몇 군데 둘러보기 위해 서로 해어진 것이다. 우리는 호가이도가 일본 북쪽에 동떨어진 섬이기 때문이 제주도처럼 여러 도시가 붙어 있는 곳으로 생각했는데 막상 가서 보니 사찰에서 네 시간이나 걸리는 먼 거리를 버스를 대절하여 나와 주었던 것이다.

　정한 날짜에 식장에 가서 보니 우선 스시 한 박스와 차 한잔으로 점심을 대접하고 법당을 구경시켜 주는데, 부처님을 모신 법당은 1백평 정도 되고, 영가들을 모신 납골당은 3백평 쯤 되었다. 일본 각지에서 오신 손님들이 대부분 납골당 어귀에 앉아 스시를 먹으며 환담을 나누고 있었다. 머리를 깎은 스님도 있고, 장발에 양복을 입은 스님도 있으며, 남녀노소가 구분이 없었다.
　식을 마치고 기념촬영을 하는데, 할아버지, 할머니 스님으로부터 아버지, 어머니 스님, 아들, 손자 스님들이 다 같이 법복 또는 낙자를 하고 그 큰 법당 앞에 도열하여 기념촬영을 하였다. 새로된 주지스님이 인사 소개를 하였다.
　"먼저 주지이신 아버지 스님, 아버지 스님의 은사이신 할아버지 스님, 그리고 우리 할머니 스님은 모대학 다도교수이고, 어머니 스님은 양로원 원장이시며, 저 내자는 대자유치원 원장입니다. 우리들은 각기 자기 일에 충실하면서 불교를 통해 마음을 수양하고 화합합니다."
　한 스님이 물었다.
　"여자도 스님이고 남자도 스님이면 승속의 구분은 어떻게 합니까?"

“부처님께서 4부 대중이 모두 스님이라 하였으니 불교를 믿는 사람이면 모두가 스님이지요. 집에 있으면 재가승이고 출가하면 출가승이며, 우리나라에서는 각기 집이 있어 집에서 절에 출근하기 때문에 특별한 단체 수행장소가 아니면 절에서 스님들이 거처하는 일이 없습니다.”

할 말이 없었다. 우리나라에서는 종파가 같지 않으면 함께 앉으려 하지도 않고 말도 하려하지 않는데, 남녀 노소, 유발 무발을 구분하지 않는다니 양반세상인지 상놈세상인지 도대체 구분이 되지 않했다.

저녁에 모 회관에서 파티가 열렸는데, 호가이도 일대 유명한 인간문화재를 중심으로 무용과 음악 단체는 다 나왔고, 또 시인 묵객이 나와서 각기 장기자랑을 하여 주지취임을 축하하였다.

새 주지스님이 음악대학 교수라 당연한 일이라 인식되었지만 도에 일보는 과장, 계장들이며, 시의 많은 직원들이 대부분 스님이고 스님들 자손들이 하는 것을 보고 모두 놀라지 않을 수 없었다.

“우리 일본은 일찍부터 불자들이 각기 자기 적성에 맞는 직업을 가지고 있으며, 특히 고아원, 양로원, 교육, 복지관계 기관을 스님들이 절법에 의해 운영하기 때문에 승속을 구분하지 않습니다.”

우리들은 그저 잘 얻어 먹고, 노래 자랑 잘하고 시도 지어 축하하였지만 그들처럼 악기를 타고 춤을 추고 노래하는 사람은 별로 없었다. 그들은 대부분이 정토종 사람들이었으나, 법화경에 나오는 “성문은 인과를 노래하고 연각은 인연을 노래하며 보살은 바라밀을 실천하고, 일승은 마음 하나를 믿고 무애의 행을 한다”는 말씀과 같이 구절 구절 법화의 행이 마음 속 깊이 실천되고 있었다.

나라마다 하는 불교가 제각기 다르기 때문에 어느 것이 옳고 그르다고 판단하기는 어려우나, 불자의 자제들이 제 각기 자리 자리에 앉아 안팎으로 호법신장이 되어 있고, 사회적 인식의 엘리트로서 모든 백성들의 선두 역할을 하고 있었다고 하는 것은 모든 사람들이 그리는 이상적인 불자상이었다.

99. 캔디의 불치성장관

　캔디는 스리랑카의 제2도시이다. 수도 콜롬보가 정치경제의 도시라면 캔디
는 종교문화의 도시이다. 부처님 입멸 후 1백년경에 태어났던 아쇼카대왕이
그의 아들과 딸에게 부처님의 치아사리를 주어 스리랑카에 전하게 한 것이
오늘날까지 남아있는 불치사리이며, 이를 보호하고 있는 불치사에서는 매년
거국적으로 부처님 사리를 모시고 시가행진을 하며 많은 중생들이 복을 받
도록 하고 있다.

　그래서 이 나라에는 다른 나라에서는 볼 수 없는 불치성장관이 있다. 석가
족 출신의 불치성장관은 키가 220cm 정도 되었고, 또 체구가 전봇대처럼 뾰
쪽한 것이 아니라 두툼한 체구가 거무스름한 얼굴을 하여 누가보아도 거인
이었다.

　부처님 치아사리를 모실 때는 16겹이나 되는 특별한 옷을 입고, 8키로가
넘는 사리함을 가슴에 안고 3층 법당으로부터 1층 코끼리 등에 모실 때까지
중간에 쉬지 않고 1km 이상을 걸어야 하기 때문에 보통 사람으로서는 할 수
없다고 하였다.

　성관(省館)에 들어가 장관을 뵙고, 정장 입는 곳으로 가니 16m가 넘는 백색
무명배를 두 가랑이 사이로부터 시작하여 머리 위까지 올리는데 자그마치
30분이 걸린다. 그리고 그 위에 금관을 쓰고, 장갑도 끼고 3층으로 올라가
부처님 사리가 모셔진 사리관을 드니 앞에서는 우리나라 국악대와 같은 파
랑이들이 꽃 관을 쓰고 꽃 옷을 입고 양쪽 팔과 다리에 수십개의 악세사리
를 걸고 몸을 흔들면서 춤을 추니 장고, 소구, 피리 등의 악기소리가 장안을
흔들었다.

탑 내부를 세 바퀴 돌고 밖으로 나와 아름답게 장식한 코끼리 등에 사리 관을 실으니 같은 모양으로 장식한 서른 여섯 마리의 코끼리들이 코를 흔들고 소리를 지르며 한결 같이 축제장으로 나아갔다. 전세계에서 모인 수천명의 관광객들과 수만명의 국민들이 꽃을 던지며 행렬을 구경하는데, 춤이란 춤은 다 나왔으며, 군인, 학생, 예술가 들이 갖가지 기능을 보이며 밤새도록 행진하였다.

우리들은 교외로 나가는 코끼리들을 전송하고 다시 불치성 장관실로 들어와 장관과 함께 저녁식사를 하였는데, 먹는 것도 우리 세 배는 먹는 것 같았다.

"우리는 행복합니다. 세계에서 오직 하나 뿐인 부처님 사리를 모시고 있기 때문에 스리랑카는 망하지 않고 존재하고 있습니다. 형편 따라 배우고 기술을 익혀 절제하고 훈련하며 의미있는 말을 나누는 사람이 행복한 사람 아니겠습니까?"

"그렇습니다. 아버지와 어머니를 들보처럼 받들고, 아내와 자식을 기둥처럼 살피며 일을 함에 혼란이 없는 사람, 이 사람이 행복한 사람이라 하였습니다."

"나눔을 통해 정의를 실천하며, 하늘과 땅의 보호를 받고, 남으로부터 비난받지 않는 사람, 이 사람이 행복한 사람입니다."

"악을 싫어 멀리 여의고, 술 마시는 것 알맞게 절제하고, 가르침에 게으르지 않는 사람, 이 사람이 행복한 사람이라고 하였습니다."

이렇게 우리들은 한 참 동안 행복경을 주고 받으며, 이곳에 모인 모든 사람들과 이 세상 모든 존재들에게 행복이 있기를 빌고, 스리랑카에서만 나는 갖가지 과일과 향내나는 음식들을 마음껏 먹고 헤어졌다. 그는 이듬해 도선사의 초청으로 한국에 왔다가 한국의 맛을 마음껏 즐기고 또 행복의 노래도 불렀다.

"인내하고 온화하고 수행자를 만나서는 적당하게 가르침을 받는 사람, 이 사람이 행복한 사람입니다."

수행하고 청정하게 살며, 거룩한 진리를 관조하고, 열반을 실천하는 사람, 세상의 많은 일에 부딪치면서도 마음 흔들리지 않고 슬픔 없이 티 없이 안온하게 살아가는 불치성장관, 석가족 여러분께 영원한 행복이 있기를 두 손 모아 축원하였다.

석가족이 어떻게 생겼는지, 또는 석가모니 부처님의 상호가 어느 정도인지를 알고 싶으면 이 장관을 보면 된다. 자기 종족에서 부처님이 탄생하고, 그 사리가 스리랑카까지 와서 거국적으로 신봉되고 있다는 사실을 크게 자랑으로 생각하면서 근엄하고 사랑스런 그 모습 속에는 항상 미소가 꽉 차 있었다.

100. 스리랑카 승왕 찬다난다스님

스리랑카는 고대 희랍사람들에 의해 "세렌디피아"라 불려졌다. "아름다운 보물섬"이란 말이다. 열대의 뜨거운 기온과 온대의 청량한 기후를 합하여 살기 좋은 풍토를 조성하였기 때문에 저 유럽 사람들은 일 년이면 2, 3개월 씩 이곳에 와서 휴양하고 있는 것이다.

너무나 산과 들이 좋기 때문에 한 때는 폴란드, 화란, 영국 등 여러 나라의 식민지가 되어 장장 300년간을 지배해 왔지만 불교와 힌두교를 믿은 종족들은 이를 거부하지 않고 자신들의 삶을 성실하게 살아 왔기 때문에 조상들의 민속·문화·사상·예술·음악·무용 등이 고스란히 그대로 전해져 최첨단 과학시대에도 원시적인 선정생활을 유지하고 있다.

아침이면 푸른 숲의 거리에 노랑 색깔의 법복을 입은 스님들이 거리를 메우고 있으며 스님들께 공양을 올리기 위해 바리 바리 실고 나온 사람들이 무릎을 꿇고 합장을 하며 공경히 받들어 올린다. 삼장대학 이재복 사무장님의 안내로 승왕청 절에 가니 주지스님을 비롯하여 수십명의 스님들이 나와 맞아 주었다. 객실에 들어가 차 를 들고 나니 승왕을 뵙는 장소로 안내 되었다.

법당은 1백평 정도였는데 벌써 외부에서 오신 참배객들로 꽉 차 있었다. 숨 소리 하나 들리지 않을 정도로 정숙한 길을 걸어가니 양 쪽에 신도들이 합장을 하고 있고, 바로 앞 줄 두 번째 좌석에 우리들의 자리가 마련되어 있었다.

승왕은 160센치 정도의 작은 키에 노랑 법복을 입고 거무스름한 피부에 자비가 꽉 찬 모습을 하고 나타났다.

“환영합니다.
뭇 별들 가운데 태양처럼 빛나신 분
뭇 산 가운데 수미산처럼 높으신 분
온갖 물 가운데 바다처럼 넓고 깊으신 분께
귀의하며 찬탄합니다.”

그래서 우리들도

“하늘 가운데 하늘이시고
성현 가운데 성현이시며
만 왕 가운데서도 제왕이 되시는 부처님을
칭송하며 귀의합니다.”

하니
“우리나라에 오신 것을 진심으로 환영합니다.”
하였다. 그리고 스님은 향수를 뿌리고 마정수기를 해 주었으며 사람마다
각기 마련된 선물을 주었다.

나라는 가난하고 볼품이 없다하여도 진실로 스님들의 행은 양반스러우며
신도들 또한 다정하여 전혀 벽이 없었다. 점심공양이 끝나자 사미학교에 나
아가 직접 교육하는 장면을 보여 주었는데 우리는 20세 미만의 어린이들이
없어 사미교육이 제대로 이루어지지 않고 있는데 여기서는 학교가 그대로
사미교육장이라 일반교육과 불교교육을 따로 구분하지 않고 있어 부러웠다.

자상하게 모든 것을 행동으로 보여주시는 스님, 우리나라 같으면 큰스님은
근처에도 가기 어려운데 마치 친아버지 은사처럼 다정하게 대해주시는 종정
스님이 더욱 존경스럽게 보였다.

101. 팔방미인 난다스님

스리랑카에서 난다스님을 모르는 사람은 스리랑카 국민이 아니다. 그처럼 난다스님은 정치·경제·사회·문화 등 모든 면에서 일선 지도자 역할을 하고 있다.

스리랑카 간호학교 총재로서 교수협회 회장을 겸하고 있으며 스님께서 경영하는 절 안에 고아·양로를 겸한 복지재단을 가지고 있다. 정치적인 면에서도 야당 여당 할 것 없이 고문자격으로 수시로 자문을 구하며 외국에서 귀한 손님이 올 때에는 반드시 중간 역할을 하고 있다.

스님께서 특별히 초청하여 가게 되었는데, 가는 도중 국무총리를 만나고 가자 하여 중간에서 전화를 걸었다.
"한국에서 귀한 손님들이 오셨는데 만나주시겠습니까?"
"오전과 오후에 일과가 꽉 짜여져 있습니다."
"그렇다면 점심시간을 이용하시면 좋겠습니다. 공관으로 직접 가겠습니다."
그래서 예정에도 없던 총리 공관을 구경하게 되고 또 총리를 직접 만나 인사를 나누고 기념 촬영을 하였다.

그런데 여기서 한 가지 남방불교의 큰 예법을 배우게 되었다. 스님들은 국무총리가 아니라 국왕, 대신이 와도 자리에서 일어나지 않게 되어 있고 그분들이 앞에 와서 절을 하면 절을 받되 허리를 구부리지 말아야 한다는 사실이다.

국무총리가 들어오자 우리 일행들은 모두 일어서서 맞았는데, 오직 난다스님은 그대로 자리에 앉아 있었다. 그러니까 총리께서 스님 옆 자리에 앉아 우리들에게도 앉을 것을 권했다. 신도들은 같은 격이기 때문에 일어서서 맞아도 스님들은 명자 그대로 요불배(腰不拜)였다. 상대방의 복을 감소하기 때문이다.

총리는 한·스리랑카 우의를 다지며 특히 불교교육을 활발하게 해 달라고 부탁하고 떠났다. 이윽고 우리는 난다스님 절 앞에 이르렀다. 차에서 내리자마자 장고, 꽹과리, 소구 소리가 요란하여 들여다 보니 20여명의 악사들이 환영악기를 두들기며 우리 일행을 맞아 주었고, 또 큰 일산을 든 사람들이 나와서 뜨거운 햇살을 가려 천천히 걸어갔다.

절의 법당은 툭 터진 강당만큼 넓었는데, 우리말로 하면 절강당이면서 또한 동네사람들의 마을 회관이었다. 회관 벽에는 스리랑카 불교가 들어와서 2천년 동안 발전해온 역사를 다큐멘터리식으로 그려 놓았다. 누구나 그것을 보면 쉽게 이해할 수 있어서 마치 유치원 학생의 교재와도 같았다.

자리에 앉자 신도들의 환영파티가 벌어졌다. 또 학생들의 무용과 찬불가가 불러져 우리 일행 가운데서도 부산인간문화재 후계자 진하스님이 승무를 쳐 보답해 주었다. 스님은 말 한마디 하지 않더니 지금까지 보여준 역사가 그대로 스리랑카 불교의 현주소라고 설명하였다.

한국의 승무와 스리랑카의 무용은 첫째 스님들이 추지 않고 신도들이 추고 있다는 것이 크게 달랐으며, 둘째 그 율동이 한국은 나비와 같은데 반하여 스리랑카는 땡삐와 같았다. 더운 날씨에 느릿느릿하면 더욱 더워지는 것 같아서 스리랑카 춤은 봄바람처럼 시원하게 춘다고 하였다.

"스리랑카는 오랜 전쟁 속에 남자수가 훨씬 줄어들어 이젠 스님들도 결혼하여 자식을 낳아야 된다는 국법이 만들어지게 까지 되었으니 참으로 걱정이다" 하였는데 다행이 전쟁이 그쳐 수행·포교에만 열심히 노력하고 나라 걱정은 하지 않게 되었으니 얼마다 다행한 일인가. 보물섬의 앞날에 밝은 빛이 있기 손을 모아 빌었다.

102. 히에이산 사카이(酒井)스님

지금으로부터 12년 전 우리는 한·중·일 불교대회에 갔다가 히에이산 방실곡에 계신 사카이스님을 찾아뵙게 되었다.

대개 일본스님하면 모두가 대처스님으로 이해하고 있는데, 일본에는 사카이 스님과 같이 일생을 독신으로 지내시는 분들이 수십명 계시지만 "비구"라는 말을 쓰지 않는다고 하였다. 왜냐하면 비구는 밥을 빌어먹어야 하고 마군이들을 두렵게 하며, 악을 파하고, 가난을 구제하는 것이지만 밥을 빌어먹지 않으면서 마군이도 두렵게 하지 않고 악과 가난에 대해서도 특별히 관심을 갖지 않기 때문이라고 하였다.

새벽 2시에 일어나면 폭포수에 목욕하고 예불 후 독경, 염불, 명상을 한 뒤 사시마지까지 자신을 위해 수행하고 세계와 국가, 중생을 위해 기도한다. 그리고 오후 2시부터 5시까지만 외부 손님을 맞아 상담하는데, 그 분은 우리가 시간이 늦어 저녁 8시서부터 30분 동안만 면회하기로 되어 있었다.

유명한 자동차회사에서 나온 차들이 세 대나 나란히 있고, 그 옆에 호랑이처럼 큰 개가 두 마리 있는데도 개는 사람을 보고 짖지 아니 하였다.

"오늘 한국에서 손님들이 오시니 짖으면 아니 된다."

고 경고하였기 때문이라 한다. 스님은 나이가 70이 넘었지만 60이 된 우리들보다 훨씬 더 젊어 보였다.

불교춘추 최사상이 물었다.

"어떻게 그렇게 젊게 사십니까?"

"세월을 잊고 살기 때문에 늙었는지 젊었는지 구분이 없습니다. 나는 나이 38세에 자살한 부인을 보고 미쳤었지요. 군대에서 휴가를 내어 집에 갔지만 부대로 돌아 갈 생각은 하지 않고 밤낮 없이 술만 마시고 있다가 나도 따라 죽을 양으로 히에이 산으로 올가 갔지요. 나무에 목을 매려는 순간 채소밭에 거름을 주고 있던 스님이 나를 보고 말하기를,

"이 사람아, 죽을 힘이 있으면 내 일이라도 거들어 주고 난 뒤 죽소."

하여 3년을 똥 주는 일을 거들다가,

"세상에 태어났으니 산 값을 하고 가야겠다."

생각하고 스님이 되어 그날부터 하루에 한 때씩만 먹고 32km 252개소의 성전을 들르는 일과를 1000일 동안 했는데, 100일 회봉(廻峰)을 열 번 마친 사람이라 하여 나를 일본의 최고 율사요 또는 성자라 하지만 나는 그런 생각이 없습니다. 오직 아내를 편안하게 해 주지 못한 죄를 참회하고, 고집스러운 생각을 다스리는 수행자로시 일생을 지내고 있을 뿐입니다."

"그러니까 여기 들어 온지가 30년이 넘었군요?"

"그렇습니다. 회봉 후 동경까지 도보 행각을 하고 110처소의 성지를 순례한 뒤로는 다시 바깥에 나간 일이 없습니다.

"그러면 저 자가용은 누구의 것입니까?"

"자동차회사에서 좋은 차가 나오면 저렇게 갔다 놓지만 누구도 쓰지 않으니 녹이 나서 망가집니다."

다시 할 말이 없었다. 계를 지켜도 지킨다는 생각이 없고, 일종식을 하면서도 일종식을 한다는 생각이 없으며, 도를 닦아도 닦는 다는 생각이 없었다. 옛 조상을 생각할 때는 하얀 복장을 하여 생연(生緣)이 생기기 이전에 참 마음을 되새기고, 물들인 옷을 입고는 부처님께서 45년 동안 거리의 행자가 되었던 것을 생각하되 자신이 밖에 나가 탁발 못하는 것을 부끄럽게 생각하고 있을 뿐이라 하였다.

"명자비구": 밥을 얻어먹지 못하면서도 비구의 이름을 그대로 쓰고, 도도 닦지 못하면서도 수행자인척 하는 우리들의 마음에 진실로 부끄러움을 주신 분이 바로 사까이스님이다. 아무쪼록 건강하시고 오래 오래 사시어 만인의 복전이 되어주시기 바란다.

103. 구화산 인덕대화상

　중국 구화산을 다녀오신 분이면 인덕스님 모르는 분이 없을 것이다. 구화산 방장이 되기 전부터 불교대학 학장으로 많은 인재를 길러 왔는데, 공산정권이 들어서면서 혹독한 학대를 받아 왔던 분이다.

　그 분은 원래 학자이며 산승이기 때문에 어떤 주의 사상을 물어도 불교주의·불교사상을 능가할 것은 없다고 대답했다. 어떠한 주의 사상에서 배척당하고 죽게 된 인간이라도 부처님의 정신 속에서 되살아난다면 주의 사상을 초월한 초인격적인 존재가 되기 때문이다.

　모택동수상이
"그런 줏때 없는 종교가 이 세상에서 필요합니까?"
　물으니
"필요하기 때문에 역대 제왕이 8만 대장경을 만들고, 학승들을 배출하였던 것 아닙니까. 3황5제 요순우탁 이후로 전한, 3국·5호·16국, 5대·10국 가운데서 불교를 배척한 임금님들은 네 분밖에 안계신데 모두가 단명횡사하고 100년 역사도 가지지 못했습니다."
　그리하여 모택동은 유·불·선 3교 가운데서 불교를 선택하였다고 한다. 유교는 계급차별이 있어 못쓰고, 도교는 이 세상을 버리고 노동하지 않고 단전복기로 신선되기만을 바랬으므로 현실적인 종교가 되지 못하는데, 불교는 "一日不作이면 一日不食"이라 노동을 강조하면서도 이 세상을 극락세계로 만들기를 희망하였기 때문이라 하였다.

　구화산은 1200년전 신라왕자 김교각이 와서 생지장이 된 곳이기 때문에 주지가 되어서는 성지개발에 몰두하였고, 한국관광객을 유치하여 김교각의 역사를 유별나게 부각시켰다.

그뿐 아니라 홍콩과 대만 불자들의 방문을 허락하고 전 세계 화교들을 유치하여 구화산 전체를 살아있는 역대선지식들의 모둠 도량으로 만들었으니 한국의 생지장 뿐이 아니라 중국의 생지장을 자그만치 18분이나 복원해 모셨다.

그러나 그 가운데서도 김지장은 모든 수행자들의 모범이 될 뿐 아니라 많은 이적을 남겨 동방불교의 위력을 더욱 돋보이게 하고 있다. 한편 황유복씨는 여기에 힘 입어 한국사람으로 중국에 들어와 공부한 스님들의 역사를 정리하여 유명한 사람만도 160분에 달한 것을 논문으로 작성하여 박사학위를 받았다.

백일법문의 거장 무상스님, 화엄철학의 거두 의상스님, 유식학의 태두 원측법사, 삼론학의 거장 승랑대사, 범패의 전수자 철감국사, 무염국사, 장보고 등 한국의 신승들을 총정리하여 각광을 받은 바 있다.

특히 장보고는 해상왕으로 세계의 물길을 잘 알아 파도에 휩쓸려 죽게 된 사람들을 건져 법화원에 살도록 하였으며, 연고가 없는 사람은 가정을 이루어주고 농토까지 베풀어 살길을 만들어 주었다.

지금으로부터 8백년전 일본의 웬닌(圓仁)스님은 중국으로 유학 오다가 다 죽고 서너분만 남아 파도 속을 허대고 있을 때 장보고장군이 그를 구해 장안까지 구경시키고 당나라 불교를 수입하게 하여 그가 쓴 일기는 지금 세계적인 구도기로 읽는 사람의 마음을 크게 감동시키고 있다.

스님은 마침내 99m 지장보살의 성상을 설계하여 중국불교에서는 가장 거창한 문화유산을 남기고 세상을 떠났는데, 수년전 이 성상이 완성되어 세계의 구도자들이 한데 모여 추모행사를 실천한 일이 있다.

104. 중국 거사불교의 대표자 조박초선생

조박초거사는 서도가 이면서 시인이요, 정치가다. 공산주의는 먹고, 입고, 사는 것을 중심으로 헤쳐 나가는 종교이지만 불교는 무엇 때문에 먹고, 입고, 사는지 그 원인을 규명하는 종교라고 강조하였다.

대부분의 종교는 꿈과 계시 속에서 이루어진 미신이지만 불교는 깬 꿈속에서 형성된 과학적, 철학적, 문학적, 종합예술종교라고 강조하였다. 그가 젊었을 때 문화 혁명이 있어났다. 불상과 불구를 파괴하고, 스님들을 잡아 죽이고, 불경과 불서들을 보는 대로 태울 때 모택동 사진 1백만 장을 찍어 사찰 벽에 붙이고는,

"우리의 지도자 모택동 동지의 사진에 상해를 입히는 자는 상부에 고발하여 직결 처분하리라."

하여 2천년 중국불교의 보고가 수 십개나 살아 났다.

"사람은 한 번 죽으면 100년을 넘어서지 못하지만, 문화재는 한 번 소멸되면 만년에도 회복하기 어렵습니다."

이에 공감한 모주석은 그를 정무위원으로 위촉하여 중화인민공화국 문화 정책을 총괄적으로 맡겼으니, 지금 전국에 재건된 4대 성지를 중심으로 10만 사찰과 80만 스님이 대부분 이분에 의해 양성된 것이다.

중국문화는 당·송대에 가서 황금기를 형성하는데, 당·송 8대가 가운데 이태백, 소동파가 그 대표자로서 독실한 불교신자였다. 중국불교는 심한 역경 속에서 이루어졌지만 군신이 청법하여 그를 민정에 실천하므로 생활불교의 시금석이 되었고, 천하 선종이 5가7종으로 나누어 기염을 토했으나 대부분 지방장관이나 중앙 관리에 의하여 탐·진·치 3독을 제어하고 겸양의 도를 실천하게 하였다.

유교가 인·의·예·지를 가르치고 세속정치로써 탐관오리를 제거하지 못했으나, 불교는 자비로써 부자들에게 보시바라밀을 가르쳐 자진하여 가난을 구제함으로써 세상의 고통을 덜어 주었다.

특히 지금도 중국불교는 노동불교로서 하루 일을 하지 않으면 먹지 않는 풍습을 가져 청정한 농산물을 세상에 내놓음으로써 사회 전체에 그린정책을 실현해 가고 있다.

이 같은 모든 정책이 조박초선생의 머리 속에서 고안되어 각 지역 경제의 모든 것이 사찰과 스님이 중심이 되게 하였다. 한편 사찰은 중요시책을 신도들에게 맡기고 지친 노동자들의 쉼터를 만들어 제공하고 정신적인 요양소로서 모든 백성들이 인과를 철저히 믿고 마음을 깨끗이 다스림으로써 오늘 중국의 존재가 불교 속에서 배태되었음을 자랑하고 있다.

조박초선생은 80년대 중풍이 들어 고생하였으나 국가적인 차원에서 특별히 보호하고 자신 또한 근신, 전국 유명사찰에 다니면서 기도 참회함으로써 96세까지 건강하게 살다 갔다.

어느 곳이고 가는 곳마다 거사님 글씨 없는 곳이 없고, 정무실천에 고언(苦言)을 아끼지 않아 새로운 불교문화재를 창출하는데 여러 사람의 지혜를 한데 모았다. 아미산·구화산·보타산·오대산 등 모든 성지의 재건과 10만 불교도의 전문적 교육이 모두 이 조박초선생의 머리속에서 구상되어 실천되었다.

한국에도 두 차례 왔고, 특히 일본불교를 좋아하여 90 잔치는 일본에서 차려주었다.

105. 중국의 달마 만행스님

만행스님은 근세에 중국이 낳은 기린아이다. 1971년 중국 호북성에서 태어나 15세부터 어머니를 따라 불교를 믿기 시작하여 18세에 하문시 남보타사에 출가 '만행'이라는 법호를 받고, 21세에 복건성 불교협회에서 비준을 거쳐 포전 매봉사에서 수계하고 21세에 민남불교학원을 졸업하였다.

공부 도중 많은 불전과 선지식을 친견하나 중국에 있어서는 달마대사와 6조대사 같은 분이 가장 으뜸인 것을 생각하고 장주시 절진동에 들어가 2년 동안 폐관(閉關)한 가운데서 밤이면 누워 자지 않고, 문 밖에 출입하지 않는 무아삼매에 들었다.

다시 24세부터 히말라야에서 2년 동안 폐관하였는데, 우연히 성인 랍봉스님을 만나 반년 동안 그로부터 깊은 불교의 진리를 들었다. 눈·귀·코·혀·몸·뜻이 있으나 항상 해가 공중에 뜬 것 같이 종일토록 삼매 속에 지내니 위로는 하늘이 없고 밑으로는 땅이 없는 이치를 알고, 물에는 본래 파도가 없고 불에는 연기가 없는 이치를 깨달았다.

그 이후부터는 비록 귀로 인간의 일을 들으나 마음이 움직이지 않았고, 눈으로 세상 만사를 보나 흔들리지 않았다. 그래서 랍봉사는 "너는 이제 젖을 뗄 때가 되었다"하고 반복해서 견·문·각·지에 흔들림이 없는 마음을 기르도록 하였다.

27세 때 다시 광동성 소관 응원 동화산 삼성동에 들어가 세 번째 폐관을 하게 되었는데, 마침내 그는 세상의 결조(潔潮)와 중국의 미지(未知)를 철저히 깨달았다. 이때 몸과 마음이 활짝 열리며 "空과 有"를 초월하고 3계를 벗어나 다시는 세상에 돌아오지 않는 경계를 체험하고 다음과 같이 읊었다.

前三後三今又三　慈航倒駕非是緣
紅塵極樂元兩樣　蓮花島上是東南

앞도 삼삼 뒤도 삼삼 오늘도 삼삼

사랑의 배 거꾸로 타는 것은 보통 인연이 아닙니다.
홍진극락 원래 둘이 아니므로
연화도에서 동남을 가르킵니다.

위몽스님이 이 소리를 듣고,

東華一葉花　花開子東華

東華演東華　東華花又花

동화에 한 꽃 피었으니
동화에 가서 동화 꽃을 피우고
동화에서 동화를 연설하라
동화의 꽃 속에 다시 꽃을 피우라.

그리하여 그는 옛 인도스님이 와서 창건하고 6조대사가 그곳에서 법을 폈던 옛 터에 들어가 낮에는 일을 하고 밤에는 설법을 하며 법당과 요사 일천 평을 중창하고 30만명 이상의 신도를 교화하니 중국불교에서는 산 부처님이 탄생했다고 주지 진산식을 거국적으로 하여 이 나라를 사랑하고 백성을 구하는 학불 신행의 새로운 가풍을 형성하였다.

공산주의 국가에서 스님이 스님의 권한을 박탈한지 오래라고 하지만 진흙 속에서 연꽃이 피듯, 구속 속에 대자유가, 노동속에 진짜 평화가 있다는 것을 우리는 이 스님을 통해 재인식할 수 있다.

"스님이 해야 할 일은 도 닦고 백성들을 사랑하는 일이므로 돈을 관리하고 명예를 존중히 여기는 세속 일과는 전혀 다른 것입니다."

이것이 만행스님의 중 노릇이며 포교하신 정신이다. 스님께서 보내주신 책을 일찍이 번역하여 세계불교에 낸 일이 있다.

106. 미얀마 밍군스님

우리에게는 일찍부터 '버마'로 알려진 나라가 '미얀마'이다. 지리적으로 인도차이나 반도 서북부에 위치한 미얀마는 한반도의 3배가 넘은 큰 나라로 134개의 소수민족이 살고 있고, 전국에 400만개가 넘는 불탑이 세워져있어 "불탑의 나라"로 알려지기도 하였다.

만달레이에서 배를 타고 2시간쯤 가면 1700년대부터 시작하여 지진으로 인해 완성을 하지 못한 미완성의 불탑이 있다. 많은 배들이 교통수단으로 운항하고 있었는데 나무와 옹기를 실은 배와 사람을 실은 여객선들이 줄지어 있다. 어떤 배는 배 속에서 아주 가정살림을 꾸려가는 것도 있었다.

민군파고다 옆에는 민군스님의 동상과 세계에서 두 번째 크다는 종이 있는데, 그 무게가 90톤이 넘는다고 하였다. 민군스님은 1만5천8백권의 경전을 외워 기네스북에 오른 마랑카 쉐인타스님이다.

미얀마의 교육기관은 바로 사원이다. 7·8세에 출가하여 12년 동안 공부하는데, 대개 모두가 대장경을 외우는 것으로 일과를 삼고 있다. 많이 외우는 사람은 2천권에서 3천권을 외우는데, 민군스님의 제자로 현재는 만달레이 불교대학 총장이며 미얀마 국제대학 학장으로 계신 분은 9천권을 외워 민군스님 다음으로 유명한 스님이라 하였다.

미얀마에서 가장 아름다운 탑은 "부처님 머리칼탑(佛髮塔)"인데, 부처님께서 생존해 계실 때 건립된 것이기 때문에 미얀마 국민은 대단한 자부심을 가지고 있다. 미얀마 상인 제수와 발리카가 붓다가야촌을 지내가다가 코끼리가 무릎을 꿇고 인사를 드리는 것을 보고 보리수나무 밑에 거룩한 성자를 받들어 보리 가루와 밀개떡 네 개를 공양한 인연으로 "그대들에게 밝은 빛이 있으라" 하고 축원해 주셨다.

발리카가 형님만 복을 받는 것 같아 "저도 공양을 올리겠으니 기념품 하나 주십시오" 하여 공양을 올리고 머리칼 여덟 개를 얻게 되었다. 그래서 그 머리칼을 네 개씩 나누어 앞에는 금그릇에 넣고, 뒤에는 은그릇에 넣어 수레

위에 올려 놓고 갔는데, 밤이면 거기서 큰 빛이 쏘다져 나와 도적의 침해를 받지 않고 풍·수·화 3재를 입지 않아 가지고 갔던 물건의 3백배를 벌어 큰 횡재를 하였다고 한다.

미얀마 국왕은 이 소식을 듣고 군인 2천명을 데리고 상인으로부터 군인들의 도열이 끝나는 곳에 금그릇과 은그릇을 받아 안치하고 제수와 발카리 그리고 임금님의 키를 합친 높이에 해당하는 탑을 세워 금으로 덮었는데, 이것이 저 유명한 미얀마의 "쉐다곤"이다.

지금은 탑의 높이가 99.6m로 세계에서 가장 찬란한 황금탑이기 때문에 세계문화유산으로 유네스코에 등록되어 있다. 먼저 번 유엔 사무총장을 지낸 우 탄트도 곧 미얀마 출신이다.

민군스님이 외운 경전은 현재 미얀마 구 수도 만달레이에 석경으로 조성되어 있는데, 백색 대리석 위에 부처님 이후 여섯 번째 결집 독송된 경·론들을 792개의 대리석에 조각, 대리석 하나 하나를 파고다 안에 세워 석경공원(石經公園)을 형성하고 있다.

사람들이 이를 다 읽지 못한다고 하더라도 한 번 보고 만지기만 하여도 죽은 뒤 악도에 떨어지지 않는다 하여 많은 사람들이 이곳을 순례하고 있다.

민군스님은 미얀마 계통 사람 같지 않게 키가 훤칠하게 크고 검은 안경을 끼셨다. 그의 제자스님은 몽골 사람처럼 머리가 둥글둥글하게 생겼는데 호박 같은 머리 속에 9천권이 넘는 경전이 들었다 하니 참으로 놀랄 일이다. 하긴 간디스강에서 다 죽어가는 성자들 입에서도 8만송 베다경전이 술술 읽혀지고 있으니 동남아불교의 특수성을 알 수 있다.

그러나 밍군스님의 불교는 그냥 외우고 쓰는 것이 아니라 아함경을 바탕으로 반복되지 않는 글을 체계있게 정리하였다 하는데 더 큰 의의가 있다.

107. 세계적인 자유선인 마하시스님

미얀마 불교의 특징은 사리탑신앙과 탁발승들의 경전 암송 및 흔적 없이 도를 닦는 위빠사나 라고 할 것이다. 부처님 당시부터 불교수행의 방법은 37 조도법으로 다양한 코스가 있었으나 미얀마에서는 주로 호흡(들숨과 날숨)을 중심으로 한 지관(止觀)법이 발달되어 있었다.

이 호흡법은 자그마치 여든 여섯 가지나 되어 상당히 수준급에 있는 사람도 어떤 단계에 들어가면 혼선을 이루어 당황하는 경우가 있다. 그런데 마하시 스님은 이것을 원시적인 요가식으로 간단히 정리하여 일단 초심자는 하던 일을 정지하고 속으로 자기가 숨을 쉬고 있는 가 혹은 쉬지 않고 있는가를 점검해 보아라 하였다. 왜냐하면 모든 사람들의 생명이 숨 하나에 달려 있기 때문이다. 나온 숨 못 들어가고, 들어간 숨 나오지 못하면 끝나게 되어 있는 것이 인생인데, 그 호흡지간에 온갖 분별·시비를 다하고 있기 때문이다.

흐르는 물이 고요히 멈추어 가라앉으면 그 속에 무엇이 들어 있는지 훤히 들여다 볼 수 있다. 흐르는 물이 멈추어 가라앉는 것은 지(止)이고, 그 속을 들여다 보는 것은 관(觀)이다. 옛 사람들은 그 가라앉는 것을 보고 억지로 흔들린다 혹은 가라앉는다 하고 신경을 썼는데 실제 사람이 잘 살아가는 것은 감기가 들지 않는 한 내가 숨을 쉬는지 혹은 쉬지 않는지 알 수 없이 자연스럽게 호흡이 진행되면 가장 건강한 것임으로 호흡만 잘 되면 호흡에다 신경을 쓸 필요가 없는 것이다.

또한 들여다 보이는 생각에 대해서도 억지로 그것을 제거하려 생각하지 말고 그것이 그러한 줄 알고 취사선택만 잘 하면 취하고 버릴 것이 따로 없다는 것이다. 무지 때문에 혹은 집착 때문에 잘 못 살아온 인생을 분명히 알고 거기에 속지만 아니하면 잘 살 수 있다.

이렇게 간단한 마하시 수행법이 개발되자 세계 각국에서 수 십만명 수행자들이 몰려 한 때는 대도시를 형성할 정도로 많은 사람들이 모였다. 여러 곳에 지부가 생기면서 비용과 시간을 절약할 수 있게 되자 지금은 좀 뜸한 상태다.

사람들은 돈이고 정신이고 한 때 유행을 따라 구름 몰리듯 하다가도 바람이 자면 조용해진다. 마하시 수도원도 마찬가지다. 사람은 정맥과 동맥 두 가지 맥박 속에서 생명을 유지해 가고 있다. 그러나 중맥을 개발한 사람은 동·정 2맥에는 관계없이 8만4천 털구멍을 통해 숨을 쉬기 때문에 춥고 더운 것에도 관계하지 않는다. 이것이 바로 요가삼매다. 인도의 달마대사, 티베트의 미레라빠, 우리나라 진묵스님 같은 이들이 그렇게 살았다. 아니 그런 성자들만 그렇게 산 것이 아니라 우리들이 어머니 뱃속에 있을 때도 모두가 배꼽으로 우주적인 호흡을 하였기 때문에 코구멍이 소용이 없었고 패활량도 소용이 없었다. 그런데 눈·귀·코·혀·몸·뜻이 생긴 이후 모든 기관에 담장이 싸지다 보니 중맥이 꼭 막히고 동·정맥만 날뛰게 된 것이다. 자, 한번 나의 호흡을 점검해 보자. 정맥인가 동맥인가, 아니면 중맥인가!

이렇게 하여 마하시스님은 자신과 불교 뿐 아니라 미얀마라는 나라 이름까지도 세계에 널리 알리신 분이다. 한 사람의 깨달은 성자가 나오면 그 땅이 황금땅으로 변한다 하신 부처님의 말씀이 바로 이를 두고 한 말이다.

실제 우리 불교통신대학은 마하시수도원의 근본이 되는 사찰교육기관과 자매결연을 맺어 3년마다 한 번씩 교유하고 있었는데, 요즘은 그곳 스님들이 자유화운동에 앞장서고 있기 때문에 교유가 조금 뜸해졌다. 그러나 미얀마는 천혜의 보고로서 천년내내 태풍이 없고 폭우가 쏟아지지 않아 1년 4모작을 함으로써 태평성대를 누려 공부하는 데는 가장 좋은 인심을 가진 나라이다.

108. 사리제조창 몽유야의 큰스님

　미얀마 몽유야에 가면 땀보리사원과 보디타타웅사원이 있다. 땀보디사원은 58만구의 불상이 모셔져 있는데, 우리나라가 몽골 침략을 받았을 때 8만대장경을 조성함으로써 항복하지 않고 살아 갔듯이 땀보디 사람들도 스님들의 말씀을 듣고 불복종운동으로 서구의 침략과 돈을 물리치고 독립하였다. 미얀마 사람들은 이것을 기념하기 위하여 일인당 부처님 한 분씩을 모시기로 하였는데, 이것이 땀보디리사원이다.

　한편 보디타타웅은 부리수 나무 천 구루를 심어 놓고 거기에 부처님 한 분씩을 모신데서 그런 이름이 나온 것이다. 최근에는 그 뒤에 세계 최대의 입상 부처님과 와불이 있어 몽유아의 새로운 관광거리가 생겼다.

　그런데 보디타타웅사원에 미얀마에서 제일 강인한 스님이 계서 정치적인 고문역을 할 뿐 아니라 정신적인 면에서 마얀마 사람들의 큰 의지처가 되고 있다. 우리나라에서는 이분으로 인해 부처님의 피사리, 살살이, 뼈사리, 골사리 등 수십가마니를 가져와 사리박물관을 만들기도 하고 갖가지 탑을 세우기도 하였다.

　사리는 부처님의 정골이다. 석가모니 부처님만이 부처님이 아니고 마음을 가진 자는 모두가 부처이다. 그런데 그 부처가 깨달은 부처를 믿을 수 있는 힘만 가진다면 누구나 믿음의 부처가 되고, 대장경을 이해하고 법을 물어 깨닫게 된다면 지식부처가 되며 상식부처가 된다. 그런데 만약 그 분들이 공부를 하여 아라한이 된다면 다시는 생사에 윤회하지 않기 때문에 그의 뼈와 손톱, 발톱 하나만 갔다 놓아도 삿된 귀신이 범접하지 못한다 할 것이다.

　그래서 미얀마에서는 아라한 사리를 집집마다 모시고 있는 것이 상식이다.

그런데 요즘와서 불교를 확신하는 사람들 가운데서는 자기의 몸을 중생을 위하여 통째로 바치는 사람도 없지 않게 되었으니 이러한 사람들은 모두가 대보살일 것이다.

그래서 그 스님은 사람을 보면 성문·연각이 되었는지, 보살·부처가 되었는지 훤히 알기 때문에 죽은 사람의 뼈와 살을 인연 따라 모아 피사리도 만들고 발(髮)사리도 만들며, 뼈사리도 만들어 세계 각국으로 수출하고 있는 것이다.

그렇다고 돈을 받고 주는 것은 아니다. 죽은 아라한들이 스스로 그 몸을 회생하듯 받는 사람도 그 같은 정신에 의하여 두 나라 인민과 세계평화를 위해 협력한다면 얼마든지 사리를 내어주게 되어 있다. 얼마 전 ㄱ. 스님께서 열반에 드셨는데, 그 사리 또한 미얀마 정부에서 일부 거두어 사리탑을 세우고 나머지는 인연이 있는 모든 나라에 나누어 주었다.

이와 같이 미얀마 사람들은 죽은 사람의 뼈, 살, 머리카락을 가지고도 중생포교의 자량으로 삼고 있다. 화엄·법화를 본전으로 신앙하는 대승불교 교도들이 본 받아야 할 일이 아닌가 생각한다.

또 하나 미얀마에서 배워야 할 것은 부처님 출가재일에 자식들을 코끼리나 말에 태워 북 장구를 치며 동네를 순방한 뒤 석 달, 여섯 달, 1년, 3년, 8년을 기한으로 출가시켜 부처님 정신을 배워 이를 실천케 하며 다시 세상에 나와 가정살림을 하게 한다는 사실이다.

우리는 출가한다는 말만 들어도 불쌍하다 하여 눈물을 짓는데, 이들은 환희 속에서 대복전으로서 꽃 모자를 쓰고 왕자 복을 입고 출가하고 있다. 출가자는 3년마다 점검을 하는데, 만약 정한 기한동안 중노릇을 잘했으면 동네잔치를 벌려 크게 칭찬해주고, 중등교육, 고등교육을 받아 수료할 때는 면단위, 군단위, 도단위로 환영해 준다. 그리고 만약 스님으로서 대학·대학원을 나와 3장을 통효하고 3장법사가 되었다든지 석사, 박사를 받았을 때는 거국적으로 경찬법회를 열어 그의 가족과 친지들 까지도 보람을 느끼게 하고 있다.

109. 하와이 폐지교수

폐지교수는 한국전쟁에 참전한 미군 용사다. 동부전선에 있다가 한가한 틈을 이용해서 조용한 절에서 원고를 쓰고자 설악산 신흥사를 찾았다. 그런데 공교롭게도 키가 작달막하고 눈 미소를 짓고 있는 대원스님이 지객을 맡게 되어 자주 그 살림을 보살피게 되었는데, 그것이 인연이 되어 미국에 가서 초청하였다. 이것이 1970년대의 일이다.

하와이대학교 폐지교수가 한국스님을 초청한다는 말을 들은 한국대사관에서는 인연있는 불자들에게 알리게 되었고, 불자가 아니더라도 한국에서 스님이 오신다니 호기심에서 나온 사람도 있었다.

대사관 환영파티장에는 자그만치 1백여명의 교민들이 모이게 되었고, 그 가운데 독실한 불자들은 이 땅에 스님이 오셨으니 우리도 절을 하나 만들어 신앙의 터전을 만들자 너도 나도 시주금을 내었다. 이것이 하와이 대원사가 만들어지게 된 동기이다.

처음으로 하와이에 한국식 사찰이 건립되게 된 것이다. 내가 초청을 받아 갈 때도 워커대사와 폐지교수가 보증을 서 주어서 일곱·여덟 번 가면서도 비자를 받는데 큰 어려움을 받지 않았다.

폐지교수의 부인은 일본계 2세였다. 내가 젊은 나이에 순 한복차림으로 가서 법문하는 것을 매우 이색적인 눈으로 지켜보았고, 특히 함석헌옹이 하얀 모시옷으로 두루마기를 입고 와서 강연을 할 때는 매우 대조적이라 함께 사진 찍기를 요청하기도 하였다.

80년대 세계불교평화회의를 할 때도 기금 자체는 한국사람들이 후원했지만 실제 세계적인 지식인들을 초청할 때는 폐지교수의 힘이 컸다. 특히 "대원사" 절 이름이 기대원스님과 인연이 있다하여 문제를 삼았을 때 나에게 자문하여 왔기에 나는 부처님 당시의 일화를 들어 설명하였다.

사위성 "기수급고독원"을 지었을 때 부처님께서 물었다.

"어떻게 이 큰 절을 지었느냐?"

"기타태자가 숲을 대고 급고독장자가 돈을 대어 지었습니다."

"그렇다면 절이름을 "기수급고독원"이라 하라."

하시고,

"이 두 사람의 이름이 이 세상에서 불교가 영원히 없어지더라도 그 이름만은 없어지지 않을 것이다."

하셨다. 이 말을 듣자 폐지교수는,

"그렇다면 절 이름이 문제될 것이 없는데 한국 사람들은 그것을 가지고 문제를 삼고 있다."

하고 그 다음부터는 절에 오는 것을 별로 좋아하지 아니 하였다. 지금은 들보가 없는 집이라 하여 무량사(無樑寺)로 고쳤다 하나 이치적으로 보아서는 맞지 않는 일이다. 하와이 대원사를 짓는 데는 한국의 여러 재벌들과 신도들이 동참하여 지었고, 어떤 스님 개인이나 단체를 위해 지은 것이 아니다. 하와이 교포들을 위해 지었고, 더 나아가서는 한국불교의 미국 전초기지로써 만들어진 것이기 때문이다. 만약 이름을 고친다면 "폐지대원사"라 해야 할 것이다.

사실 불교는 무슨 일을 해도 상(相)을 내지 않고, 견(見)을 갖지 않기로 되었다. 그런데 세상 사람들은 상과 견을 가지고 좋으니 나쁘니 하고 시비한다. 이것은 불법이 아니다.

아무 것도 없는 무주 공간에 한 장의 초청장으로 대한민국 사찰이 지어졌으면 그 공과를 따지기에 앞서 그 정신을 생각해서라도 하나의 하와이 불교를 형성해 나가야 할 것이다. 외로운 전쟁터에 와 하숙을 하다가 하숙집 스님과 인연이 되어 한국불교 포교의 길을 열어주신 폐지교수께 다시 한번 고개숙여 감사드린다.

110. 캄보디아 텝봉스님

텝봉스님은 캄보디아 시아누크공의 국사이다. 메콩강가에 자리 잡고 있는 왕궁사찰에는 스님들이 2, 3백명 넘는 것 같았다. 우리들이 왔다는 소식을 듣고 시자 한사람과 같이 들어오셨는데, 나이에 비해서는 많이 늙어 보이는 것 같았다.

"이곳은 날씨가 더워서 빨리 늙습니다."

국사인데도 아주 겸손하고 상냥하였다. 편히 앉으시라고 해도 끝까지 무릎을 꿇고 앉아 계셨다.

"찾아 주셔서 고맙소. 한국도 옛날에는 불교가 국교가 되어 불국정토를 형성했다는 말을 들었습니다."

"지금도 다종교 국가이긴 하지만 다수의 불교인들이 출중한 문화재를 잘 보호하면서 수행하고 있습니다."

"우리나라는 태국과 라오스, 미얀마 등과 국경을 접하고 있어 많은 전쟁을 치루었고, 킬링필드 같은 사건이 생겨 전세계를 향해 부끄럽기 짝이 없습니다."

"우리나라도 6.25 사변 후 동족상잔의 비극이 있었습니다."

"어쨌든 불교의 형제국으로 서로 사랑하고 도우며 전세계를 불국토화 할 때까지 함께 노력합시다."

하고 시자들을 시켜 왕궁 사찰을 구경시켜 주라고 명령하였다.

내가 하와이에 있는 고암종정스님이 3척동자가 와도 큰 절을 같이 하시고 일본의 주정(酒井)스님도 네 시간 동안 이야기 하면서도 무릎 꿇고 앉아 있는데 큰 감명을 받았는데 역시 큰 사람들은 상이 없구나 하는 것을 절감하였다.

왕궁사찰에 들어가니 뜻밖에 김일성주석께서 보낸 황소 청동상이 있고, 여러 가지 기념품이 진열되어 있었다.

"시아누크공이 잠깐 망명 중에 있을 때 북한에 가서 김일성의 보호를 받았기 때문에 이곳에 초청하여 다녀 간 일이 있습니다. 그때 김주석이 불교에 대해 관심을 크게 가져 북한 불교문화재를 재정비하게 되었다는 말을 들었습니다."

망명 중에도 외국의 수상을 교화했다는 말을 들으니 마음이 흐뭇했다.

텝봉스님은 우리와 동행했던 부산 진하스님과 그 일행에게 캄보디아승복을 보내왔다. 그래서 이왕 승복을 한번 입어 볼 양이면 국사님 절에 가 있으면서 탁발까지 해 보는 것이 좋겠다 하였더니 그날 밤으로 왕궁사찰에 들어가 이틀 동안 캄보디아 스님 노릇을 하였다.

진실로 캄보디아는 인심이 순박하였다. 피부색이 다른 두 스님이 거리에 나가니 가지고 온 음식들을 발우 속에 가득히 넣어 주어 다른 스님들 보다도 많은 량의 음식을 얻어 대중공양을 할 수 있었다.

텝봉스님은 이튿날도 우리들이 앙코르왓으로 떠날 때 제자들로 하여금 강가에까지 전송하도록 하며 융숭한 대접을 해 주었다. 공산치하에서 동족상잔의 피비린내나는 전쟁을 체험하신 스님, 그 가운데서도 나라의 임금이신 시아누크공을 교화하여 불제자로서 손색없는 정치를 하게 하신 스님, 스님은 8천개의 두개골이 모셔진 킬링필드에서 우리들이 영가천도를 위해 독경해 준 것을 깊이 잊지 않겠다 감사하였다.

우리들이 앙코르왓에 도착하였을 때도 국사님께서 직접 전화를 하여 그의 제자들이 나와 맞았으며, 스님들이 운영하는 학교 학생들이 나와서 축화연주까지 해 주었다.

111. 뿌레바트스님과 볼칸박사

몽골 불교예술은 티베트불교의 연장이다. 탱화, 단청, 불상과 범패의식이 티베트 전통의식과 비슷한데, 단지 300여년전에 태어나신 자나바자르성자께서 몽골승려의 의복과 몽골불상을 특징 있게 만들어 독특한 불교문화를 형성하였다.

현재 유네스코에 등록된 불상 수 십종이 있고, 이를 계승한 간단사 운짠스님이 1948년부터 왕궁, 동상, 조각, 불상, 탑 등 다양한 예술품을 독창적으로 제작하셨는데, 작년(2007)에 돌아가셨고, 지금은 뿌레바트스님이 몽골 전통문화예술의 부흥자로 알려져 있다.

몽골에는 몽골 전통불교사상을 계승한 독특한 대학이 세 개 있는데, 하나는 몽골말로 의식을 집전하는 몽골불교대학이고, 또 하나는 몽공전통의과대학이며, 세 번째는 뿌레바트스님이 운영하는 몽골불교예술대학이다.

몽골전통의과대학을 운영하는 노학도르츠스님은 일찍이 불교대학을 졸업하고 인도 다람살라에 가서 천문학과 의학을 전공, 아세아의학협회 이사로 있으면서 후배들을 양성하고 있다.

뿌레바트스님은 불화를 중심으로 그리면서도 여러 가지 불교서적을 출판하여 인간문화재로서 지성과 기능을 겸비한 성자로 존경받고 있다.
① 대몽골탑
② 대몽골 탱화
③ 불교신중의 기하학적 조형
④ 대몽골 도자기
⑤ 대몽골 전통디자인

⑥ 총카파

⑦ 백련경(몽골 법화경)

⑧ 몽골 선조들의 영인

⑨ 대몽골인들의 죽음과 장례의식

⑩ 욕망의 비밀 등 서적을 내어 많은 독자들을 확보하고 있는데, 뿌레바트스님이 이와 같이 성공한 것은 한국불교 인간문화재 이만봉스님의 여제자 김선정을 인도에서 만나 보좌를 받은데 원인이 있다고 한다.

볼칸박사는 1959년생이다. 82년 자나바자라 불교대학을 졸업하고 85년 몽골국립대학에서 외국어를 공부한 뒤 94년 간단사 승가대학을 거쳤다. 그리고 다시 국립대학에 들어가 98년 석사학위를 받고 99년 몽골 과학원에서 박사학위를 취득하였다. 학위논문으로는 "동양철학의 지혜와 방법", "인도·티베트·몽골의 철학과 역사"를 써서 많은 학자들의 사랑을 받았다.

몽골 승려로서는 가장 나이가 어린 학자로서 6개국 이상의 언어에 정통하여 아세아불교연구소장을 지냈다. 2천년 이후 국립 라디오와 TV에 출연하여 불교와 철학, 그리고 과학에 대한 강연을 많이 하여 널리 알려져 있다.

그는 항상 "불교는 철학이요, 과학이며 문학이다", "불교 속에는 인간의 온갖 지혜와 사랑이 숨 쉬고 있어, 불교를 믿고 따르는 사람은 누구나 성스러운 사람이 될 수 있다." 라고 교육하고 있다.

이 두분은 특히 몽골불교 후배들을 양성하는데 헌신하고 있다. 뿌레바트스님은 예술분야에서, 볼칸스님은 철학과 종교에서 많은 후배들을 양성하여 라마불교에 지대한 영향을 주고 있다.

112. 불대 총장 체데브박사와 다시쵸링 담마자브스님

2001년 세계종교대회에서 이치란박사님의 소개로 몽골불교대표 담마쟈브스님을 만났는데, 불교통신대학 졸업식에 참석하였다가 4부대중이 함께 법회를 갖는 것을 보고,

"몽골에도 이 같은 뽄을 보여 몽골불교에 새바람을 일으켰으면 좋겠다."

하여 이듬해 5월 울란바트로에 갔다. 그런데 가서 보니 96년 국가에서 정식 허가가 나 있는 불교대학이 건물이 없이 남의 창고를 빌려 공부하는 것을 보고 도와야 되겠다는 생각을 가지게 되었다. 마지막 파티장엔 현 문교과학부장관 트무르츠와 사회과학원 교수 나른삼보, 론승스림 다시점트 박사, 대통령 보좌관 체텐람바 등 쟁쟁한 학자들이 나와서 말했다.

"몽골은 그동안 70년 이상을 소련의 지배를 받다보니 언어는 살아 있어도 문자는 없어져 버렸습니다. 고문자를 알고 있는 사람은 지금 몽골불교대학 총장 체데브박사님과 천문대장 테르비쓰교수, 과학기술대학 닥바도르찌 박사님을 중심으로 7, 8명에 불과합니다. 이 분들이 돌아가시면 몽골문자까지 없어져 버리게 되니 안타까운 일입니다. 그래서 국가에서 특별히 몽골불교대학을 허가해 준 것이니 서로 도와 학교를 운영해 나가도록 합시다."

알고 보니 최초의 대학창립 멤버 가운데는 한국 이치란 박사님도 끼워있었다. 그래서 불교통신대학과 자매결연을 맺고 장장 4년에 걸쳐 불교대학을 건립하게 되었으니 무명의 한 보살님과 대현구룹 손현수 회장님, 그리고 삼각산 문수원 법왕궁 보살님이 각각 5천만원씩을 회사하여 이루어지게 된 것이다.

땅 420평에 지하 1층, 지상 2층(층당 100평), 총 3백평을 지으니 옛날 불교대학에 비하면 복음자리가 잡힌 셈이다. 그런데 학교만 지어진다고 해서 되는 것이 아니라, 학교를 이끌어 나갈만한 인재가 있어야 하므로, BBS불교방

송 소개로 불교진흥원(동국철강)에서 장학금을 주어 그 동안 동국대학교 석사과정 4명, 박사과정 3명이 수료하니 재정은 심히 어려워도 학교 자체는 없어지지 않고 발전해 가지 않겠는가생각한다.

그 동안 장학금 조달을 위해 물심양면으로 도와주신 모든 분들게 감사드린다. 체테브총장은 일찍이 중국공사를 지내고, 몽골국립대학 도서관장을 지냈으며, 티베트불교와 전통적인 몽골불교 의식에 능통하기 때문에 생전에 제2, 제3의 후계자가 생길 것을 의심하지 않는다.

기독교에서는 그 동안 선교사업으로 초·중·고등학교, 그리고 대학교를 6개나 창립하여 최첨단 교육을 실시하고 있는데, 불교에서는 있는 학교도 제대로 운영하지 못하고 있으니 참으로 안타까운 일이다.

담마쟈브스님은 전 몽골 대통령과 한 고향사람으로 일찍이 출가하여 스리랑카에 유학하고 다라이 라마 밑에서 수십년을 살아 몽골승려로서는 외국어를 제일 잘 하고 또 식견이 넓다.

이 분이 제공하신 땅위에 겔 두 개를 치고 몽골 고려사를 짓고 한몽불교문화원을 운영하고 또 한국어교습소를 만들어 글을 가르쳤으며, 더 나아가서는 몽골교민들을 위한 신앙의 터전이 이루어지게 되었다.

고려사는 지구촌 공생회, 조계종 복지회 임원들과 함께 한국불자들의 몽골봉사에 전초기지를 마련하고 있으니 모두가 담마쟈브스님의 덕이다. 아무쪼록 몽골불교대학이 본 궤도에 오르고 담마쟈브스님이 하는 일이 원만히 성취되어 몽골불교의 국제적 위상이 더욱 높아지기를 손 모아 빈다.

113. 몽골성자 구루데바 노스님

구루도바 노스님은 금년 100세로, 4월달에 열반에 드셨다. 인도성자 붓다싱의 화신으로 1910년 몽골 오르도스도에서 태어나 소년시절 간즐사원에 출가하였다. 다르마 짤잔의 가르침을 받고 여러 사원을 유행하다가 46년 미얀마로 유학가서 밀교와 탄트라법에 정통하였다.

53년 미얀마에서 도솔사를 짓고 80여명의 티베트승려들을 교육하였다. 72년 남인도에 다시 훈베사원을 창건한 뒤 70년 몽골 간단사 공보짜브스님의 초청을 받아 고향에 와서 역대 성자들의 저술을 정리하고, 티베트승가대학 교재를 몽골어로 번역하여 2세 교육에 힘을 쏟았다.

다시 인도와 미얀마를 거쳐 93년에 몽골에 재입국하여 자나바자르 성자가 창건했던 아마라바라가란트를 중건하여 국가 중요문화재로 등록하였다. 그리고 몽골 청소년들을 모아 나담축재를 여니 이것이 현재 매년 9월달에 국가적인 차원에서 열리는 몽골 나담축재다.

노스님이 울란바트로 시내에 나와 있을 때 일본사람들이 울란바트로 시내 도로를 아스팔트로 포장을 해 주고 자이산공원 땅 8천평을 자신들에게 달라고 한 것을 아시고, 자이산공원에는 부처님을 모셔야만 몽골이 잘 될 수 있다하면서 황금땅 8천평을 정부로부터 불하받았다.

그때 마침 필자가 불교진흥원의 후원으로 몽골에 고려사를 창립하고 의료봉사를 하는데, 국립방송에 우리들의 활동상황이 보도되자 사람을 시켜 만나자는 전갈이 왔다. 당시 96세의 노인이기 때문에 몸이 불편하신 줄 알고 의사 한 사람과 간호원 두 명을 데리고 가니,

"나는 몸에는 병이 없고 마음에 병이 있으니 내 마음의 병을 치료해 주시오."

하였다.

"무슨 병입니까?"

물으니,

"자이산 중턱에 18m 높이의 부처님을 조성하여 70년 동안 웃음을 잃어버린 몽골사람들에게 웃음을 안겨주는 일입니다."

하시며 필자의 두 귀를 꼭 잡고 노스님 이마를 얼굴에 꼭 댄 뒤 물었다.

"해 줄거여, 안해 줄거여!"

"생각해 보겠습니다."

"생각할 것 없어. 하면 틀림없이 될 터이니 승낙하라고."

그래서

"예, 하기는 하는데 당년에는 끝을 낼 수 없을 것 같습니다."

"그럼 3년 계산하고 나하고 반드시 이 일을 성사하자고."

하여 지금도 나의 귀가 약간 늘어져 있는 편이다.

그래서 그 해 10월 기공식을 하고, 한국에 돌아와 불교통신대학 학생들과 금강선원 산하 가족들 그리고 불교 TV에 특별방송을 하여 모금운동을 하였더니 기본 기금이 모여졌는데, 다행이도 스님의 제자 국무총리 난바린이 이듬해 대통령이 되어 불사가 원만히 성취되게 되었다.

금년에는 국가에서 스님의 사리탑을 국립공원에 세우고 또 비석을 세우게 되어 23m 부처님상을 개금하기로 하였는데 시도 연화심보살님이 기쁜 마음으로 동참하여 지난 8월 30일 점안식을 가졌다.

몽골국민은 70프로 이상이 불교신도이지만 요즈음 한국 기독교 목사, 집사, 전도사가 집중적으로 들어와 전도하는 바람에 제2세, 3세 가운데는 다른 종교로 전향할 확율이 많다. 한국불자들도 구경만 가지 말고 송월주 큰스님, 전국신도회처럼 체계있는 시설을 통해 교육·포교를 해주시면 좋겠다 희망하고 있다.

114. 문제의 풍운아 이세이 다가세

이글을 여기 써야 할 것인가 하는 문제는 나도 의심되는 바가 없지 않지만 우리 교포들에 대한 문제임으르 다시는 이런 일이 생겨서는 아니 되겠다 생각되어 이 글을 쓴다.

내가 네 번째 하와이에 갔다가 강의 도중에 숭산스님을 만났다. 저녁 초대를 하여 와이키키 해변에 나갔더니 일본에서 오셨다는 이세이 다가세와 그 밑에서 일하고 있는 하와이 대학 교수님이 함께 와 있었다. 모두가 한국 사람들이라 허심탄회하게 이야기를 나누며 저녁공양을 잘 했다. 그런데 숭산스님께서 말씀하셨다.

"한법사, 미국에 와서 살 생각 없나? 잘하면 불교에도 큰 도움이 될 것 같은데."

"무슨 말씀입니까?"

"LA에 유니언대학이 있는데, 이 어른이 이사장으로 계시고, 닥터 최가 교무과정으로 있는데 조금은 복잡하니 현지에 가서 말하기로 하겠네. 다만 하고 않고는 그만두고 이 학교에 가서 강의 한번 해주도록 하게."

"다른 것은 모르나 불교공부를 하자는 데는 동감입니다."

그리하여 대원사 강의가 끝나는 대로 유니언대학으로 가서 특강을 하였다. 학생 수는 그리 많지 않았으나 캠퍼스가 제법 크고 장래가 유망한 도량이었다.

총장, 대학원장님과 함께 저녁을 먹는데서 이사장님이 다시 한 번 제안하였다.

"나는 일본 교포입니다. 부인되는 사람은 일연정종 창가학회의 골수분자이고, 나는 일찍이 조선연맹간부로서 재일교포를 총괄하고 있었는데 부인이 반대하여 미국에 진출 대학을 세웠지만 혼자 할 수 없어 교포와 연관을 가진 것이 깊은 수렁에 빠지게 되었오. 원래 이 학교에서는 1년에 12명 학위를 주게 되어 있고, 두 명 정도 명예학위를 주게 되어 있는데, 8년 사이 학교 자체로 볼 때는 80명 정도 나갔는데, 밖에 소문으로 듣기에는 2천명이 넘는다 하니 이래가지고 되겠소. 그것도 학교에는 쥐꼬리만큼 내 놓고 개인이 착복하고 있으니 더 이상 지속해서는 아니 될 것 같소. 3분의 2가 한국의 교역자들입니다. 내 생각 같아서는 숭산스님과 한법사님께서 이를 맡아 준다면 바로 잡아 질 수 있을 것 같습니다.”

참으로 간절한 말씀이었다. 그러나 나는 1976년에 통신학교 허가를 내서 이제 겨우 체계를 세워나가고 있는 중이라 한국을 떠나서는 아니 되겠기 때문에 사양하니,

“좋소. 그렇다면 매년 한 번씩 만이라도 미국 오는 길에 와서 특강을 해 주십시오.”

하고 그 자리에서 명예학위를 주고 동양학 강사로 임명해 주었다.

그런데 그 뒤 3년 있다가 그는 화병으로 목암이 걸려 말을 제대로 하지 못했다. 임종을 당하여 일본으로 와 있었는데 나에게 전화가 왔다.

“내가 죽게 되어 있는데, 한 번 만나보고 싶소. 우리 집으로 와 주십시오.”

하고 주소와 전화번호를 알려주었다. 그래 저녁 비행기를 타고 하네다 공항에 내려 일러 준데로 택시 운전사에게 주소와 전화번호를 보이니 밤 11시가 넘었는데도 기다리고 있었다.

“이제 눈물도 말라 나오지 않습니다. 나는 당신의 천수경 강의를 듣고 첫째는 자식과 아내에 대해 참회하였고, 둘째는 더 이상 자신과 남을 괴롭히지 않기로 하였습니다. 학교는 폐지하기로 했습니다. 한국사람들이 이를 빼앗기 위하여 갖은 모략을 다 꾸미고 있으나 내 양심상 더 이상 용납되지 않습니다. 폐기된 이후에는 한국 외 다른 나라에서는 학위나 명예에 대하여 아무런 장애가 없을 테니 내 불쌍한 영혼을 달래주시오.”

하고 차비 30만엔을 손에 쥐어 주었다.

그는 일 주일 후에 세상을 떠났다. 그의 부인께서 연락이 왔기에 나는 한국에서 법화경 한 질을 사경하는 것으로써 그의 명복을 빌었다. 나라를 버리고 자의건 타의건 외국에 나가 무슨 일이든지 한 번 해보고자 하는 사람들을 이렇게 괴롭혀서는 아니 되는 것이다. 특히 이세이 다가세와 같이 이북 이남 양쪽 거류민단 단장을 지낸 분들은 더 많은 인생 곡절이 있는 것으로 생각하는데, 이런 분들에게 가슴을 울리는 일이 있다는 것은 참으로 슬픈 일이다. 같은 동포로서 위로는 못할 망정 자기도 죽고 남도 죽이는 비루한 행위가 이루어져서는 안될 것이다. 그런데 지금도 지구촌 곳곳에서 우리 교포님들의 힘에 의해 교포들이 이러한 일들을 당하고 있다는 말을 듣고 있으니 참으로 슬픈 일이다.

더군다나 종교지도자를 자칭하는 사람들이 무지한 세속사람들의 가슴을 아프게 하면 그의 가족들의 가슴에 못을 박는 일이 될 것이다. 그 뒤 나는 일본에 갔다가 사모님을 만났는데, "모든 것은 인연의 소치라 하지만 특히 한국 사람이라 하면 처다만 보아도 가슴이 떨린다" 하였다.

115. 아버지 스승

우리 아버지 성함은 청주 한가(韓)에 기둥주(柱) 영화영(榮)이다. 일본사람들에게 공출을 내지 않고 곡식을 숨겼다고 매를 맞아 왼쪽 다리를 잘 못쓰셨다. 걸음을 걸을 때는 약간 다리를 절었기 때문에 아이들이 "별진 잘숙"하고 놀려대면 나는 철없이 "하늘 천, 따지, 검을 현, 누를황"하고 장단을 마치기도 하였다.

큰집에서 서당을 하였기 때문에 형님들은 모두 서당에 가서 공부하고, 나는 다섯 살 때부터 천자문을 익혔는데, 천자문 읽은 소리가 빈 골짜기의 메아리소리 같이 들렸기 때문에 내가 아버지로부터 배운 천자문, 계몽편, 추구(推句), 소학, 동몽선습, 격몽요결을 한데 모아 책을 낼 때는 "빈 골짜기의 메아리"라 이름을 붙인 일이 있다.

주흥사가 양무제의 명을 받고 하루 저녁 사이에 천자문을 짓고 백발이 성성해졌다고 하는데, 밤낮없이 석 달을 배워 겨우 글자 천자를 익혔다. 그래도 천자문은 넉자 한시로 되어있었기 때문에 외우기가 쉬웠지만 계몽편부터서는 산문으로 되어 이해하기 어려웠다. 그러나 '천지지간 만물지중에 사람이 제일이다'라는 생각을 하면 사람으로 태어난 것을 진짜 귀하게 생각하여 다른 동식물보다 뛰어난 인품을 가진 사람이 그것도 하지 못 한다면 어찌 사람이라 할 수 있겠느냐 하며 이를 악물고 공부하였다.

눈 오는 날 밤 호롱불 켜 놓고 이불 속에 들어 앉아 자울 자울 공부하던 생각을 하면 옆에 앉아 지켜보시던 아버지, 그 아버지의 그림자가 새삼스럽게 생각난다. 생각하면 지금 내가 쓰고 있는 한문의 3분의 2가 그때 배웠던 것이고, 출가해서도 불교공부를 쉽게 할 수 있었던 것은 그 때 한문을 익혔던 덕이라고 생각하고 감사한다.

"천지자연 우주홍황"의 이치나 "해와 달 별, 춥고 더운 것"을 자연의 이치만으로 생각하다가 '구사·유식'을 접하면서 산하대지, 비금주수가 모두 지·수·화·풍

4대 원소의 집합체인 것을 알고 새삼스럽게 놀라게 되었으며, 하늘이 아무리 높고 해와 달이 크다 하여도 사람의 생각에 의하여 이해되고 있음을 알고 나서는 더욱 크게 놀랐다. 구름이 날고, 비가 쏟아지고, 이슬이 맺히고, 서리가 내리는 것이 모두 하느님 조화로 생각하고 한서의 내왕과 추수동장을 한없이 신비스럽게 생각하였는데, 지·수·화·풍 4대 속에 굳고, 젖고, 뜨겁고, 움직이는 성품이 있어 그들 4대가 이·합·집·산(離·合·集·散)하는 가운데서 빛, 소리, 냄새, 맛, 감촉, 법이 이루어지고, 크고, 작고, 길고, 짧고, 무겁고, 가볍고, 높고, 낮은 것이 형성된다는 것을 알고 나서는 더욱 불법을 신비하게 생각하였다.

그래서 나의 경험으로서는 유교·도교를 아는 사람이 불교를 알았을 때 사마(邪魔)에 빠지 않고 정도로 쉽게 걸어갈 수 있다고 생각하였다. 세상에서 미신이나 우상에 진짜 빠져본 사람이어야 인과·인연·마음법을 더욱 확실하게 깨다를 수 있다는 것도 다시 한번 생각되었다. 과학이 발달되지 못한 우리시대의 인간생활은 거의 모두가 미신이고 우상이었기 때문이다. 설사 과학을 이해하고 그 속성을 어느 정도 안다고 할지라도 불교처럼 인과응보로 분명하게 밝혀주는 종교는 그리 많지 않았기 때문이다.

내가 대학 2학년까지 아버지는 불효·불충의 종교를 믿는다 해서 문안에 들어오는 것을 허락하지 아니하셨다. 그러나 20여 차례 편지를 통해 아버지를 설득하고 보조국사의 진심직설과 규봉스님의 원인론, 보우국사의 일정설을 중심으로 불교의 이치를 밝힘으로써 마침내 아버지께서 불교에 귀의하여 매일 경전을 읽고 외우는 재미로 사시다가 세상을 떠나셨다.

그러나 생각해보면 50이 넘어 난 자식이 대학도 졸업하기 전에 세상을 떠나시게 되었으니 명자 그대로 불효자식이요, 불충한 인간이라 항상 참회하고 죄송스럽게 생각한다.

글을 다 쓰고 나서

<기신론>에 "이 세상 모든 것은 시작도 없고 끝도 없다" 하였는데, '내가 만난 선지식'도 마찬 가지고, 불교 이전의 선지식은 맨 마지막에 쓴 "우리 아버지" 한 분 뿐이다. 그런데 50년 동안 불교 속에서 만난 사람이 수도 없지만 대강 생각나는대로 쓰다 보니 100분이 넘었다.

한 달에 네 번씩이니까 1년 56회 정도에서 끝내어야 되겠다고 생각하였는데, 여기 저기서 전화가 오고, "왜 우리 스님은 안 나오느냐?", "우리 스님은 언제 나오느냐?"하고 묻는 바람에 2년에 가까운 연재를 하였다.

내용도 깊이 모르면서 생각 따라 쓰다 보니 혹 잘못된 글도 없지 않았을 것이다. 그러나 그것은 내가 아는 선지식에 불과한 것이니 어떻게 할 것인가. 부족한 점이 많은 것도 불고하고 널리 끝까지 읽으며 격려해주신 여러분께 감사드리고, 현대불교신문 편집진 여러분께도 감사드린다.

내가 만난 선지식

印刷日 | 2012년 1월 10일
發行日 | 2012년 1월 15일

發行處 | 불교통신교육원
편 저 | 활안 한 정 섭

인 쇄 | 이화문화출판사
02-738-9880

발행처 | 477-810 경기도 가평군 외서면 대성리 산 185번지
전 화 | (031)584-0657, 4170, (02)962-1666
등록번호. 76. 10. 20. 경기 제 6 호

값 15,000원